亚太研究论丛

Collected Writings of
Asia-Pacific Studies
Volume 16

第十六辑

北京大学亚洲－太平洋研究院 编

社会科学文献出版社
SOCIAL SCIENCES ACADEMIC PRESS (CHINA)

目　录

CONTENTS

Discipline History

后安倍时代的中日关系[*]

梁云祥

2020 年 8 月 28 日，日本历史上迄今为止担任首相时间最长的首相安倍晋三由于身体原因突然宣布辞职。尽管在日本首相的更替比较频繁，从明治时期确立内阁与首相制度以来，平均每届首相的任期不到两年，因此首相辞职在日本并不是什么大事，日本的政局乃至国民生活也不会因此而发生大的变化，不过因为安倍政权似乎已经打破了日本短期首相的魔咒，其长时间的执政已经形成了自己的一些特点，也使近几年的日本政治相对稳定，对其他国家而言也已经习惯了同安倍政权打交道，所以安倍的突然辞职还是带来了一些冲击。

安倍辞职后，日本自民党总裁选举即被排上了议事日程。很快，安倍内阁的官房长官菅义伟在安倍及其自民党内主要派阀的支持下，在 9 月 14 日自民党国会议员大会上被选举为自民党新总裁，而且由于自民党及其执政联盟在国会众参两院中都占据绝对多数，因此在 9 月 16 日的国会特别会议上，菅义伟毫无悬念地当选日本新一任首相。

新首相及其新政府的内外政策如何，当然是人们普遍关心的问题，尤其对中日关系而言意味着什么，中国人当然更为关心。因此，在这里就日本新政府的对华政策及中日关系做一点探讨。

一 后安倍时代及其对安倍时代的继承性

所谓后安倍时代，当然是相对于安倍时代而言的。正因为安倍的长期

---

* 本文为作者于 2020 年 10 月 23 日在北京大学亚太研究院和北京大学日本研究中心联合主办的专题演讲会上的演讲记录基础上整理而成。

执政及其相对稳定的政策和其在内政外交方面所取得的一些成就，所以才能够被称为一个时代。至于其后的日本新政府及其内政外交的实施是否能够被称为一个时代，现在还不得而知，因为还需要看菅义伟政权的执政效果以及 2021 年的众议院大选结果，但相对于安倍时代，眼下也只能暂时称之为后安倍时代。

尽管要对后安倍时代的内政外交进行详细的分析还有赖于其实际政策及其效果，不过根据这次日本政权的更迭方式和菅义伟其人及其长期以来在安倍政权内的位置及作风来看，新政权基本会延续安倍政权的政策，当然也包括作为日本外交重要一部分的对华政策，因此在中国方面对日基本政策不变的前提下，中日关系也不会出现根本性的变化。

之所以做出如此判断，理由主要有以下几个。第一，这次首相更迭是安倍因健康问题突然辞去首相职务所引起的，菅义伟仅仅是临时替补，而并非在正常的选举之后出任首相，其执政时间充其量也只能到 2021 年 10 月。也就是说，从理论上来说，菅义伟政权仍然是 2017 年 10 月日本大选所产生的安倍政权的延续，因此其实施的一般仍然会是其政府所确定的基本政策。而且，菅义伟长期以来一直作为安倍的亲信坚定地支持安倍并担任其内阁的官房长官，即长期作为安倍内阁的发言人，忠实地执行了安倍政府的内外政策。因此，即使首相更迭，也没有理由对安倍政府长期以来的政策进行重大修正。

第二，菅义伟本人在日本自民党内属于无派系议员，而我们知道长期以来在日本自民党内公开存在着若干派系并且对议员选举乃至党总裁和首相的产生都有巨大的影响。在这次日本自民党总裁选举中，菅义伟就是在安倍所在的自民党最大派系细田派及第二大派系麻生派和第四大派系二阶派等派系及一些无派系议员的支持下才压倒性地当选为自民党总裁及日本首相的，安倍之所以选择和支持菅义伟接任首相也是希望其能够继续推行自己所确定的政策，或者菅义伟真想大幅度改变原有的政策，但如果得不到安倍等自民党内各主要派系议员的支持，其无派系背景的身份也会增加其执政的难度。而且，按照日本文化中一般的报恩思想，菅义伟也不可能背叛或大幅度改变安倍的政策。

第三，菅义伟对过去的安倍内阁并没有做太大的变动，有近一半的阁僚被留任，尤其外务大臣茂木敏充被留任，意味着在外交上将坚持安倍政权时期确立的外交基本方针。而且，菅义伟在担任首相后将首次出国访问的目的地选在了东南亚，即在 10 月中旬访问了越南和印尼，同安倍第二次担任首相后的首选出国目的地几乎相同，也一定程度上表明了其继续推行安倍外交政策的意愿。

此外，一个更重要的理由是，形势比人强。任何国家之间的关系，其主要决定因素是在一定国际环境或国际形势下彼此对自己国家利益的追求和对对方国家意愿的认定，尽管领导人的个人政治理念和素质或性格也会对其外交政策及国家间关系带来一定程度的影响，从而显示出一些不同，但这种不同不可能是根本性的，尤其像日本这样长期由作为保守政党的自民党执政的国家，其政权的政治理念和其外交的基本政策在相当长的一段时间内应该是相对稳定的。

因此，中日关系的基本状态取决于一定时期内的国际环境或国际形势下中日两国对自己国家利益的追求和彼此对对方意愿的认定。眼下的中日关系，主要受制于冷战后东亚地区的国际环境和国际形势，两国之间既有在经济、人文等领域相互合作的共同利益与意愿，也在政治安全等领域存在一些结构性的矛盾，所以在冷战后两国关系起起伏伏，交流合作的规模在不断扩大，但摩擦甚至对抗的状态也多次出现。比如，在 2012 年 9 月中日围绕钓鱼岛问题爆发危机之后，双方关系降至了 1972 年邦交正常化以来的最低点。不过，中日两国毕竟都是东亚大国，冲突对抗也会相应地付出代价，从根本上来说并不符合彼此的利益，所以也就是在安倍政权时代，由于中日双方的克制与努力，中日关系逐渐有所缓和并开始了改善的进程。

菅义伟新政权建立之后的所谓后安倍时代的中日关系，基本上就是安倍时代中日关系的继续，因此有必要大致回顾一下安倍政权时代的中日关系，在此基础之上才能够更好地分析与研判后安倍时代的中日关系。

二　安倍时代的中日关系及其评价

安倍晋三作为日本宪政历史上在位时间最长的首相，虽然一般被认为属于保守势力的政治家，在历史认识、强化日美同盟、意识形态等方面长期受到中国社会的负面评价，但在其执政期间的中日关系，却基本上是一种由恶化趋向改善的发展态势，这其中不能不说很大程度上是安倍为了现实的国家利益经过努力而取得的一项外交成果。

例如，在其 2006 年 9 月开启第一次执政后，作为首相的安倍破天荒地选择中国作为首访国家，那次访问被称为"破冰之旅"，即结束了从 2001 年至 2006 年小泉政权期间中日由于靖国神社问题而长期紧张的关系，并在访问中提出了"战略互惠"的概念，即希望中日双方能够在更为广泛和长远的问题上确立相互合作的关系，为后来一直到 2012 年钓鱼岛危机前的中日关系增加了积极内容。而且，一些资料显示，本来安倍几乎每年都要去靖国神社参拜，但为了能够实现对中国的访问并改善中日关系，曾做出口头承诺不会作为首相进行参拜，此举至少说明其为了现实的国家利益会选择在其政治理念或其他方面进行妥协和让步。

2012 年 12 月安倍带领自民党重新夺得政权并第二次执政之后，当时恰逢其前任民主党政权由于对钓鱼岛的所谓"国有化"而触发了中日之间的严重对立，使得 2006 年安倍访问中国后有所改善的中日关系再次发生严重倒退。重新执政的安倍在涉及领土争端的问题上同样强硬，基本延续了民主党政权在钓鱼岛危机后的中日对抗，再加之其保守的政治姿态，甚至不顾中国等国反对在 2013 年 12 月再次参拜了靖国神社，中国则几乎断绝了同安倍政权的交往，并在 2013 年 11 月设定了东海防空识别区。总之当时的中日关系全面恶化。不过，即使在如此严重对抗的情形之下，安倍仍然做出一些姿态，一再呼吁无条件接触商谈改善关系。

对于大国关系来说，危机严重到一定程度，有可能会爆发直接冲突，但也有可能反而会是缓和与改善关系的机会。中日双方虽然存在矛盾，甚至彼此的立场相差很远，但基本的共识是避免直接的冲突。2014 年 11 月，在北京 APEC 领导人非正式会议召开前夕，中日双方终于开始缓和改善关系，经过双方代表谈判达成四项共识，虽然基本上是一些原则共识，但毕竟暂时缓和了双方的紧张关系，同时双方为了缓解东海紧张局势开始启动"海空联络机制"谈判。因此，安倍以日本首相的身份赴北京与会，终于实现了两国领导人会晤。其后，中日双方都开始有意识地减少相互指责并谋求改善关系。

2017 年是中日邦交正常化 45 周年，在这一年的夏天，中国政府在北京举办"一带一路"国际合作高峰论坛，日本派遣了由自民党干事长率领的高级代表团参加论坛，被认为是日本政府由过去观望甚至反对中国提出的"一带一路"倡议转而参与乃至支持的一个转折。几乎与此同时，安倍在各种场合也对"一带一路"倡议给予了比较积极的评价，亲自参加了那一年中国驻日使馆为庆祝中国国庆节在东京举办的招待会，中日双方加速了改善关系的进程。

2018 年，中日关系持续改善，中国总理李克强在 5 月赴日参加中日韩三国首脑峰会后正式访问日本，作为首相的安倍全程陪同，经过会谈双方不仅就加强第三方市场合作达成协议，而且谈判多年的"海空联络机制"也正式启动；同年 10 月，安倍也正式访问了中国，其间双方达成多项有关第三方市场合作的协议，安倍还访问了北京大学并与学生座谈。用当时中日两国官员的共同说法，中日关系已"重回正轨"。2019 年 6 月，中国国家主席习近平在日本大阪出席二十国集团领导人峰会时与安倍会面，双方共同决定中国领导人将在 2020 年春天访问日本。

然而遗憾的是，2020 年年初新冠疫情突如其来，中日之间的人员交流受到影响，中国领导人访日计划搁浅，中日两国各个层次的交流也大幅度减少，还出现了部分日本在华企业回流日本或向其他国家转移的现象。不过，在疫情中两国相互支援合作，两国关系仍然保持了相对良好和持续改善的趋势。

回顾整个安倍时代的中日关系，基本上可以看到是一个由恶化到改善的过程，即经过双方一定程度的努力，恶化的趋势被遏制，目前正处于持续改善的过程中，而且也正在努力扩大合作，但双方关系恶化的原因和问题并没有彻底消除和解决，充其量也仅仅是有所缓和。也就是说，中日之间确实可以寻找到一些共同利益，尤其在经济和人文领域，但两国关系中的结构性矛盾依然存在，尤其在政治安全领域，比如日本对中国崛起的担忧，中国对日本政治右倾化及其强化日美同盟和自身防卫能力的担忧，在东海及钓鱼岛、历史认识、不同意识形态价值观等方面，中日两国的基本立场仍然相差很远。

即使后安倍时代的中日关系，也只可能在安倍时代已经形成的这一基本框架之内有所发展变化。

三　后安倍时代的中日关系展望

当然，后安倍时代的中日关系，与日本新首相菅义伟及其政府的具体政策以及如何实施也有一定关系，虽然充其量也仅仅是程度或方式的不同而已。

首先，来看菅义伟其人。菅义伟在 1948 年 12 月 6 日出生于日本东北部的秋田县汤泽市，农家平民出身，基本上靠个人奋斗，在东京边工作边读大学，1973 年毕业于日本法政大学法学部，1975 年开始担任众议院议员的秘书，1984 年担任通商产业大臣的秘书，1996 年首次当选众议员，为自民党议员，连续八次当选，但未加入自民党内任何派系，2001 年开始在自民党内和内阁或国会担任职务，2006 年第一次安倍政权时首次进入内阁担任总务大臣，2012 年第二次安倍政权更是长期担任安倍内阁官房长官，为安倍最信任的人之一。

菅义伟同中国的唯一关系，就是其父母曾经在战争时期作为移民生活在中国的东北，战争结束后即回到了日本，菅义伟本人则是在战后才出生的，既没有在中国生活的经历，也没有到过中国，在感情上似乎对中国无所谓好或不好。

在对华政策方面，菅义伟上台之后曾多次公开说会延续安倍政权的政策，当然包括其外交政策及对华政策。其中，当然既有对华积极的一面，也有消极的一面。比如，其竞选自民党总裁时曾表示，要加强同中国的关系，反对建立针对中国的亚洲版北约；当选首相后在 9 月 25 日同中国领导人习近平通电话时也明确表示，希望同中国发展稳定的经济与人文关系；在 11 月 24～25 日中国外长王毅访问日本时，双方达成了五点重要共识和六项具体成果；12 月 14 日，中国国防部长同日本防卫大臣视频通话，就两国防务合作及构建建设性双边安全关系取得一定共识；等等。

不过，在中日之间存在矛盾的一些问题上，菅义伟新政府也做出了一些使中国感到不愉快的事情，比如选择被认为同中国台湾地区关系极其密切的岸信夫担任防卫大臣，有暗中强化与中国台湾地区的关系及针对中国大陆的意味；10 月初在日本举行了由日、美、澳、印四国外长参加的所谓推动建设"自由开放的印太构想"四国会议，菅义伟在同三国外长会见时都大谈建立自由开放的印度太平洋，其中也有针对中国的意味；在 10 月份出访越南和印尼时，菅义伟也大谈东海、南海及印太构想等问题，并同越南签订了防务设备及技术转移协议，同样有针对中国的意味；11 月 12 日菅义伟同美国当选总统拜登通电话时，双方再次强调了《日美安全保障条约》第五条适用于钓鱼岛，以及在中国外长访日期间围绕钓鱼岛双方再次表达了完全不同的立场。在历史认识问题上，菅义伟在担任内阁官房长官前曾陪同安倍参拜过靖国神社，2014 年作为官房长官曾发言否定二战期间日军强征"慰安妇"，并表态支持日本政要参拜靖国神社。在安倍辞职后一个月内连续两次参拜靖国神社的同时，菅义伟也在 10 月 17 日靖国神社的秋季例行大祭中以首相名义供奉了祭品，这些言行都使人担心。

当然，以上这些问题还不至于立刻导致中日关系的恶化，两国关系目前仍然处于持续改善的过程之中。不过，中日两国关系仍然主要取决于已经形成的两国关系的基本结构，即两国关系中既需要和平与合作，尤其都有加强经济、文化等民间交流以及共同促进地区合作的愿望与需求，但同时也存在历史认识、领土争端、安全困境、日美同盟、意识形态等方面的难以解决的矛盾。因此，只要这一基本结构未变，两国关系就不会发生大的变化，其基本状态就仍然是合作与摩擦共存。一般来说，在不发生政治安全危机的情形之下，两国关系会相对稳定，在一些领域的合作也会持续推进，但一旦发生政治或安全危机，当然不排除两国关系会出现摩擦甚至对抗的局面。

（本文作者系北京大学国际关系学院教授）

新冠疫情前后的韩日关系评述[*]

宋成有

内容提要：新冠病毒袭击全球之前，日韩两国围绕"慰安妇"和"强征劳工"的道歉与赔偿问题，展开博弈。日本政府坚持 1965 年《日韩财产请求权协定》与 2015 年日韩"慰安妇"协议的相关约定，强调问题已经解决，拒绝道歉与赔款。2019 年韩国最高法院判定涉案在韩日本企业必须对"强征劳工"赔偿后，双方对峙升级。日本政府宣布对出口韩国的半导体材料实施管制，挑起贸易战，向韩国施加压力；韩国政府宣布不再续签《日韩军事情报保护协定》，予以反制。新冠疫情在客观上提供了两国合作的契机，但由于两国在历史认识问题上积怨甚深，双方并未开展抗疫合作，对峙如故。日韩关系缓和与改善的前景依然不明朗。

关键词：新冠疫情　日韩关系　历史认识问题

进入 2020 年，一场突如其来的新冠疫情横扫全球，带来诸多始料未及的冲击，美国一路"领跑"，日韩出现反复。据专家估计，至 2021 年春夏之交，或许会随着疫苗的采用，疫情受到遏制；或如世卫组织的预测，至 2022 年，世界才有可能进入前景并不明朗的后疫情时期。疫情前、疫情中与疫情后构成一条完整的时间链。因此，观察疫情后的东亚国家关系，包括日韩关系，有必要先将疫情前、疫情中的关系脉络理顺。

---

* 本文完稿于 2020 年 10 月。

一 疫情前的日韩关系：旧仇新恨并发

2016 年 12 月 9 日，韩国国会召开全体会议，表决通过对总统朴槿惠的弹劾案。2017 年 3 月 10 日，宪法法院通过总统弹劾案，朴槿惠尚有一年总统任期，却被提前罢免并被起诉、拘押，等候审判。根据韩国相关法律，在总统遭弹劾下台后的 60 天内，应提前举行新一届大选。各党派闻风而动，投入激烈的总统竞选。至 5 月 10 日凌晨 2 时 45 分，大选尘埃落定，进步派政党共同民主党候选人文在寅的得票率达 40.3%，击败保守派政党自由韩国党候选人洪准杓，赢得大选。在光华门的庆祝集会上，文在寅对支持者说："将与国民手牵着手，为了韩国的未来一起前进。"[1]

一般来说，韩国新总统入主青瓦台之后，总要基于不同党派的执政理念与利益诉求，对前总统的内政外交政策重新加以审视与调整。如何处理朴槿惠政府与安倍内阁达成的韩日"慰安妇"协议，是文在寅政府面临的棘手问题。2015 年 12 月 28 日，在历时 20 个月，举行了 15 轮谈判之后，两国外长尹炳世与岸田文雄联合举行记者招待会，宣布双方就"慰安妇"问题达成"最终、不可逆转"的协议。岸田说，由于当年日本军方的"参与"，许多韩国女性的名誉和尊严受到了伤害，日本政府因而在"慰安妇"问题上"深感责任"；安倍晋三将以首相公职的名义，"向'慰安妇'受害者表示诚挚道歉和反省"；日本政府向韩国政府主导的"和解与治愈基金会"出资 10 亿日元（当时约合 88 亿韩元），岸田强调这笔资金并非"国家赔偿"。尹炳世说，韩方将成立由日方提供资金的"慰安妇"受害人援助基金，两国政府合作开展恢复"慰安妇"受害者名誉、抚平内心创伤的各种项目；韩国政府将在日方落实相关措施后，确认"慰安妇"问题得到最终解决。[2] 当天晚上，朴槿惠应约与安倍通话 15 分钟，希望认真落实协议，推动韩日关系走向"新起点"；安倍则向"慰安妇"受害者

---

[1] 《文在寅确认当选韩国总统》，《光明日报》2017 年 5 月 11 日，第 10 版。

[2] 《日韩就"慰安妇"问题达成协议 韩国国内不满》，新华网，2015 年 12 月 29 日，http://www.xinhuanet.com//world/2015-12/29/c_128575283.htm。

表示道歉和反省。①

众所周知，日本政府公开道歉与给予赔偿，是解决"慰安妇"问题的两个关键点。然而，2015 年的"慰安妇"问题协议，一是日本政府未公开道歉，二是模糊其法律与道义的责任，三是直接否认日本的国家赔偿，就宣布"最终、不可逆"地解决了问题。协议与多年来韩国民众的要求差距太大，立即引爆了普遍的抗议。早在 1991 年 8 月 14 日，曾被日军强掠的"慰安妇"、67 岁的金学顺站出来公开揭露日军的暴行，要求日本政府道歉与赔偿，"慰安妇"问题浮出水面。12 月，金学顺等 35 名受害者提起上诉，中国、菲律宾、印尼、荷兰等国的受害者随即响应。1992 年 1 月 8 日，在日本首相宫泽喜一访韩当天，韩国"慰安妇"受害者与民众在驻韩大使馆门前举行首次"周三示威"，要求日本政府道歉与赔偿，引起国际舆论与联合国人权大会的密切关注。在国际舆论的压力下，日本政府分别于 1992 年 7 月和 1993 年 8 月两次公布调查结果，证实日本政府和军队与具有强迫性质的"慰安妇"问题存在直接关系。有鉴于此，官房长官河野太郎发表谈话，承认战时军方负有直接或间接参与"慰安所"的设置、管理以及"慰安妇"运送等责任，表示反省与道歉。1995 年 7 月，日本政府提议设立民间运营的"亚洲妇女基金会"，对"慰安妇"受害者给予赔偿。但基金会的"若接受赔偿，则放弃控告日本政府的权利"等规定②，遭到各国受害者的强烈抵制。2002 年 5 月，基金会停止运作，2007 年 3 月解散。

日本政府在"慰安妇"问题上的欲退还进，致使韩国民众怒火难熄。2011 年 11 月 14 日，即举行第 1000 次"周三集会"之际，韩国民间团体将一尊表现"慰安妇"受害人形象的"和平少女像"安放在驻韩日本大使馆的马路对面，令日方人员如坐针毡。在随后的几年里，多个民间团体在韩国多地安置了数十座"和平少女像"，并在美加澳德等国安放铜像，在中国上海、香港安放中韩两个"慰安妇"并排而坐的铜像，日本政府颜面尽失。

---

① 《日韩就"慰安妇"问题达成协议 韩国国内不满》。

② 《日本亚洲妇女基金会文章因提强征慰安妇遭删除》，环球网，2014 年 10 月 11 日，https://world.huanqiu.com/article/9CaKrnJFF37。

2016 年 12 月 30 日，在"慰安妇"协议一周年之际，釜山的韩国市民团体将一座"慰安妇"少女像安放在日本驻韩国总领事馆前。与韩国政府已有约定的日本政府大为光火。2017 年 1 月 6 日，内阁官房长官菅义伟宣称，因韩国政府阻止新设少女像不力，日本将采取 4 项报复措施，包括临时召回驻韩大使长岭安政、驻釜山总领事森本康敬；中断为重新签订日韩货币互换协议进行的磋商；延期举行日韩高级别经济磋商；釜山总领馆暂停一切双边外交活动。① 日本政府的强势态度在韩国激起了更大的民愤。7 日晚，一位参加过抗议"慰安妇"协议的僧人，在首尔参加敦促朴槿惠下台的大型集会后，愤而点火自焚。韩国舆论愈加激烈，接连出现数十万人参加的抗议活动。

文在寅当选总统后，安倍内阁对"慰安妇"协议能否继续履行疑虑重重。2017 年 5 月 10 日，菅义伟在祝贺文在寅当选的同时，强调日本政府"将坚持不懈利用各种机会，敦促韩方切实履行韩日慰安妇协议"。11 日，安倍在与文在寅通话时称，"韩方承担责任，切实履行慰安妇协议非常重要"；文在寅表示，"多数国民感情上无法接受这一协议，需要时间来解决"，希望日方不要让历史认识问题成为障碍。②

12 月，韩国外交部审议"慰安妇"问题协议的工作组经过调查披露了协议若干未公开的内容，包括：韩方应日方不再使用"性奴隶"一词的要求，改为"日军慰安妇受害者问题"；韩国政府承诺努力说服相关公民团体接纳协议；韩国政府对在第三国设立"慰安妇"相关纪念像和纪念碑不予支持等。③ 文在寅要求韩日重新谈判。

2018 年 3 月 1 日，文在寅在"三一"独立运动 99 周年纪念仪式上发表讲话，认为日本是朝鲜半岛悲惨历史的加害者，应该怀揣人类价值的良心去正视历史；认为日本没有权利单方面宣称韩日"慰安妇"问题已经解

---

① 《韩国僧人首尔自焚抗议"慰安妇"协议》，新华网，2017 年 1 月 9 日，http://www.xin-huanet.com/world/2017-01/09/c_129437846.htm。

② 《安倍电话敦促履行慰安妇协议 文在寅：国民不接受》，海外网，2017 年 5 月 11 日，http://m.haiwainet.cn/middle/3541085/2017/0511/content_30908806_1.html。

③ 《韩称日韩慰安妇协议有保密条款：避"性奴"措辞》，中华网，2017 年 12 月 28 日，https://3g.china.com/act/news/1000/20171228/31880965.html。

决，再次敦促日本政府真诚反省历史，真正解决韩日"慰安妇"问题；强调韩日和解的前提，是日本正确认识历史。[①] 同日，菅义伟对文在寅的讲话表示抗议，称其"违反日韩协议，完全无法接受"；表示将通过外交途径向韩国方面传达日方立场。[②] 7月24日，韩国国会批准拨出108亿韩元政府预算，来取代日本政府的10亿日元款项。11月21日，韩国政府宣布解散"和解与治愈基金会"，对协议来了个釜底抽薪。日本政府反应强烈，两国关系进入紧张状态。

与此同时，二战期间日本"强征劳工"的法律诉讼与赔偿问题备受关注，构成日韩争执的另一个焦点。二战期间，日本政府强制征用朝鲜半岛22.6万多名劳工前往三菱矿山、日本制铁等工矿部门从事奴隶劳动。战后，日本政府与相关企业既未对幸存的强制劳工道歉，也未赔偿。1997年，4名二战期间曾被强制押往日本工矿做苦工的韩国老人，向大阪地方法院对日本制铁提出上诉和索赔要求。法院以1965年的《日韩财产请求权协定》已经解决了赔偿问题、追诉时效过期为由，驳回上诉。2005年，老人转而在韩国提起诉讼，首尔高等法院认同日本法院的判决，不支持原告。2000、2005年，年逾古稀的吕云泽等9名强制劳工，同时向日本和韩国的法院起诉三菱重工和新日铁住金，索赔金额为1亿韩元（约合56万元人民币），最终同样败诉。

2012年5月24日，事态发生新的变化。韩国最高法院认定，日本企业在殖民统治时期强征劳工违背韩国宪法，二战劳工个人索赔不在《日韩财产请求权协定》的范围内，判定吕云泽等胜诉，撤销法院的原判，发回首尔、釜山高等法院重审。[③] 在民间索赔问题上，韩国法院首次勒令日本企业赔偿。韩国总理府下属的"抗日强制动员调查支持委员会"在得知最高法院的判定后表示，翌年将正式成立"日本帝国主义强制动员受害者援

---

① 《韩国纪念"三一运动"文在寅发表讲话》，搜狐网，2018年3月1日，https://www.sohu.com/a/224635962_428290。

② 《菅义伟回应文在寅"三一运动"纪念讲话：无法接受》，腾讯网，2018年3月1日，https://new.qq.com/omn/20180301/20180301A0Q7OW.html。

③ 《韩国首次判定二战被强征劳工对日企索赔胜诉》，中国新闻网，2012年5月29日，https://www.chinanews.com/gj/2012/05-29/3922607_2.shtml。

助财团"，由受益于 1962 年《日韩财产请求权协定》的韩国企业捐款，为受害者提供补偿。此举体现了李明博政府既实施了赔偿、抚慰受害人，又与日本政府和日企无涉，避免两国关系紧张的双重意图。韩国媒体强调不应让加害者日本企业置身事外，主张由日韩两国相关企业共同捐款赔偿。2013 年 7 月，首尔高等法院对 4 名前强征劳工的上诉作出胜诉的裁定，勒令新日铁住金按照原告要求，向原告赔偿 4 亿韩元（约合人民币 221 万元）。① 消息传开，激励更多的强征劳工挺身索赔。2014 年 2 月，84 岁的金在林老人等二战时期被强征为"朝鲜女子勤劳挺身队"的韩国女性及其家属，向光州地方法院提起诉讼，要求三菱重工就损害赔偿 6 亿韩元。②

2017 年 8 月 12 日，韩国工会全国组织"民主劳动组合总联盟"（民主劳总）等市民团体，在首尔龙山车站前的国有土地上安放象征日本殖民统治下被征用的朝鲜半岛劳工的雕像，要求文在寅政府予以支持。同日，"民主劳总"在仁川也安放了强征劳工像，其他团体计划在首尔的日本大使馆前和釜山的日本总领事馆前安放雕像。③ 强征劳工像与"慰安妇"少女像出自同一作者，鼓舞韩国人坚持要求日本政府道歉并赔偿。

2018 年 10 月 30 日，韩国大法院作出终审裁定，维持首尔高等法院的判决；不承认日本驳回日企关于强征劳工案已过诉讼时效的主张，判处涉事日本企业须向 4 名二战时期遭日本强征的韩国劳工原告各赔偿 1 亿韩元（约合 8.8 万美元）。日本外务大臣河野太郎反应激烈，称韩方判决结果"非常令人遗憾且无法接受"，表示"将考虑所有可能的应对选项"。韩国总理李洛渊当天回应说，"政府尊重最高法院的判决，希望与日本发展面向未来的韩日关系"。④ 11 月，共同民主党议员洪圣龙在首尔市议会上谴责强征劳工的"日本企业既没赔偿受害人，也没有道歉"，呼吁首尔市率先抵

① 《日本企业称会赔偿韩国二战劳工 将服从判决》，华夏经纬网，2013 年 8 月 19 日，http://www.huaxia.com/xw/gjxw/2013/08/3485827.html。
② 《韩国二战女劳工起诉日企 日媒提醒政府支持日企》，搜狐网，2014 年 2 月 28 日，https://history.sohu.com/20140228/n395802576.shtm。
③ 《日媒：韩民众在首尔设置被日强征劳工像》，新华社新媒体专线，2017 年 8 月 14 日，http://money.163.com/17/0814/13/CRQ8UPK7002580S6.html。
④ 《韩国大法院判决日本企业赔偿二战时期强征的韩国劳工》，新华网，2018 年 10 月 30 日，http://www.xinhuanet.com/2018-10/30/c_1123637700.htm。

制日货。2019 年 1 月，洪圣龙提交条例草案，再次呼吁抵制二战期间强征韩国人的日本企业。① 议员抵制日货的号召得到了韩国民众的普遍响应。

"慰安妇"与"强征劳工"问题交替激荡，引起日本政府的强烈反弹，韩日关系急剧恶化。2019 年 6 月 28 日，G20 大阪峰会举行，安倍晋三迎接各国首脑时，只礼节性地与文在寅握手，韩媒称之为"尴尬八秒钟"②，日韩首脑外交陷入低谷。7 月 1 日，韩国最高法院判令日本企业对二战前劳工进行赔偿。同日，日本经济产业省借口发现韩国出口管理的"不妥事例"，宣布对出口韩国的氟聚酰亚胺、光刻胶和高纯度氟化氢等三种半导体材料加强管制，严重冲击了韩国智能手机、电视机 OLED 显示器、半导体芯片的生产。③ 为报复韩国最高法院对"强征劳工案"的判决，一年前外相河野的"应对选项"终于露出真面目，试图尽最大可能施压文在寅政府。

两国的"隔空对话"调门越来越高。7 月 7 日，安倍宣称韩国的出口管理出现问题，违反了对朝制裁决议，因而不得不强化管理，指责韩国"不值得信任"。7 月 8 日，文在寅称安倍的指责"毫无根据"，并警告日本，如果韩国企业蒙受实际损失，必将采取必要的对抗措施。当天，驻韩大使长岭安政奉命曝光底牌，他告知韩国官员，采取出口管制措施"不仅仅是因为劳工赔偿问题，两国间的信赖关系已经崩塌"。7 月 10 日，文在寅在会见三星、SK、现代等 30 家企业的高管时表示，要长期抗争，减少对日本供应商的依赖，还再次警告日本"不要走绝路"。④

8 月 2 日，日本继续加大对韩经济制裁力度，将韩国排除在出口优惠待遇的"白名单国家"之外。同日，韩国副总理兼企划财政部长官洪楠基表示，政府将加强对日出口管制，把日本移出韩国贸易的"白名单"，贸

① 《韩国首尔市议员就强征劳工问题提出限制日企条例草案》，环球网，2019 年 2 月 1 日，https://world.huanqiu.com/article/9CaKrnKhDOU。
② 《安倍文在寅上演"尴尬八秒"》，阅文国际，2019 年 6 月 29 日，https://xw.qq.com/cmsid/20190629A087V900。
③ 《日韩两国为啥过不去？》，搜狐网，2019 年 8 月 25 日，https://www.sohu.com/a/336261075_148087。
④ 《韩日冲突升级 盟友美国却一反常态》，凤凰网，2019 年 7 月 10 日，http://news.ifeng.com/c/7oCR8Lcc1GC。

易战升级。韩国民间立即掀起了抵制日货风潮。拥有 2.3 万家加盟店的超市联盟表示将暂时停止销售日本产品，其会长在声明中强调"打击日本对其战时历史和报复措施的态度"①。韩国超市货架上的日本产品无人问津，在韩日企经营困难。8 月 22 日，韩国强力反制日本。青瓦台国家安保室第一次长金有根表示，韩国政府决定不再续签《日韩军事情报保护协定》，并将在续签时限内通知日本政府。

2014 年 12 月，韩美日三国签署《情报共享协定》，规定日韩之间有关朝鲜核导情报可以通过美国实现共享。2016 年 10 月，日韩政府重启叫停四年半的谈判。11 月 26 日，双方签订《日韩军事情报保护协定》，当日立即生效。据此，日本可以直接与韩国共享朝鲜核、导弹等相关的军事情报，日韩军事合作首次迈出实质性的一步。协定签署的当时，在韩国国内反响强烈，中国、俄罗斯、朝鲜也密切关注。协定签署三年后，为回击日本对韩不断加大的压力，韩国政府抄起了《日韩军事情报保护协定》有效性的"杀手锏"。加之 9 月 11 日，韩国向 WTO 提出申诉，指控日方强化出口管制措施不正当，两国关系"陷入 1965 年建交以来的最坏状态"。②

二 疫情期间的日韩关系：步履维艰

新冠疫情来袭，因国情、政情、民情的不同，各国应对方式有异。安倍内阁虽宣布全国进入"紧急状态"，但并未采取严格的封闭措施。如期在 7 月 23 日举办东京奥运会的考虑，致使内松外亦松，抗疫举措近似放任自流。凭借良好的医疗设施与医疗服务，第一波疫情虽未造成重大的人员损失，但安倍内阁的支持率有所降低。相形之下，文在寅政府对疫情反应迅速，信息透明，依靠完备的医疗系统、检测方式"得来速"，遏制了疫情的传播势头。韩国抗疫成绩斐然，受到国际社会称赞。文在寅政府在

① 《2 万家韩国超市禁售日本产品》，环球网，2019 年 7 月 18 日，https://finance. huanqiu. com/article/9CaKrnKlBJY？w=280。

② 《矛盾错综复杂令半导体之争难化解 日韩重回贸易"对决"模式》，《参考消息》2020 年 6 月 14 日，第 4 版。

国内的好评度也随之提升，支持率不断回升。2020 年 4 月 16 日，执政的共同民主党在第 21 届国会议员选举中大胜，一举拿下了 180 个席位，成了"超级政党"。在野的未来统合党和未来韩国党获得 103 席，败选。执政党占据国会五分之三议席，能够单独处理除修宪以外的大部分法案，有利于文在寅在任期后半段加速推动司法改革和施政计划，兑现竞选承诺。①同时，胜选也增强了文在寅政府对日交涉的立场，依照处理两国纠纷的轻重缓急，开展韩日对话，虽然步履维艰。

疫情无国界，联手应对方为明智。何况韩日两国为近邻，抗疫应对举措各有特色，需要合作，也需要交流，以推进抗疫协防。但"强征劳工"与"慰安妇"等源发于日本政府不能正视历史的问题未解决，合作抗疫被搁置。日韩两国继续纠缠不休，并集中表现在以下几个方面。

表现之一，解决日韩贸易管制的对话并未出现突破性进展。2019 年 12 月 16 日，日本经济产业省贸易管理部长饭田阳一和韩国产业通商资源部贸易政策官李浩铉会面，就两国目前的出口管理体制、运行情况等问题展开协商，无果而终。经产相梶山弘志因日本占据贸易战上风而态度傲慢，对此的解释是双方见解隔阂过大，"难以在这样的场合得出结论"，强调日本"没考虑过"是否调整目前对韩国的出口管制，维持对韩高压态势。2020 年 3 月，韩国政府全力应对疫情期间，与日方就出口管制问题举行司局长会谈，希望立即撤销贸易管制，并希望日方能给出计划表。但日方态度冷峻，仍旧未作具体答复。

对日本而言，虽然发起对韩贸易战以来占尽先发制人的优势，但出口限制损人而未必利己。此外，安倍内阁尚需顾忌美国的脸色，国际形象受损，不得不对韩方对话要求作出回应。对韩国而言，日本突如其来的制裁行动，致使氟聚酰亚胺、光刻胶和高纯度氟化氢等制作智能手机、芯片所急需的材料面临断供的威胁，打击精准，后果严重。受到强力冲击的三星、SK、LG 等韩国半导体支柱企业，要求文在寅政府拿出解决办法，缓解危机。文在寅政府紧急投入 2.1 万亿韩元（约合 17 亿美元）的半导体

① 《韩国第 21 届国会选举执政党大获全胜》，新华网，2020 年 4 月 16 日，http://www.xinhuanet.com/2020-04/16/c_1125866080.htm。

材料、零件、设备研制费，力图摆脱对日本的依赖。5 月 11 日，产业通商资源部长官成允模宣布半导体材料"实现了稳定供应"①，摆出不惧日本的出口限制的态度，动摇日方的贸易制裁信心。5 月 12 日，对日方提出的三项管制理由，即韩日政策对话中断、常规武器管制不到位、出口管理组织和人力不足等进行完善，要求日方至月底前撤销出口管制措施。② 但日方置若罔闻。总的看来，一方面，日韩两国政府的博弈不见缓和迹象，竭力向对方示强；另一方面双方均既有所虑也各有所需，斗而不破遂成为应对贸易制裁的唯一选择。

表现之二，日本反对韩国加入 G7 峰会。日韩对峙加剧之际，美国总统特朗普又来"添乱"。2020 年 5 月 20 日，为升温选情，对新冠疫情故意不以为意的特朗普宣称美国已经从疫情中恢复过来，邀请 G7 国家元首在 6 月聚会美国。除英国和日本表态参加之外，其他国家均反应冷淡。30日，特朗普再出招，一边把峰会的日期推迟 3 个月，期待疫情有所缓解；一边声称既存的 G7 峰会已经过时，决定扩大与会国，邀请韩澳俄印出席在 9 月举行的峰会，拼凑围堵中国的 G11 集团。对此，俄表示不感兴趣，韩立即表态参加。31 日，文在寅在疫情暴发后第三次与特朗普通电话，对邀请出席峰会表示欢迎和感谢，认为韩澳俄印四国加入 G7 峰会的举措"十分恰当"，说扩大会议将成为"后新冠时代"的里程碑。③ 在文在寅看来，加入发达国家 G7 集团，足以大幅度提升韩国的国际地位，在东亚堪与日本比肩。同时，将提升其民调支持度。果然，消息传来，首尔舆论一片乐观。

对此，安倍内阁迅速做出反应。6 月 1 日，官房长官菅义伟说，日本对 G7 集团扩大想法的"详细内容不予透露，日美之间正在密切交流"。不久，日美"密切交流"的底牌曝光。共同社报道说，日本政府高官向美国政府表态，反对韩国加入 G7，理由是韩国对华和对朝的外

---

① 《矛盾错综复杂令半导体之争难化解 日韩重回贸易"对决"模式》。
② 《韩国敦促日本月内就撤销限贸措施表态》，韩联社，2020 年 5 月 12 日，https://m-cn.yna.co.kr/view/ACK20200512003800881。
③ 《文在寅：将接受特朗普七国集团峰会邀请》，观察者网，2020 年 6 月 2 日，https://www.guancha.cn/internation/2020_06_02_552593.shtml。

交姿态与 G7 不一致，要求维持 G7 现有框架。美方回应称"特朗普将做出最终判断"。共同社称，日方有意守住亚洲唯一 G7 成员国的外交优势，是鉴于首相安倍晋三的意向，结果将导致在历史问题等方面对立的日韩关系进一步变冷。① 贸易战进而扩大为外交战，韩国朝野闻讯满怀激愤。29 日，青瓦台谴责日本一贯"不承认或不为自己的错误行为赎罪"，强调"日本无耻的程度是世界上最高的"，表示韩国期待特朗普扩大 G7 的做法不会因日本的反对而受到"任何重大影响"，因为国际社会了解日本"无耻的水平"。②

表现之三，"强制劳工"问题继续发酵，加剧韩日对立。2020 年 6 月 1 日，大邱地方法院浦项分院启动"公示通知"程序，将在一年半之前因日本外务省抵制而无法送达的"扣押日本制铁所持 PNR 公司 8.1075 万股股票"、票值 4.05375 亿韩元（约合人民币 236.86 万元）的命令，送达涉案的新日铁住金。8 月 4 日，强征劳工索赔案的执行命令正式生效。若新日铁住金未在 11 日零时以前提出上诉，届时将执行股票扣押命令，择日变卖股票。③ 不待其应诉，8 月 1 日，内阁官房长官菅义伟在记者会上说，日本政府正在就变卖资产问题"讨论各种应对措施"，"方向已切实决定"，报复手段包括提高关税、停止汇款、限制发放签证、扣押韩国在日资产、临时召回日本驻韩大使等。④ 日本政府摆出"坚决应对"的姿态，两国对抗愈演愈烈。

表现之四，"慰安妇"问题继续加深两国间的鸿沟。安倍两次执政，均有意推翻"河野谈话"。2007 年 3 月 1 日，安倍在回答记者有关对"河野谈话"的看法时，居然表示"没有证据证明"日军曾强征大批朝鲜妇

---

① 《日本反对美国邀请韩国加入 G7》，观察者网，2020 年 6 月 28 日，https://www.sohu.com/a/404489343_115479。
② 《韩总统府回应日本反对韩参会 G7：无耻程度世界最高》，环球网，2020 年 6 月 30 日，https://world.huanqiu.com/article/3yrV8QdOBqo。
③ 《韩国"二战劳工索赔案"扣押财产令送达，日本制铁将提起上诉》，天眼新闻，2020 年 8 月 4 日，http://www.ddcpc.cn/detail/d_guoji/11515115332485.html。
④ 《韩国 4 日起变卖强征劳工的日企资产，日方称将采取报复措施》，澎湃新闻网，2020 年 8 月 3 日，https://www.sohu.com/a/411268633_260616?_trans_=000014_bdss_dksytzh。

女在二战期间充当"慰安妇"。① 当天恰恰是抗议日本殖民统治的"三一"独立运动纪念日，安倍的表态格外具有挑衅性，立即遭到韩国政府和各政党的强烈批评。在国际舆论的压力下，安倍表态不会修改"河野谈话"。2012年安倍第二次执政后，日本政界挑战历史认识定论的逆流涌动，否认日军强征"慰安妇"的言论也在其内。2014年2月，内阁官房长官菅义伟告诉记者，日本政府将设立"河野谈话"检证小组，重新确认听证状况，调查其出台经过，立即引起中韩等国的强烈反应。6月，日本政府在众议院预算委员会理事会上向各党派汇报了关于"河野谈话"出台过程的调查报告，宣称"韩日曾就谈话内容进行过秘密协商，而且对韩国'慰安妇'的证言未做印证式的调查"；韩国外交部立即加以回应，强调"河野谈话"是"以日本自行的调查和判断为基础、表明日方立场的文件"，没有必要与其他国家进行协商或调整。② 显而易见，安倍内阁调查"河野谈话"并将其描述为韩国幕后运作，指责细川护熙内阁对韩妥协，目的在于否认日军的侵略罪行。

安倍拒绝在"慰安妇"问题上公开道歉并予以赔偿的顽固立场，激起韩国民众的切齿痛恨。2020年7月28日，日本TBS电视台报道说，韩国自生植物园在江原道五台山脚下建造的一座"安倍谢罪像"将于8月10日向公众开放。雕像为一名貌似安倍的男性，西装革履，匍匐在地，跪拜在象征着"慰安妇"受害者的"和平少女雕像"的前方。雕塑主题为"永远的赎罪"，即让坚持右翼立场的安倍永远向"慰安妇"谢罪。雕像公开展示的当天，植物园园长在接受日本媒体采访时说，该雕像由园长本人出资打造，"没有政治意图，只是想给日本一个可以反省的机会"。日本官房长官菅义伟迅速做出回应，称雕像"从国际礼仪而言是不被容许的，若报道属实，将对日韩关系造成决定性的影响"。有日本网友称这是"对

---

① 《韩国对安倍否认日本曾经强征慰安妇深表遗憾》，胶东网，2007年3月4日，http://www.jiaodong.net/news/system/2007/03/04/000925329.shtml。

② 《韩媒：安倍政府调查河野谈话意在破坏谈话精神》，中国新闻网，2014年6月23日，https://www.chinanews.com/gj/2014/06-23/6308992.shtml。

一国领导人的侮辱行为"，应立即对韩国"发起制裁"。① 日本网络反应激烈，韩国网民则反唇相讥，各种互怼的言论中充满火药味。跪拜像的网上热炒导致两国国民间的观感滑落谷底。

三 后疫情时代的日韩关系：多种可能

2020 年 9 月 15 日，世界卫生组织首席科学官斯瓦米纳坦（Swami-nathan）在日内瓦总部的新闻简报会上表示，可能到 2022 年世界才会开始回到"新冠前"时代。多国专家也认为，各国如果能在 2021 年完成普遍的注射疫苗，世界才有可能结束新冠疫情。换言之，至 2022 年，世界方能进入"后疫情"时代。届时，韩国总统文在寅的任期届满。预计现任执政党共同民主党党首李洛渊与总检察长尹锡悦将参加下届总统竞选，鹿死谁手，有待观察。但总统换届，往往为韩日关系提供转圜机会，出现后文在寅时代。在日本，菅义伟有可能连任首相，出现后安倍时代。总之，日韩两国领导人变动将成为一个变数，加上国际环境、美国立场、舆情变化、经贸利益等多种变数相互作用，后疫情时代日韩关系的走向，必然出现多种可能，如逐步缓和、维持现状、对立加剧等。

第一种，逐步缓和。此一走向的依据主要有四。其一，日韩两国具有一致的战略利益与价值观。尽管文在寅主政三年来韩日两国纠纷不断，并逐步升级，但斗而不破，始终是日韩两国政府的底线。特别是以"地球仪外交"自诩的安倍，更是擅长权谋术数，随机应变。2017 年 5 月 11 日，文在寅在当选总统后与安倍通电话中，敦促日方正视历史，避免历史问题成为两国关系发展的障碍；他告诉安倍，多数韩国民众无法接受两国间的"慰安妇"协议。文在寅的此番话，安倍听得明白，可谓说者有意，闻者有心。

5 月 18 日，韩国总统特使文喜相访日，给安倍带来文在寅希望尽早举行首脑会谈的亲笔信。安倍在会见文喜相时，一方面强调韩国是日本最重

---

① 《韩国植物园立安倍下跪谢罪雕像：日本网友愤怒了：立即制裁韩国！》，新浪网，2020 年 7 月 29 日，http://k.sina.com.cn/article_1267454277_m4b8bd14503300srif.html。

要的邻国，两国拥有共同的战略利益，希望日美韩合作加强对朝鲜施压；另一方面要求韩国切实履行"慰安妇"协议。文喜相表示，韩日两国都致力于发展自由民主和自由市场经济，都面临着来自朝鲜的核导威胁，希望建立"向前看"的韩日关系。① 由此可见，两国政府在直面"慰安妇"难题时，均不忘强调"都面临着来自朝鲜的核导威胁"，强调互为"最重要的邻国，拥有共同的战略利益"，"都致力于发展自由民主和自由市场经济"，具有相同的价值观等。换言之，日韩共同的战略利益与价值观，构成两国斗而不破、走向缓和的政治基础。

其二，双方均无意错过任何首脑会谈的机会，寻找摆脱僵局的可能，尤其在对方国家举办重大活动或庆典之际，首脑会谈往往应时而动。2018年1月24日，安倍表示将出席2月9日举行的平昌冬奥会开幕式，本着政治与体育区分开的原则，直接向文在寅传递日方的想法。青瓦台立即表示欢迎。② 2月9日，安倍为出席平昌冬奥会开幕式飞往韩国，与文在寅进行了持续1个多小时的会谈。安倍立场不变，文在寅表示"希望努力在正视历史的同时，合力构建面向未来的（韩日）关系"③。尽管双方分歧依旧，但接触总比避而不见来得理智。

2019年10月22日，日本新天皇德仁的即位仪式在东京皇居举行，百余国首脑前往参加，韩国国务总理李洛渊前往祝贺，借机与安倍会晤。24日上午，李洛渊在东京首相官邸向安倍转递文在寅的亲笔信，双方举行20分钟的会谈。因立场差距大，未能解决任何分歧，但双方一致同意继续对话。11月4日，安倍与文在寅出席第22次东盟与中日韩领导人会议，在泰国曼谷进行了约10分钟的会谈。安倍称日方基于1965年的《日韩请求权协定》的立场不会改变，但希望对话继续下去。④ 双方再次肯定日韩关

---

① 《日本首相安倍晋三与韩国总统特使举行会谈》，新华网，2017年5月18日，http://finance.china.com.cn/roll/20170518/4217965.shtml。
② 《安倍晋三称将出席平昌冬奥会开幕式 与文在寅举行首脑会谈》，中国日报网，2018年1月24日，http://world.chinadaily.com.cn/2018-01/24/content_35575286.htm。
③ 《安倍与文在寅在平昌奥运会场附近会谈 文在寅：希望正视历史》，环球网，2018年2月9日，https://world.huanqiu.com/article/9CaKrnK6F3D。
④ 《日本首相安倍晋三与韩国总统文在寅在曼谷举行会谈》中国新闻网，2019年11月4日，http://news.sina.com.cn/w/2019-11-04/doc-iicezuev7164271.shtml。

系的重要性，确认对话解决问题的原则。12 月 24 日，安倍与文在寅利用出席在成都举行的中日韩三国峰会，再次举行双边会谈。安倍认为韩国劳工诉讼问题，是两国关系恶化的导火索；文在寅认为两国关系恶化的决定性因素，是日本对韩国实施的出口管制。双方各说各话，但同意更经常地会面，通过对话解决分歧。安倍回国后，称赞文在寅是个"温柔的绅士"，希望以后能频繁见面。① 此种夸赞引发了媒体对两国关系走向缓和的猜测。

其三，美国发挥缓和日韩关系的推手的作用。日韩两国均为美国的盟友，首尔与东京的互不妥协，令华盛顿不安，展开掌控局面的压力外交。美国的施压，导致韩国对《日韩军事情报保护协定》存废的态度转变。2019 年 11 月 22 日下午，在协定即将于 23 日零时到期的 6 个小时之前，青瓦台国家安保室第一次长金有根在记者会上宣布，韩国政府决定暂停终止《日韩军事情报保护协定》通知的效力，前提是韩国政府随时可以终止军情协定的效力；表示在与日本进行对话期间，暂停就出口管制措施向世贸组织提出申诉。② 韩国立场之所以突然变软，与美国各方面人士轮番上阵、多方施压不无关系。

先是 8 月 7 日，美国国防部长埃斯珀访日，强调维护《日韩军事情报保护协定》的重要性，力挺日本政府。继而，11 月 14 日，美国国防部长埃斯珀访韩，与韩国总统文在寅及国防部长官郑景斗会谈，敦促缓和与日本的紧张关系。11 月 17 日，埃斯珀又在泰国曼谷与日韩外长会谈，宣称废除协定将让他国得利，"日韩有必要克服两国间的问题"。11 月 20 日，美国国会参议院外交委员会和军事委员会联合提交的报告称，《日韩军事情报保护协定》的终止将直接损害美国国家安全。11 月 21 日，国务卿蓬佩奥又与韩国外长康京和通电话，讨论美韩日关系，为挽救协定做最后努力。与此同时，美国要求韩方将其承担的驻韩美军费用提高 5 倍，加强施压力度。③ 迫于美

---

① 《在中国进行会谈后 安倍这样评价文在寅：他是个温柔的绅士》，海外网，2019 年 12 月 30 日，https://news. haiwainet. cn/n/2019/1230/c3541093-31690811. html。

② 《快讯！韩国宣布推迟终止韩日军情协定》，海外网，2019 年 11 月 22 日，https://baijia-hao. baidu. com/s? id=1650892591350815397&wfr=spider&for=pc。

③ 《推迟终止军情协定 韩对日立场为何转软》，新华网，2019 年 11 月 24 日，http://www. xinhuanet. com/mil/2019-11/24/c_1210366883. htm。

国的压力，韩国政府在最后关头转向，宣布推迟终止《日韩军事情报保护协定》，不得不将反制日本的"杀手锏"弃而不用。

其四，走向缓和的关节点，在于日韩领导人的研判与决断。日韩两国均为议会民主、竞选获胜的政党轮流坐庄的国家。在短时期内，日本国内很难出现自民党的强有力挑战者，乃至取而代之。即使在安倍之后，继任的菅内阁也很难在历史认识问题上转变立场，对韩"坚决应对"，就成了日本政府的唯一选择。相形之下，韩日关系走向缓和的最大可能，将出现在韩国总统大选之时。若进步派政党下野，保守派政党掌权，对日政策就有可能发生重大转变。在这种情况下，就有可能重申韩日之间关于财产请求权、"慰安妇"问题已达成的协议；在"强征劳工"索赔问题上，由韩方做出妥协而达成某种协议，化解僵持。如同 1965 年朴正熙为取得日本的资金与技术做出妥协，签订争议不休的《日韩财产请求权协定》；或者如朴槿惠执政时期，不惜在道歉与赔偿问题上对日妥协，达成韩日"慰安妇"问题协议，或者为密切美日韩关系而突击式地签订《日韩军事情报保护协定》。

2020 年 9 月 16 日菅义伟组阁后，舆论关注日韩之间的对峙局面是否会出现转机。当天，文在寅致信祝贺菅义伟当选日本首相，表示韩方愿与日方共同努力，推动两国关系进一步发展。理由是日本不仅与韩国共享基本价值、战略利益，在地理位置和文化上两国也是近邻，韩国已为随时与日沟通对话做好准备，希望日方积极回应。9 月 19 日，菅义伟回复文在寅，表示日韩是重要邻邦，期待两国能携手共克难关，构建面向未来的双边关系。[1] 9 月 24 日，应韩方提议，菅义伟与文在寅电话会谈约 20 分钟。在通话中，双方同意加强合作，以防止疫情持续扩散。菅义伟表示，"日韩两国互为重要的邻国"，对于目前非常严峻的双边形势，"我们不能放任不管"，并"强烈要求韩方今后能做出妥善的应对举措"。[2] 日韩首脑对话

---

[1] 《日媒：日本首相菅义伟 24 日将与韩国总统文在寅通话》，海外网，2020 年 9 月 23 日，https://view.inews.qq.com/a/20200923A083LP00。

[2] 《菅义伟文在寅电话会谈 就疫情和双边关系交换意见》，海外网，2020 年 9 月 23 日，https://baijiahao.baidu.com/s? id=1678699154049626317&wfr=spider&for=pc。

虽难以取得成果，但发挥了缓和紧张关系的作用。

同时，在历时 7 个月的多次磋商后，日韩首次达成放宽企业人士入境限制的共识。2020 年 10 月 4 日，日韩就放宽两国间企业人士的入境限制措施达成协议。双方先就限制入境出差人数，提交出境前在本国接受新冠病毒检测的阴性证明，在抵达对方国家后再次接受病毒检测，结果呈阴性便可以免除两周居家隔离等达成共识。日后将逐步扩大适用范围。尽管日韩双方在"强制劳工"及贸易制裁问题上依旧意见分歧，但两国相互妥协，围绕开展事关国计民生的经贸活动达成了共识。

第二种，争议、对立依旧，呈现胶着状态。2018 年 3 月 1 日，文在寅在纪念"三一"独立运动 99 周年的聚会上发表讲演，强调韩日和解的前提是日本要正确认识历史，点明两国对立却又难以解决的根本原因；与此同时，南北关系因金正恩对平昌奥运会释放善意而急剧升温，文在寅对确保朝鲜半岛和平充满信心，呼吁建立和平与经济发展共同体。[1] 除了官方的纪念活动外，首尔市各处都有类似的活动举行。同年 4 月、9 月，韩朝实现了首脑会晤，发表了《板门店宣言》《平壤共同宣言》，双方一致同意促进朝鲜半岛和平、繁荣、统一，实现半岛无核化，消除战争威胁。南北关系的迅速改善，增强了文在寅对日交涉的立场。与此同时，安倍政府置韩国国内的强烈反对声浪于不顾，一味固执于同朴槿惠政府达成的"慰安妇"协议，拒不公开道歉与赔偿，更加激起韩国国内的愤慨。对于2019 年韩国最高法院关于"强制劳工"索赔的裁决，安倍内阁回敬以贸易制裁，这又引起韩国民众抵制日货，日韩政府间以及国民之间持续对立的拉锯战渐次升级。

2020 年 8 月 28 日 17 时，在创造了连任首相 2803 天的历史纪录后，安倍宣布，由于旧疾复发，为避免影响国政，决定将辞去首相一职。经过自民党大佬的幕后紧急磋商，9 月 14 日，菅义伟在自民党总裁竞争中胜出。9 月 16 日，日本举行第 202 次临时国会选举，新任自民党总裁菅义伟当选日本首相。菅义伟当天按照事前的派系协调意见，组成新一届内阁，

---

[1] 《韩国纪念"三一运动"文在寅发表讲话》，央视网，2018 年 3 月 1 日，https://m.sohu. com/a/224635962_428290。

起用新人，总裁竞争者岸田文雄与石破茂等均遭边缘化，政争手腕冷峻。

永田町首相官邸更换主人，为日韩首脑对话创造了机会。9月16日，文在寅致信菅义伟祝贺其就任日本首相，表示"我们已准备好随时与日本政府面对面对话，我们期待着日方的积极回应"①。韩国新任总理丁世均也致信表示祝贺，期待加强韩日两国的对话与合作，但菅义伟毫无回应。同日，菅义伟在首相府举行的新闻发布会上强调："面对日益严峻的国际环境，我认为我国应以有效的日美同盟为基础，发展政策。为了捍卫国家利益，在推进自由开放的印太战略同时，与中俄等邻近国家构建稳定的关系。"②他还提及与朝鲜对话，解决"绑架问题"，唯独没有提及韩国。在冷淡文在寅5天之后，21日菅义伟才回信对其祝贺当选表示感谢，"希望日韩能克服困难问题，努力建立起具有前瞻性的关系"③。9月23日，文在寅在联合国大会第75届会议上发表讲演，提议韩国、朝鲜、中国、日本、蒙古国共同加入"东北亚防疫和保健合作体"，为体现韩日"前瞻关系"提供一个最可能实现的合作项目。④

9月24日，文在寅同菅义伟通话20分钟，表示"为了解决强制征用等两国间悬而未决的问题，应以新的心态加速沟通"，希望"双方共同寻求两国政府和所有当事人都能接受的最佳解决方案"。菅义伟态度鲜明："今后，会以我们的一贯立场为基础，强烈要求韩国采取适当的对应措施。"《产经新闻》解释说："菅义伟首相要求阻止因大法院的征用赔偿判决而被扣押的日本企业资产变现。"⑤双方的立场均未软化，心情不佳的文在寅在通话中未提及在联合国会议上提出的与日本共建"东北亚防疫和

---

① 《日媒：文在寅祝贺菅义伟当选日本首相》，澎湃新闻网，2020年9月16日，https://www.sohu.com/a/418832036_260616。

② 《日本新首相菅义伟首次提到中国，如此表态耐人寻味！》，第一眼界，2020年9月17日，https://baijiahao.baidu.com/s? id=1678045445007794085&wfr=spider&for=pc。

③ 《与特朗普通话前一天，菅义伟给文在寅写了封信，果然跟安倍不一样》，上海热线国际，2020年9月22日，https://xw.qq.com/cmsid/20200922A0L50P00。

④ 《文在寅发表朝鲜半岛终战宣言：提议建东北亚防疫合作机制》，新浪网，2020年9月23日，https://k.sina.com.cn/article_6066193547_m16992c48b03300ovi2.html? subch=onews。

⑤ 《韩日首脑就征用问题暴露出氛围差距》，〔韩〕《朝鲜日报》网，2020年9月25日，http://cnnews.chosun.com/client/news/viw.asp? cate=C01&mcate=M1003&nNewsNumb=2020-09-25。

保健合作体"的建议。

对于菅内阁踢过来的改善关系的球，即要求韩国政府提出解决"强制劳工"裁决的"应对措施"，文在寅政府心知肚明，但并未屈从日本的压力而妥协。实际上，在短时期内，文在寅政府既难以从"慰安妇"协议修改与"强制劳工"索赔判决问题上后退，也无从提供日方所需要的"应对措施"。不理睬菅内阁踢过来的球就成了应对之策。韩日双方均无意后退一步以寻求妥协。在这种情况下，角力仍会持续下去，僵局难以打破，结果将是走不出胶着状态的困境。

第三种，对立加剧。日韩之间的对立，具有结构性特点，错综复杂。其中，既有日本残酷的殖民统治遗留下的难以消除的旧恨，也有战后右翼势力美化历史、现实经济利益冲突等新仇，包括高技术开发、市场份额竞争、国民感情等各种问题。韩日实现和解，并非易事。其中，最关键的是自民党日本政府的历史认识问题。众所周知，战后日本首相敢于明确承认侵略战争并公开道歉者，往往是非自民党首相，如日本新党的细川护熙、社会党的村山富市、民主党的鸠山由纪夫等。相反，自民党籍首相多半持相反立场。这样就造成了日本政界中首相在历史问题认识上进一步退两步、反复无常、出尔反尔的现象，难以取信当年受害的邻国与国际社会。进入21世纪，由于"帝国"旧班底代有传人，"帝国情结"根深蒂固且不时作祟，自民党首相参拜靖国神社创了纪录，美化"帝国业绩"的调门越来越高，1993年以来的历届首相在近代侵略历史认识上积重难返。在2012~2020年安倍内阁期间表现得尤为突出。

2020年9月16日菅义伟组阁，国际舆论关注后安倍时代的日本外交走向。韩国媒体预测，若对强制劳工裁判"采取变现行动"，菅义伟"绝对不会回避"，而要"坚决应对"，采取多达40余项的报复措施，包括金融制裁、停止汇款等。① 菅内阁只知进而不知退的立场，堵塞了双方相互妥协之路。自就任韩国总统以来，文在寅坚持进步派政党追究"亲日反民

---

① 《菅义伟：韩国若扣押征用企业资产将会实施报复》，〔韩〕《朝鲜日报》网，2020年9月15日，http://cnnews.chosun.com/client/news/viw.asp? cate = C01&mcate = M1003&nNewsNumb = 202009541。

族者"即韩奸、彻查日本殖民统治罪行的一贯立场，明确要求日本政府端正历史认识，以此为开辟两国关系发展道路的前提。面对日本的"坚决应对"，文在寅政府只能"奉陪到底"。这样一来，在"强制劳工"索赔判决、重新协商"慰安妇"协议等问题上，双方的强硬立场只会推高冲撞的烈度。在日本政府端正历史问题认识态度之前，双方的认知差距无法缩小，对抗的加剧就不可避免，并波及诸多方面。

例如，日本阻碍韩国候选人出任 WTO 总干事。2020 年 8 月，WTO 总干事阿泽维多正式辞职，总干事竞选随即展开。9 月 18 日，第一轮淘汰的结果是：来自尼日利亚、沙特、韩国、肯尼亚和英国的五位候选人进入第二阶段磋商，来自摩尔多瓦、埃及和墨西哥的候选人被淘汰，10 月将进行第二轮遴选。日本政府为阻止韩国通商交涉本部长俞明希当选，秘密发起"落选运动"。外务省开展穿梭外交，一面以提供援助为诱饵，要求欧洲、中南美、亚洲国家的代表不要支持俞明希；一面宣称在日韩两国因出口限制问题尖锐对立的情况下，韩国人当选总干事，WTO 的公正性会遭到质疑。与此同时，支持尼日利亚的奥孔乔－伊韦阿拉出马竞选总干事，给俞明希增添了一个强有力的竞争对手。关键时刻，美国表态支持俞明希，反而帮了倒忙。WTO 多数成员反感美国搅局，10 月 28 日奥孔乔－伊韦阿拉当选 WTO 新任总干事。日本达到了其目的，韩日关系却因此雪上加霜。

日本不惜将日韩对立扩展到国际社会，是菅内阁公开宣布对韩不退让政策的结果。10 月 26 日，菅义伟在临时国会开幕式上发表施政演说，在谈到日韩关系时表示："韩国是非常重要的邻近国家。为了恢复两国健康的关系，我们将根据我们的一贯立场，强烈要求采取适当的对应措施。"[①]所谓"一贯立场"，即固守安倍内阁坚持与韩国朴正熙政府、朴槿惠政府签订的协定或达成的协议，在"慰安妇""强制劳工"等问题上，对韩国不道歉、不赔偿的立场；所谓"适当的对应措施"，就是要求文在寅政府

----

① 《日本政府展开反对俞明希当选 WTO 总干事的活动》，〔韩〕《朝鲜日报》网，2020 年 10 月 27 日，http://cnnews. chosun. com/client/news/viw. asp? cate＝C01&mcate＝M1003&n NewsNumb＝2020－10－27。

遵守 1965 年的《日韩财产请求权协定》和 2015 年的"韩日'慰安妇'问题协议",放弃日本政府的道歉与赔偿。为获得一年后的首相连任,外号"令和大叔"的菅义伟需要展现其个人风格,在近代侵略历史认识、对韩施压等问题上,表现出比安倍更强硬的立场,赢得尽可能多的支持,提前布局。然而,即使安倍内阁,甚至动用贸易制裁手段,也未能迫使文在寅政府妥协,不难想象,菅义伟内阁的对韩强硬态度同样会碰壁,两国关系势必在对抗中继续滑落。

在菅内阁采取对韩不妥协方针之下,两国局级对话未在关键问题上取得进展。2020 年 10 月 28 日,日本外务省亚洲大洋洲局局长泷崎成树抵达首尔,次日与韩国外交部亚洲太平洋局局长金丁汉举行日韩局长级磋商。韩方要求日方取消不当的出口限制措施,同时要求日本政府和企业对被强征劳工赔偿问题采取有诚意的态度。泷崎重申菅内阁的立场,要求韩国政府首先拿出解决方案。此外,金丁汉提出新问题——对福岛核电站污水处理问题深表忧虑,但泷崎宣称核污水在安全方面没有任何问题。① 在这次两个小时的会谈中,双方只是重申了现有的尖锐对立立场,未能取得任何进展。在这种情况下,持续对立将成为日韩关系的新常态。

结　语

无论是疫情前、疫情中还是疫情后,日韩关系出现紧张对峙,皆非偶然。其基本原因,在于近代日本军国主义对韩国伤害太深,造成了永难磨灭的痛苦记忆。众所周知,1910 年,日本吞并韩国,将朝鲜半岛变成侵略中国的前进基地。侵华战争期间,日本政府将朝鲜半岛纳入战时体制,强征韩国士兵,强掳劳工、组织女子"挺身队",强掠性奴隶"慰安妇"。136 万韩国青壮劳动力被驱入工矿或战场,财产损失 158 兆韩元(约合 1350 亿 3100 余万美元)。② 总之,日本殖民主义对韩国不仅灭其史、役其

---

① 《韩日举行外交部局长级会议 未就劳工赔偿缩小分歧》,海外网,2020 年 10 月 30 日,https://view.inews.qq.com/a/20201030A02CUO00。

② 《日帝掠夺朝鲜 158 兆元》,〔韩〕《京乡新闻》1996 年 2 月 28 日。

身，而且毒其魂，推行"皇民化"，实施殖民奴化教育，因此韩国的历史创伤与仇恨极为深重。然而，日本政府对近代侵略历史的错误态度和立场，刺激不易愈合的历史创伤继续淌血，造成两国关系走向紧张对峙。

在日韩对峙的背后，是日本政府并未解决对近代侵略历史的认识问题。日本政府能否对侵略战争和殖民统治做出有诚意的反省道歉，支付民间赔偿，与军国主义侵略划清界限，越来越成为东亚国际关系中的一个大问题。众所周知，在占领日本初期，美国主导的非军国主义化的民主改革，打击了"大日本帝国"旧势力，颁布新宪法、解散财阀、实行农地改革和教育民主化，建立现代议会民主制度。冷战骤发，美国转而扶植"帝国"旧势力，将日本列岛打造成美国"永不沉没的航母"，"帝国"旧班底弹冠相庆、重返政界，致使"帝国情结"扎下根并散布开来。随着日本成长为经济大国，民族自负心膨胀，"大东亚战争肯定论"乘势而起，近代侵略历史认识问题浮出水面。进入 21 世纪，伴随着新国家主义、新民族主义的泛滥，歪曲历史、美化侵略，为"大日本帝国"奔走呼号竟然成了政界、学界时髦作秀的抓手。结果，近代侵略历史认识问题成为日本与邻国发展正常关系的最大障碍。

有关日本政府近代侵略历史认识问题的争论将长期持续下去。进入 21 世纪，日本继续定期发行右翼篡改历史、美化侵略的教科书，出版各种否认南京大屠杀、生物化学作战和"三光政策"的书籍，拒绝在"慰安妇"及"强制劳工"问题上道歉与赔偿等劣迹，已经成为自民党内阁对待近代侵略历史认识问题的常态，负面影响越来越大。前任内阁在"国际法理"或"信守承诺"名义下，逃避正视历史，也逃避道义责任，拒绝真诚反省等做法，多为后任内阁所沿袭。在当今日本政界，尚未出现足以挑战自民党执政地位的其他政党，自民党仍将长期执政。因此，关于近代侵略历史认识问题的争论也随之长期化。尽管如此，也应当将事关东亚和平发展大局与人类道义、良知的论争持续下去。

（作者系北京大学历史系教授）

A Review of the Relationship Between Japan and ROK before and after the COVID-19 Pandemic

Song Chengyou

Abstract: Before the COVID-19 attacked the world, Japan and ROK launched a game around the apology and compensation of "Comfort Women" and "Forced Labor". The Japanese government insisted that the Japan-ROK Property Claim Agreement in 1965 and the agreement of "Comfort Women" issue in 2015 have made relevant provisions, emphasizing that the problem has been solved, and refuses to apologize or pay compensation. In 2019, ROK Supreme Court ruled that the Japanese companies involved in the case must pay compensation for "Forced Labor". As a result, the confrontation between the both sides has escalated. The Japanese government announced the implementation of controls on semiconductor materials exported to ROK, provoking a trade war to put pressure on ROK; ROK government announced that it would not renew the Japan-ROK Military Intelligence Protection Agreement as a countermeasure against Japan. During the COVID-19 outbreak, how to deal with the virus objectively provides the possibility of cooperation between the two countries. However, due to the deep resentment between the two countries on the issue of historical understanding, the two sides have not carried out anti epidemic cooperation and are still confronting each other. In view of this, it is not difficult to predict the relationship between Japan and ROK after the COVID-19 epidemic: the prospects of relaxation and improvement are still unclear.

Keywords: the COVID-19 pandemic; Japan-ROK relations; historical issue

日本对华政策中的多重平衡

归泳涛

内容提要：从 2017 到 2020 年，日本的对华政策从以竞争为主转向竞争与合作并存。从国内政治看，改善对华关系，依靠中国的市场和供应链维持日本经济的活力，有利于安倍政权赢得民意支持，实现长期执政，并借此推进修宪议程。从国际环境看，特朗普上台造成的不确定性加速了中日关系改善的进程，稳定中日关系有利于日本应对日美同盟可靠性的下降和难以预测的中美关系变局。在新冠疫情冲击下，日本国内政局发生变化，对华态度也从支援中国变成归咎中国，改善中日关系的势头停顿下来。新冠疫情还使日本政府更加担心对中国的经济依赖，为此采取措施鼓励日本企业把供应链迁回国内，但现实中并未出现中日经济"脱钩"现象。与此同时，日本政府日益重视与中国相关的经济安全问题，为此建立了新的体制。日本要实现中日关系的长期稳定和发展，必须在经济与安全之间、在安全竞争和维持稳定之间、在经济相互依存与经济安全之间、在中美之间，以及国内政治中保持多重平衡。

关键词：中日关系　日本外交　印太　新冠疫情

2012 年安倍晋三第二次上台执政，起初表现出强硬的对华姿态，极力渲染"中国威胁"，在国内推进强军修宪路线，在国际上拉拢美国、挑动其他亚洲国家制约中国。从 2013 年到 2016 年，中日不但在东海、南海等问题上紧张对峙，而且双边贸易额和日本对华直接投资都大幅下降，中日关系陷入"政冷经冷"的局面。然而，从 2017 年起，日本政府的对华态度明显转变，试图重新拉近与中国的距离。在双方共同努力下，中日关系在 2018 年和 2019 年回到了正常轨道。

　　日本对华政策的上述调整是战略性的还是策略性的？中日关系的稳定和改善能否持续？对此，学术界存在不同的看法。一种观点认为，中日在钓鱼岛争端、地区安全和对现存国际秩序的态度等问题上存在根本分歧，日本只是在策略上稳定对华关系，在战略上仍然视中国为竞争对手，因此中日和解必然失败。另一种观点则认为，中日两国在经济上的互惠关系是自然演化而成的，其基本结构不会改变，其发展趋势不能阻挡，日本改善对华关系不仅符合其自身的根本利益，还可以在战略上争取更大的自主性。①

　　客观地看，中日关系中既存在基于战略竞争的零和博弈，也存在基于相互依存的互利双赢，两者都是结构性的，会长期共存共生。因此，问题的关键不是对中日关系做非此即彼的判断，而是理解和管理竞争与合作并存的中日关系"新常态"。作为初步探索，本文主要关注 2017~2020 年日本对华政策的调整，分析日本政府推动中日关系改善的过程、性质和原因，并结合新冠疫情出现后日本对华政策的变化和连续性，揭示其保持多重平衡的内在逻辑。

一　日本调整对华政策的过程

　　中日关系改善可以追溯到 2014 年。是年 11 月 7 日，中日两国就处理和改善双边关系达成四点原则共识。随后，日本首相安倍晋三出席在北京举行的亚太经合组织领导人非正式会议，并与中国国家主席习近平举行会谈。自此，因钓鱼岛问题和历史认识问题而严重恶化的中日关系开始缓和。然而，日本的对华态度并未迅速改善。2015 年，安倍政府专注于推进新安保法案，有意渲染外部安全威胁。同年，安倍发表战后 70 年谈话（"安倍谈话"），在历史认识问题上与 1995 年的"村山谈话"相比明显倒退。与此同时，虽然东海紧张局势得到管控，但南海问题开始凸显。日本利用菲律宾南海仲裁案，在国际上极力鼓吹"中国威胁论"。甚至在经

---

　　① Jeffrey W. Hornung and Kiyoyuki Seguchi, "Japan-China Rapprochement Will Fail," *Debating Japan*, Volume 1, Issue 2, December 6, 2018.

济方面，日本政界和舆论界也把中国视为竞争对手，而非合作伙伴，对中国提出的"一带一路"倡议和中国倡导设立的亚洲基础设施投资银行（简称亚投行）总体上持批评和对抗的态度。为了与中国竞争，日本政府针锋相对地提出了"高质量的基础设施投资计划"和"自由开放的印太战略"。直到2016年9月，安倍来华出席二十国集团杭州峰会，中日领导人举行首脑会谈，双边关系才出现回暖的迹象。

日本对华态度的转折点出现在2017年上半年。是年5月，日本自民党干事长二阶俊博率领代表团参加中国政府主办的首届"一带一路"国际合作高峰论坛，代表团成员包括日本经济产业省副大臣松村祥史和首相秘书官今井尚哉。二阶俊博与习近平举行了会谈，并转交了安倍的亲笔信。6月，安倍在日本经济新闻社主办的"亚洲未来"国际交流会议上发表演说，称如果"一带一路"能满足开放利用、采购透明和公正、经济性以及财政健全性的条件，日本将参与合作。① 9月28日，安倍出席中国驻日大使馆在东京新大谷饭店举办的国庆招待会，在致辞中明确表达了要努力发展对华关系的意愿。此后，日本政府通过多种渠道向中方传达改善中日关系"三步走"的设想，即从李克强访日，到安倍访华，再到习近平访日。

2018年是中日关系回到正常轨道的一年。4月，中日经济高层对话时隔八年在东京举行，两国外交和财政部门负责人围绕第三方合作等议题交换了意见。5月4日，安倍与习近平通电话，就朝鲜半岛形势与中方沟通，并表示愿以《日中和平友好条约》缔结40周年为契机，推动两国关系全面改善和发展。5月8~11日，李克强赴日出席中日韩领导人会议并正式访问日本，这是中国总理时隔八年再次正式访问日本。访问期间，安倍全程陪同，最后在北海道新千岁机场将中国总理送至登机舷梯口告别。安倍在与李克强的会谈中首次明确提出中日开展第三方市场合作的四个条件，即开放性、透明性、经济性和财政健全性。② 中国国家发改委、商务部与

① 「第23回国際交流会議「アジアの未来」晩餐会 安倍内閣総理大臣スピーチ」2017年6月5日、https://www.kantei.go.jp/jp/97_abe/statement/2017/0605speech.html［2021-01-11］。

② 「李克強・中国国務院総理の訪日 日中首脳会談及び晩餐会」2018年5月9日、https://www.mofa.go.jp/mofaj/a_o/c_m1/cn/page1_000526.html［2021-01-11］。

日本经济产业省、外务省签署了《关于中日第三方市场合作的备忘录》。中日双方还就建立海空联络机制达成一致。

从2016年的二十国集团杭州峰会开始，中日两国领导人形成了利用国际场合举行双边会晤的惯例。在2017年7月于德国汉堡举行的二十国集团峰会、2017年11月于越南岘港举行的亚太经合组织非正式领导人会议，以及2018年9月于俄罗斯符拉迪沃斯托克举行的东方经济论坛期间，习近平和安倍都举行了首脑会晤。李克强也在2017年11月于菲律宾马尼拉举行的东亚峰会期间会见了安倍。频繁的领导人会晤为中日关系持续改善营造了良好的氛围。

2018年10月，安倍对中国进行正式访问。访问期间提出"化竞争为协调"、"成为合作伙伴而非威胁"以及"推进自由公平贸易"的日中关系三原则。中方对此表示欢迎，并期待日方践行。中日签署了规模为2000亿元人民币的本币互换协议，两国企业就第三方市场合作签订了52份备忘录。安倍还特意到北京大学与师生交流。值得注意的是，安倍访华前不久，美国副总统彭斯发表了激烈攻击中国的演说，被媒体视为美国发动"新冷战"的标志。日本此时表现出的对华态度与美国形成鲜明对照。

2019年6月，习近平出席在日本大阪举行的二十国集团峰会。访问期间会见安倍，双方达成十点共识，包括共同致力于构建契合新时代要求的中日关系，践行中日互为合作伙伴、互不构成威胁的政治共识，本着化竞争为协调的精神，推动中日关系沿着正确轨道持续向前发展，以及安倍代表日本政府邀请习近平于2020年春天对日本进行国事访问，习近平原则接受邀请等。安倍强调，日中关系已完全回到正常轨道。

在中日政治关系改善的背景下，经济关系开始升温，安全关系也开始向建设性方向发展。经济方面，2017年中日双边贸易额止跌回升，比2016年增长9.2%，2018年继续增长7.4%，但2019年受中美贸易摩擦等因素影响下跌3.7%。[1] 日本的对华直接投资也呈现止跌回升的趋势，2017

---

① 日本国际贸易振兴机构「2019年の日中貿易」、https://www.jetro.go.jp/biz/areareports/2020/7a3c80fbbd73f456.html［2020-01-11］。

年同比增长 30.2%，2018 年略有下降，2019 年同比增长 19.8%，达到 143.71 亿美元，超过 2012 年，创历史新高。① 从 2014 年开始，访日中国游客持续大幅增长，2019 年达到 959.4 万人次，占访日外国游客的三成。② 安全方面，2018 年 6 月，中日正式启动了海空联络机制。2019 年 5 月，日本派自卫队海上幕僚长山村浩和护卫舰参加了在青岛举行的中国海军成立 70 周年活动。

可以说，2017 年以来日本对华政策的总体走向是积极推动中日关系改善，安倍本人也明确提出了"化竞争为协调"的原则。然而，日本对华政策中竞争的一面并没有因此减弱。在安全领域，日本继续加强自身防卫能力，特别是西南诸岛防御，同时强化日美同盟，积极扩大与澳大利亚、印度、东盟国家、北约、英国、加拿大、法国、意大利和德国的防卫合作，以此在军事上加强对中国的制衡。在经济领域，日本政府一方面与美国的对华贸易摩擦划清界限，扩大与中国的经贸合作；另一方面又在技术竞争等问题上与美国保持步调一致，并日益重视自身的经济安全。2018 年 12 月，日本政府全部省厅就不采购安全上有风险的信息通信设备形成一致意见，事实上从政府采购中排除了华为、中兴等中国企业的产品，同时要求日本的电信运营商中止使用上述产品。2019 年，日本设立了官民共同参加的"网络安全协议会"，经济产业省设置了"经济安全室"，外务省设置了"新安全课题政策室"，国家安全保障局也着手设置"经济班"。日本政府还担心留学生大幅增加可能导致敏感技术外泄，考虑予以限制。这些有关经济安全的举措尽管表面上不明确针对中国，但实际上主要涉及的是与中国的经济关系。除此之外，围绕其与台湾交流机构更名、日本北海道大学教授涉嫌违反中国刑法和反间谍法等问题，日方也出现了一些不利于中日关系改善的言行。

---

① 日本国际贸易振兴机构「日本の直接投資」、https://www.jetro.go.jp/world/japan/stats/fdi/［2020-01-11］。

② 日本政府観光局「日本の観光統計データ」、https://statistics.jnto.go.jp/［2021-01-11］。

二 "印太构想"与"一带一路"倡议：竞争还是合作？

纵观安倍政权推动中日关系改善的过程，参与"一带一路"合作是其重要的抓手。[①] 日本政府对"一带一路"倡议的态度，经历了从对抗到有条件参与的变化，最终落实到第三方市场合作。[②] 在这一过程中，原本旨在与"一带一路"倡议对抗的"印太战略"演变为淡化对抗、强调合作的"印太构想"。但日本政府并未因此改变在战略上与中国竞争的大方向。

如上文所述，日本政府起初对"一带一路"倡议持批评态度，并提出"印太战略"与之对抗，但在 2017 年上半年公开表达了有条件参与的立场，并从 2017 年底开始摸索"印太战略"与"一带一路"倡议合作的途径。[③] 2017 年 11 月，由日中经济协会、经济团体联合会、日本商工会议所等组成的 250 人访华团赴北京与李克强总理会谈，并与中方经济界人士就开拓第三方市场、技术创新等交换意见。2017 年 12 月，日本内阁府与财务省、外务省、经济产业省、国土交通省制定了以《在第三国的日中民间经济合作》为题的指针，提出在节能环保、产业升级和物流等三个领域推动两国企业之间的合作，具体包括太阳能和风力发电站的建设及运营，泰国东部工业园区的联合开发，以及有效利用亚欧铁路等，日本政府将通过金融机构融资等方式给予支持。[④] 在日本学者田中明彦看来，日本提出"印太"概念不是为了在短期内对抗中国，而是为了维持自由主义国际秩序这一长远的战略目标。他认为，印太地区基础设施建设需求庞大，因而"印太战略"与"一带一路"倡议不是竞争关系，而是互补关系，日本应

---

① 汪婉：《安倍执政后期的"印太构想"和中日第三方市场合作》，《中国国际战略评论》2020 年第 1 期，第 96~109 页。

② 朱炎：《第三方市场合作：中日的认识差异及其影响》，《中国国际战略评论》2020 年第 1 期，第 110~119 页。

③ 河合正弘「第 5 章『一带一路』構想と『インド太平洋』構想」日本国際問題研究所『反グローバリズム再考：国際経済秩序を揺るがす危機要因の研究「世界経済研究会」報告書』2020 年 3 月、137~140 頁。

④ 「『一带一路』協力へ指針　政府、对中関係改善狙う」『日本経済新聞』2017 年 12 月 6 日。

该致力于同中国合作。①

　　然而，安倍政府并没有因为转向与"一带一路"倡议合作而完全抛弃"印太战略"中对华竞争的一面。2018年1月，安倍在国会施政方针演说中谈到"印太战略"时仍强调，"与共享自由、民主、人权、法治等基本价值观的国家联合"，显示出对华竞争的倾向。但他同时也说，"在这个大方向指引下，也要与中国开展合作，以满足日益增长的亚洲基础设施建设需求"，表现出对华合作的一面。② 可见，日本政府尽管考虑到改善对华关系，但其"印太战略"的大方向仍是对华竞争。

　　耐人寻味的是，从2018年11月开始，安倍政府不再使用"印太战略"的说法，而是改称"印太构想（vision）"。11月6日，安倍在与马来西亚总理马哈蒂尔会谈后的记者会上，首次公开把"印太战略"改称为"印太构想"。11月13日，安倍在与美国副总统彭斯的联合记者会上，也用了"构想"的说法。据报道，日本是在与美国协商之后改变了说法。在2019年1月的国会施政方针演说中，安倍在谈到印太时不仅把"战略"改成了"构想"，还声称要在印太构建"无论国家大小，能给所有国家都带去惠泽的和平与繁荣的基础"，并"希望与共享这一构想的所有国家携手合作"，删去了上一年演说中"与共享自由、民主、人权、法治等基本价值观的国家联合"的内容。③ 同月，日本外务省关于"印太构想"的宣介材料也删除了类似内容，并特别说明"印太"是"开放包容的概念，不排除任何国家"。④ 日本政府之所以做出这样的调整，既是为了改善对华关系，也是为了争取东南亚国家和印度的支持。日本发现其他亚洲国家

---

① 田中明彦「『自由で開かれたインド太平洋戦略』の射程」『外交』第47巻、2018年1~2月、36~41頁。

② 「第百九十六回国会における安倍内閣総理大臣施政方針演説」2018年1月22日、https：//www.kantei.go.jp/jp/98_abe/statement2/20180122siseihousin.html［2021-01-11］。

③ 「第百九十八回国会における安倍内閣総理大臣施政方針演説」2019年1月28日、https：//www.kantei.go.jp/jp/98_abe/statement2/20190128siseihousin.html［2021-01-11］。

④ 神谷万丈「『競争戦略』のための『協力戦略』-日本の『自由で開かれたインド太平洋』戦略（構想）の複合的構造-」『Security Studies 安全保障研究』第1巻第2号、2019年4月、47~63頁。

不愿意参与以对抗中国为目的的战略，因而有意缓和"印太"概念的对抗性。①

针对上述变化，日本学者细谷雄一认为，日本的"印太战略"从 1.0 版发展到了 2.0 版，前者的基本特征是对华竞争，后者则更重视对华合作。② 石川幸一也认为，"一带一路"倡议与"印太构想"在通过基础设施建设促进互联互通上，是可以合作和互补的；同时，对接受国来说，如果在"一带一路"之外还有"印太构想"这一选项，就可以避免对中国的过度依赖。③ 高原明生明确提出，如果中日能互相满足对方提出的条件，那么"一带一路"倡议与"印太构想"就可以共生共荣。④

日方的上述变化及意向获得了中方的关注和回应。2019 年 4 月 26 日，习近平在第二届"一带一路"国际合作高峰论坛的主旨演讲中强调，要"沿着高质量发展方向不断前进"，"要努力实现高标准、惠民生、可持续目标，引入各方普遍支持的规则标准"，"确保商业和财政上的可持续性"。⑤ 在日方看来，中方的上述新表述回应了日方之前提出的四项条件，有利于促进"印太构想"与"一带一路"倡议的共存与合作。高原明生认为，既然日本已经表示有条件支持中国的"一带一路"倡议，那么中国也可以有条件支持日本的"印太构想"。他期待习近平对日本进行国事访问时，基于相互原则表达与"印太构想"合作的意愿。⑥

在实践中，尽管中日企业之间达成的第三方市场合作协议大多只是意

---

① 「インド太平洋『戦略』 中国対抗を懸念 『構想』に変える」『朝日新聞』2018 年 11 月 14 日。
② Yuichi Hosoya, "FOIP 2.0: The Evolution of Japan's Free and Open Indo-Pacific Strategy," *Asia Pacific Review*, 2019, Vol. 26, No. 1, pp. 18-28.
③ 石川幸一「一帯一路構想とインド太平洋構想:求められる連結性分野での相互補完」『世界経済評論 IMPACT』No. 1577、2019 年 12 月 16 日、http://www.world-economic-review.jp/impact/article1577.html［2021-01-11］。
④ 高原明生:《对日中关系可持续发展的几点思考》，《日本学刊》2019 年第 4 期，第 20~21 页。
⑤ 习近平:《齐心开创共建"一带一路"美好未来——在第二届"一带一路"国际合作高峰论坛开幕式上的主旨演讲》，《人民日报》2019 年 4 月 27 日。
⑥ 高原明生「第 1 章 中国の内政と日中関係」日本国際問題研究所『中国の対外政策と諸外国の対中政策』2020 年 3 月、7~14 頁。

向性的，但已经有日本企业从参与"一带一路"合作中获益。比如，日本最大的综合物流企业日本通运已经利用中欧班列为日本企业提供日欧之间的铁路货运服务。此外，由中国贸促会、日本贸易振兴机构主办，泰国东部经济走廊办公室协办的"中日第三方（泰国）市场合作研讨会"也于2019年4月在曼谷召开。

需要指出的是，日本并没有在印太地区放松与中国的经济和战略竞争，特别是加强与美、印、澳等国在基础设施建设等方面的合作。2018年4月，日美印三国在新德里举行的外交部局长级会议上达成协议，要在印太地区共同参与第三国基础设施开发。2018年11月，日美澳三国签署了在印太地区开展基础设施投资合作的备忘录，三国还于2019年2月在东京举行了基础设施政策对话。2018年10月，安倍在访问中国回国后的第二天，就在山梨县鸣泽村的别墅招待印度总理莫迪，并在之后的会谈中就设立日印"2+2"会议达成一致。日本提议加强双方在"印太战略"上的合作，但印度态度谨慎，不愿意排除任何国家，不希望"印太战略"成为对华包围圈。① 此后不久，安倍又与美国副总统彭斯举行会谈，就"印太战略"达成一致，美日分别向印太地区提供600亿美元和100亿美元的投融资用于基础设施建设，表现出联合对抗"一带一路"倡议的意图。②

三　日本调整对华政策的时机与动机

可见，日本对华政策的调整并不是简单地从竞争转向合作，而是从以竞争为主转向竞争与合作并存。那么，日本为什么要做这样的政策调整？为什么是从2017年开始调整？这背后既有短期因素，也有长期因素。以

---

① 「日印2+2発足　首脳会談で一致　インド、対中『包囲』は慎重」『朝日新聞』2018年10月30日。
② 「日米、対中警戒足並み　首相・ペンス氏　インド太平洋協調」『日本経済新聞』2018年11月14日。

下从双边关系、国内政治以及国际环境三个层面做初步的分析。[①]

（一）双边关系层面的因素

管控在钓鱼岛问题和历史认识问题上的分歧是中日关系改善的前提条件。2012 年 9 月钓鱼岛"国有化"事件后，东海局势急剧紧张。2013 年 12 月安倍参拜靖国神社，导致中日关系进一步恶化。2015 年，安倍又发表措辞模糊的战后 70 年谈话，再次凸显了中日在历史认识问题上的分歧。

但是，中日在 2014 年 11 月达成四点原则共识，在钓鱼岛问题上同意通过对话磋商防止局势恶化，并建立危机管控机制，避免发生不测事态，在历史认识问题上也本着"正视历史、面向未来"的精神达成了一些共识。此后，钓鱼岛附近海域的紧张局势明显缓解，安倍在其首相任期内也没有再参拜靖国神社。所以，尽管钓鱼岛问题和历史认识问题本身没有得到解决，但两国之间的分歧得到管控，这为双边关系的稳定和改善创造了条件。

（二）日本国内政治层面的因素

在日本调整对华政策的过程中，首相官邸发挥了主导作用。2017 年之前，首相官邸主要依靠防卫省和外务省，对华显示强硬姿态，同时推动更改宪法解释和通过新安保法。但从 2017 年开始，首相官邸转而依靠经济产业省，致力于发展对外经济关系，包括改善对华关系。这一变化体现了安倍政权对国内政治中利弊得失的衡量。

安倍把修改宪法、摆脱战后体制作为自己最重要的政治使命。然而，修宪门槛高、难度大，安倍必须在国会获得三分之二多数支持，并且长期执政，才有机会实现修宪的夙愿。他第二次上台后，吸取第一次执政时急

---

① 有关推动中日关系改善的原因，日本学者高原明生提出了国内政治、经济利益、国际环境与安全、国民感情的四要素模式，参见高原明生「第 1 章　中国の内政と日中関係」。江藤名保子指出了安全上紧张关系的管控、以经济为开端的多元合作的重建、国际社会中共同秩序的摸索三个原因，参见江藤名保子「日中関係の再考—競合を前提とした協調戦略の展開」『ファイナンシャル・レビュー』第 138 号、2019 年 8 月、105～132 頁。本文借鉴了他们的部分观点。

于求成的教训，没有立即把修宪提上日程，而是把巩固政权、赢得选举作为首要任务。他先是抛出"安倍经济学"，竭力确保较高的支持率，继而在 2014 年更改宪法解释，允许日本行使集体自卫权，又在 2015 年通过新安保法案，一步步地向修宪迈进。然而，"安倍经济学"后劲不足，未能实现预期增长目标，逐渐失去舆论支持。而安倍不顾民意反对，强行更改宪法解释和通过新安保法案，一度导致内阁支持率大幅下跌。2016 年安倍的支持率虽有回升，但 2017 年上半年，日本媒体连续揭露森友学园丑闻和加计学园丑闻，矛头直指首相官邸，导致安倍内阁的支持率急剧下降。安倍本来打算在 2018 年第三次当选自民党总裁之后加速推进修宪进程，但这两个丑闻持续发酵，给他的执政和修宪前景蒙上了阴影。在此情况下，谋求在对华外交上得分就成为安倍争取民意支持的一个合理选择。

近年来日本的舆论调查显示，尽管仍有约九成日本民众对中国没有好感，但也有超过七成认为中日关系重要。因此，对安倍来说，一面在安全领域对中国保持不妥协的姿态，一面在经济领域积极发展对华关系，就可能契合日本民众对中日关系的认知和态度，由此获得更多的民意支持。[①] 2018 年 10 月安倍正式访问中国后，舆论调查显示有 71% 的日本民众对这次访华给予好评。[②] 回顾 2017 和 2018 年，安倍由于受到上述丑闻困扰支持率低迷，但仍然在众议院选举和自民党总裁选举中取得大胜。改善对华关系固然不能直接决定内阁支持率或选举的结果，但从安倍的角度看，在支持率出现动摇又面临选举压力的情况下，适时改善对华关系无疑可以成为一个在国内政治中可资利用的抓手。

总之，修宪是安倍的最终政治目标，为了达到这一目标，必须保持良好的经济形势和稳定的民意支持，实现长期执政。外交是内政的延续。对安倍来说，改善对华关系既有利于促进经济增长，也有利于争取民意支持。因此，对国内政治的考虑是安倍政权调整对华政策的关键动因。反过来，安倍连续取得国会选举和自民党总裁选举的胜利，执政基础稳固，因而有能力压制党内的对华强硬派，这也为对华关系的持续改善提供了有利条件。

---

① 高原明生「第 1 章　中国の内政と日中関係」。
② 「首相の訪中　71%が評価」『日本経済新聞』2018 年 10 月 29 日。

（三）国际环境层面的因素

安倍第二次上台后在国内保持了所谓"安倍一强"的政治格局，实现了长期执政。受惠于稳定的国内政治形势，安倍政权得以从大战略的角度谋划长远的对外政策，同时也可以在确保战略大方向不变的前提下调整具体的外交策略。

在美国的地区影响力相对下降、中国的实力和影响力迅速上升的大背景下，日本最大的战略担忧是中美接近。2013和2014年，中日围绕钓鱼岛紧张对峙。美国虽然在这之前就已推出"转向亚洲"和"亚太再平衡"战略，但在日本看来却有名无实，令人失望。面对中国提出的构建"新型大国关系"的倡议，美国政府一度做出正面回应。日本认为，这可能意味着美国亚洲政策的重心将从美日同盟转向中美"新型大国关系"，因而如临大敌。这样的国际环境使得日本在东海承受前所未有的安全压力，战略上十分被动。但到2015和2016年，中美在南海的对峙日益凸显，针对中国的安全竞争从东海转移到了南海。与此同时，日美两国通过修订《防卫合作指针》、共同推进并完成《跨太平洋伙伴关系协定》（TPP）的谈判等，巩固和加强了同盟关系。这令日本感到，自己在中美日三边关系中获得了一个相对有利的战略位置。

2017年特朗普上台之初，尽管在口头上采取了对华强硬的立场，但流露出想和中国做交易的意图，这让日本感到不安。在日美关系方面，特朗普一当选总统，安倍就赶到纽约与其会面，从此展开针对特朗普的"巴结战术"。但特朗普一上任就退出TPP，显露出轻视盟国的姿态，这让日本感到日美同盟的可靠性下降了。从表面上看，安倍和特朗普建立了亲密的个人关系，但实际上日本仍然担心中美再次突然接近。与此同时，在特朗普"极限施压"政策和朝鲜核导试验的推动下，朝鲜半岛紧张局势也在2017年骤然升级。日本不得不同时面对美国和朝鲜这两个高度不确定甚至潜藏着冲突风险的因素。为此，安倍在外交上迫切需要稳定地区形势，包括改善对华关系。进入2018年后，特朗普政府开始推行加征关税等贸易保护主义政策，矛头不仅指向中国，还波及日本等盟国，感到不安和压力的日本也希望继续稳定和改善中日关系，借此对美国形成一定的牵制。

需要指出的是，不管是中方还是日方，都在特朗普上台之前就表现出了改善中日关系的意愿，因此特朗普上台引起的不确定性并非中日关系改善的起源。但可以说，特朗普因素加速了中日关系改善的进程。安倍在2017年通过一系列言行表达改善对华关系的热切愿望，在2018和2019年又实现了中日首脑互访，进而准备在2020年欢迎习近平对日本进行国事访问。在日本看来，促成中日首脑往来的制度化，以稳定中日关系，至少能间接地帮助日本应对可能出现的中美关系变局和朝鲜半岛变局。此外，在这一时期，日韩关系严重恶化，日朝关系陷入停滞，日俄关系几无所获，安倍在处理与邻国的关系上捉襟见肘，相比之下只有中日关系保持了良好的发展势头，这也是日本政府持续推动中日关系改善的一个国际背景。

除上述国内政治和国际环境的因素外，推动日本政府改善中日关系的更深层、更长远的因素还在于中国对日本经济的重要性。中国是日本最大的贸易伙伴国，日本是累计对华直接投资额最大的国家，不论从市场规模还是从供应链看，中国都是日本不可或缺的经济伙伴。正如日本外务省原外务审议官田中均指出的，日本之所以要改善、发展与中国的关系，最大的原因是日本面临出生率下降、老龄化日益严重的问题，必须借助其他国家的发展活力。[1]

四　新冠疫情下日本对华态度的变化

出于上述理由，日本政府自2017年后在总体上维持了改善和发展对华关系的政策方向，直到2020年初中日关系仍然保持了良好势头。中日双方都在为习近平对日本的国事访问积极准备。日本国际协力机构理事长北冈伸一在访问中国时公开称，中日应该在这次访问期间签署第五个政治文件，并赋予其更大的意义。[2] 然而，新冠疫情暴发后，日本的国内外形

---

[1]　田中均：《构建日美中战略性稳定关系》，《日本学刊》2019年第4期，第14~16页。

[2]　北冈伸一：《世界变局下的日中关系》，《日本学刊》2019年第4期，第10~13页。

势都开始发生变化，改善对华关系的势头停顿下来。

疫情暴发之初，中日两国政府和民间相互援助，给双边关系注入一股暖流。日本政府在中方的协助下，率先撤离了在武汉的日本人，日方提供的援助物资也随包机到达武汉。日本地方政府、民间组织和个人纷纷向中国捐赠口罩等医疗物资。伊藤洋华堂捐赠了100万只口罩，自民党的国会议员也表示将每人捐助5000日元。"山川异域，风月同天"等感人的话语彰显出中日之间的文化和情感纽带，"武汉加油"等鼓励的声音表达了日本民间对中国抗疫的热切支持。

然而，随着新冠疫情在日本国内的暴发以及疫情之下中美对抗的加剧，日本政府的对华态度开始发生变化。起初，日本没有像美国、澳大利亚、新加坡等国那样拒绝所有来自中国的外国人入境，但随着日本国内感染者的增加，日本政府改变了原有立场。与此同时，随着疫情在美国急速蔓延，特朗普一改此前对中国的抗疫行动大加赞赏的姿态，转而归咎于中国，甚至对中国污名化，大肆煽动追究中国的责任。日本站在美国一边，对华态度发生了重大转变。[①]

受疫情冲击，日本国内政局开始显现出动荡的迹象，对华政策的整体氛围也随之发生变化。《朝日新闻》5月23和24日实施的舆论调查显示，安倍内阁的支持率降至29%，跌到安倍第二次上台以来的最低点，不支持率为52%，其中对日本政府应对新冠疫情的负面评价高达57%。[②] 联系到安倍在疫情暴发之初没有立即拒绝全部来自中国的外国人入境，以及他有关新冠疫情是从中国蔓延到世界的表态，可以看出，此时日本政界和舆论界的对华情绪已经从支援中国转向归咎中国。

与此同时，日本一些国会议员和媒体利用香港问题和钓鱼岛问题煽动对华负面情绪。2020年5月28日，时任官房长官的菅义伟代表日本政府就中国在香港特区建立国家安全法律制度"深表忧虑"，外务省事务次官秋叶刚男召见中国驻日大使孔铉佑，传达了日方的这一立场。日本外相茂木敏充称，会密切关注事态发展，并与中国切实沟通。与美国对华实施制

---

① 「安倍首相会见要旨」『朝日新聞』2020年5月26日。
② 「内閣支持率　最低の29%」『朝日新聞』2020年5月25日。

裁的做法相比，日本政府的上述表态有明显不同，显示了一定程度的克制。但是，日本的政界和舆论界出现了另一种声音，把日本政府的反应批评为不顾原则、对华示弱的"柔道外交"。① 7月8日，自民党外交部会会长中山泰秀等人向官房长官菅义伟提交决议，谴责《香港特别行政区维护国家安全法》。

日本一些保守派国会议员也不断借口钓鱼岛问题，阻挠中日关系改善。早在2020年1月，国会议员中就出现了反对国事访问的意见，主要理由是中国公务船频繁进入钓鱼岛附近海域。从5月开始，不断有日本渔船进入钓鱼岛附近海域，中方做出了必要的反应。6月，日本冲绳县石垣市议会通过钓鱼岛改名议案，中国外交部对此表示坚决反对。中日围绕钓鱼岛和东海局势的分歧再次凸显出来。2020年11月，中国国务委员兼外交部长王毅访问日本，实现了疫情发生后两国外长的首次面对面接触交流。双方达成了五点重要共识和六项具体成果，希望在新形势下积极推进合作。但在两国外长的联合记者会上，日本外相茂木敏充因没有在王毅谈及钓鱼岛问题后立即做出强硬反驳而遭到批评。日本国内围绕钓鱼岛问题的对华负面情绪再次成为中日关系改善的障碍。

此外，日方在安全问题、历史认识问题、台湾问题等方面也出现了更多的杂音，给中日关系蒙上了一层阴影。在安全方面，日本2020年版的《防卫白皮书》再次渲染"中国威胁"，称中方凭借武力在东海、南海"单方面改变现状"，通过"一带一路"合作攫取军事基地，以抗疫援助为抓手谋求自身政治经济利益等。在历史认识问题上，8月6日，有4名内阁成员参拜靖国神社，包括环境大臣小泉进次郎，这是自2016年以来首次有内阁成员参拜。在台湾问题上，日本2020年版的《外交蓝皮书》对中国台湾地区的定位从原来的"重要伙伴"改为"极为重要的伙伴"，并自2017年以来首次表示"一贯支持台湾以观察员身份参加世界卫生大会"。9月，有日本媒体报道称，日本前首相森喜朗借赴台湾地区参加李登辉葬礼之机与蔡英文见面，其间给菅义伟首相传话说，有机会愿和蔡英

---

① June Teufel Dreyer, "Japan-China Relations: The Velvet Gloves Fray...Slightly," *Comparative Connections*, Vol. 22, No. 2, September 2020, p. 106.

文通电话。对此，中国外交部发布发言人表态称，已要求日方作出澄清，日方明确表示媒体报道的事情绝对不会发生。[①]

总体而言，新冠疫情暴发后，随着日本国内主张对华强硬的杂音日益增多，日本的对华态度由热转冷，中日关系改善势头停顿下来。日本政界和舆论界的对华负面情绪日益严重，给日本政府的对华政策增加了新的变数。

五　新冠疫情下日本加强经济安全的政策

新冠疫情使经济安全成为中日关系中一个备受关注的焦点。疫情暴发之初，部分日本企业的供应链受到影响，日本政府也意识到医疗物资依赖外国存在的风险。为此，日本政府采取了推动供应链回归国内的政策，于2020年4月30日通过补充预算，为日本企业把生产据点移回国内或分散到东盟国家分别提供2200亿日元和235亿日元的补助金。申请补助金需满足以下两个条件之一：生产据点集中于特定国家，对国民健康来说具有重要性。显然，日本政府此举是为了减少在经济上对中国的过度依赖。外界一度担心，日本企业会因此大量撤出中国，导致中日经济"脱钩"（de-coupling）。

然而，从补助金的实际使用看，很多日本企业不是单纯地关闭在中国的生产据点，将它们迁回国内，而是把集中在中国的生产据点分散到世界各地。换言之，是通过重建多元的全球供应链来解决过度依赖中国的问题。[②] 其目的是管控风险，而非"脱钩"。[③] 日本贸易振兴机构（JETRO）2020年4月对中国华南地区日本企业的问卷调查结果显示，因新冠疫情考虑转移生产据点的只有2.9%，本来已考虑转移、因疫情影响希望加快转

---

① 中华人民共和国外交部：《外交部发言人汪文斌就媒体报称日本领导人有意与蔡英文通电话答记者问》，2020年9月19日，https://www.fmprc.gov.cn/web/fyrbt_673021/dhdw_673027/t1816405.shtml［2021-01-11］。

② 「『生産回帰』補助　競争率11倍」『日本経済新聞』2020年9月9日。

③ Mireya Solís, "The Post COVID-19 World: Economic Nationalism Triumphant?" July 10, 2020, https://www.brookings.edu/blog/order-from-chaos/2020/07/10/the-post-covid-19-world-economic-nationalism-triumphant/［2021/01/11］。

移的企业只有 5.4%。根据华南地区日商俱乐部恳谈会的调查，随着疫情在日本国内和东南亚地区的蔓延，那里的日本企业出现了断供现象，而中国率先控制疫情，复工复产，反而有 4.6% 的日本企业已经或者将要把供应链移到中国。① 事实上，由于中国经济快速复苏，日本企业在中国的表现明显好于世界其他地区。以丰田公司为例，受疫情影响，丰田在全球、日本国内和北美的销量都大幅减少，但在中国的销量却从 2020 年 4 月开始回升，并持续大幅增长，9 月在华新车销量达到 17.94 万辆，同比增长25.3%，创历史新高。② 所以，现实中并未出现日本经济与中国"脱钩"的情况，反而出现了"重新挂钩"（recoupling）的迹象。

尽管日本企业很难与中国"脱钩"，但日本政府日益重视与中国相关的经济安全问题，并着力构建相应的体制。新冠疫情为日本政府的这一政策方向增加了新的内容。2020 年 4 月，日本参照美国的国家经济委员会（National Economic Council），在国家安全保障局设立"经济班"，作为经济安全政策的指挥部。其主要任务包括：在技术安全方面，通过出口管制、对日直接投资限制等措施，防止尖端技术外流；在网络安全方面，确保 5G 网络安全性，加强政府和民间的信息共享与合作；在国际协调方面，加强日美经济安全合作，推动日元数字化；在应对新冠疫情方面，加强边境防控，研究向海外提供法匹拉韦，强化医疗设备供应链等。③ 与此相关联，日本国会于 2019 年 11 月通过了修订的《外汇及外国贸易法》，把要求事先审查的外资出资比例从之前的 10% 以上降低到 1% 以上，加强了对外国投资的限制措施。2020 年 5 月，日本财务省为配合该法实施，公布了要求事先审查的企业名单，重点对象包括武器、飞机、宇宙、核能、可转军用的通用品、网络安全、电力、天然气、通信、上水道、铁路、石油等12 个"核心业种"，涵盖 518 家企业，占全部上市公司的 14%，其中包括三菱重工、东芝、东京电力、丰田汽车、软银，以及大和控股等。据称，

---

① 汪婉：《中国在"地产地销"型区域产业链中的胜算》，《国际战略研究简报》第 99 期，2020 年 8 月 28 日，第 1～2 页。

② 「トヨタ中国販売 25% 増　9 ヵ、6 ヵ月連続プラス」『日本経済新聞』2020 年 10 月 10 日。

③ 「経済安保政策を追う ⒓　省庁横断『経済班』が司令塔」『日本経済新聞』2020 年 6 月 3 日。

还可能追加医药品、医疗设备 2 个"核心业种"。财务省同时还公布了要求事后报告的 1584 家企业,占上市公司的 42%,涉及航空公司、地方铁路公司等。6 月,财务省又公布了修订补充后的名单,要求事先审查的对象企业增至 558 家,新增对象包括日产、松下等企业。①

不可否认,面对日益加剧的中美战略竞争,日本企业不得不更多地考虑政治和安全上的风险。但同时,日本企业也不会无视市场逻辑,放弃在中国的商机。如上文所述,2019 年日本对华直接投资大幅增长,创历史新高。日本企业扩大在华投资的事例不胜枚举,如丰田公司已宣布与中国的一汽、广汽合作生产电动汽车,大和证券也宣布在中国建立合资企业等。对日本企业来说,关键的问题是,如何既规避涉及国家安全的生产和业务,又在中美两国都获得利益。

同时值得注意的是,在经济安全问题上,日本政府尽管效仿美国建立了相关体制,并加强了与美国的政策协调,但并非在所有事项上都追随美国。2020 年 10 月,日本外相茂木敏充与美国国务卿彭佩奥会谈,一方面声称要在 5G 业务上与美国协调,另一方面却表示日本暂不参加美国提出的在通信网络、手机应用、云服务、海底电缆等领域排除中国企业的所谓"清洁网络"计划。日本如此应对,可能出于三方面的考虑:一是不愿参加排除特定国家的框架,担心这么做会违反世界贸易组织的规则,导致将来败诉;二是顾及与中国的关系,避免刺激中国;三是担心美国总统大选后白宫易主,美国对华姿态发生变化,如过于紧跟美国反而会陷入被动。②

六　多重平衡与中日关系"新常态"

纵观 2017 年以后日本的对华政策,大方向是谋求中日关系的稳定、改善和发展。在中日双方的共同努力下,双边关系回到了正常轨道。尽管受新冠疫情蔓延和中美对抗加剧的影响,日本政府改善对华关系的势头停

---

① 「外資規制　重点審査 518 社」『日本経済新聞』2020 年 5 月 9 日;「外為法リスト対象拡大　重点審査 558 社に」『日本経済新聞』2020 年 6 月 6 日。
② 「米の中国排除策　参加見送り」『読売新聞』2020 年 10 月 16 日。

顿下来，但中日关系仍保持了总体稳定。日本之所以能在发展对华关系上取得进展，一是因为日本政府能谨慎对待双边关系中的敏感问题，二是因为安倍积极回应了国内对发展中日经济关系的期待，三是日本希望通过稳定对华关系来应对特朗普政府造成的不确定性。

需要指出的是，尽管新冠疫情没有从根本上改变中日关系的结构和趋势，但从一个侧面暴露出进一步改善中日关系可能面临的障碍。随着新冠疫情下日本对华舆论的转向，双方在政治和安全领域的分歧再次浮出水面，在经济领域日本对过度依赖中国的担忧也凸显出来。

总体而言，从2017年到2020年，日本对华政策中合作的一面得到了恢复和发展，但竞争的一面并没有减弱。中日关系从此前的以竞争为主逐渐转向竞争与合作并存的"新常态"。2020年9月菅义伟继任首相后，延续了安倍政权的对华政策，即在竞争与合作之间保持平衡，以谋求对华关系的总体稳定。日本对华政策中的这种平衡是多层次、多领域的，具体表现在以下几个方面。

第一，在经济与安全之间保持平衡。日本一方面认识到，要维持自身经济的持久活力和全球竞争力，中国的市场和供应链不可或缺；另一方面又把中国的强大视为安全上的最大挑战。所以，日本既想发展与中国的经济关系，又想在安全上制约中国。正如安倍在卸任首相后接受《产经新闻》专访时所说的，中国是日本最大的贸易对象国，日本从对中国的出口和投资中获得很大利益，中国也因日本的投资而创造就业，双方有共同利益，与中国"脱钩"是做不到的，问题是如何抑制中国。他同时强调，中国对钓鱼岛姿态的背后有相当坚定的决心，日本也必须明确显示坚定的决心，为此加强了海上保安厅。① 这种经济上求合作、安全上谋竞争的姿态体现了日本对华政策的"两面性"，是影响中日关系的结构性因素。

第二，在安全竞争与维持稳定之间保持平衡。近年来，日本政府一方面渲染"中国威胁"，借此在国内政治中推进强军修宪议程，在国际安全领域扩大影响力；另一方面又致力于建立中日海空联络机制，并在朝核问

---

① 「安倍前首相に聞く 『戦後』に終止符打てた」『産経新聞』2020年10月13日；「安倍前首相に聞く 安保法制で日米同盟深まった」『産経新聞』2020年10月15日。

题上与中国沟通，试图维持中日安全关系和东亚安全形势的稳定。不可否认，对华安全竞争是贯穿安倍政权始末的一项战略。2016 年底特朗普刚当选美国总统，安倍就赴美与其见面，用图表向特朗普展示中国及东亚形势，称中国近 30 年军费增长约 40 倍，还举出中国潜艇的具体数量，指出其针对的是在西太平洋活动的美国第七舰队。他借此呼吁特朗普维持在东亚的军事存在，并强调日美同盟的重要性。① 2020 年 8 月，时任防卫大臣的河野太郎公开表达扩大与"五眼联盟"合作的意愿，说日本可以称得上是"第六眼"。2020 年 10 月，美日澳印四国外长在东京举行第二次对话，确认把"四国安全对话"（QUAD）定期化。同月，日澳两国防长举行会谈，就日本自卫队执行防卫他国军舰的任务适用于澳大利亚军队达成一致。② 与此同时，菅义伟把越南、印尼作为自己就任首相后第一次出访的目的地，在访问期间和越南就缔结防卫装备品出口协定达成一致，并称日本反对导致南海紧张局势升级的任何行为。这一系列言行都反映出日本在安全领域牵制中国的意图。然而，日本也注意保持克制，审慎行事。比如，在谈到"四国安全对话"和南海问题时，日本官方都没有直接指名中国。菅义伟在自民党总裁选举的讨论会上，也明确反对另一位候选人石破茂提倡的"亚洲版北约"，认为构筑反华包围圈在战略上是不正确的。③可见，一方面竭力牵制中国，另一方面避免过分刺激中国，是日本对华安全政策的基调。

　　第三，在经济相互依存与经济安全之间保持平衡。日本不仅没有像特朗普政府那样谋求在经济上与中国"脱钩"，还持续扩大与中国的贸易和投资关系，并通过第三方市场合作参与"一带一路"建设，其目的是从中国的经济增长中获益。日本还与中国一道，签署了由 15 个国家参与的《区域全面经济伙伴关系协定》（RCEP），在维护自由贸易和多边主义方面与中国采取了一致的行动。但同时，日本日益担心在经济上对中国的过

---

① 「安倍前首相インタビュー　安倍外交、同盟強化が起点」『日本経済新聞』2020 年 9 月 26 日。
② 「菅氏外遊　にじむ対中牽制色」『朝日新聞』2020 年 10 月 22 日。
③ 「自民党総裁選　討論会の要旨」『日本経済新聞』2020 年 9 月 13 日。

度依赖，不断强化经济安全政策。菅义伟在宣布参选自民党总裁后接受采访时称，新冠疫情暴露了日本对外国产品的依赖，为了减少风险，必须把供应链分散化。他作为官房长官参与了为日本企业将供应链迁回国内或迁到东南亚提供补助金的决策，还表示将视情况决定是否追加预算。① 未来，日本政府会更加重视经济安全，为了防止人工智能、5G、机器人和生物等领域的尖端技术外流，可能会采取措施限制新兴科技创新企业和从事基础科学研究的大学与中国开展合作。

第四，在中美之间保持平衡。对日本来说，最大的战略忧虑是中美接近，虽然中美对抗会让日本承受一定的经济损失，但在战略上符合日本的利益。面对日益加剧的中美战略竞争，日本的基本姿态是加强与美国的协调与合作。但是，日本又和其他很多国家一样，不愿意加入美国一方与中国直接对抗。具体而言，在贸易政策上，日本表现出相当大的自主性，先后签署了《全面与进步跨太平洋伙伴关系协定》（CPTPP）、《日欧经济伙伴关系协定》（日欧 EPA）和 RCEP，这三个协定都不包括美国。在技术竞争、经济安全等问题上，日本与美国保持步调一致，但政策倾向是"避险"而非"脱钩"。在地缘政治上，日本尽管与美国一起鼓吹"印太"概念，但不愿像美国那样直接针对中国或突出军事色彩，而是希望"印太构想"与"一带一路"倡议能和谐共处。② 正如日本学者江藤名保子指出的，日本的立场处在明确与中国对抗的美国和重视多样性的东盟、印度等亚洲国家之间。③ 然而，如果中美关系进一步恶化，那么日本将面临更严峻的选择，在香港问题、台湾问题以及技术"脱钩"等问题上，日本要保持不选边的姿态将变得愈发困难。④

第五，在国内政治中保持平衡。尽管日本民众大多希望看到中日关系

---

① 「菅氏のインタビュー要旨」『日本経済新聞』2020 年 9 月 6 日。

② 关于中美战略竞争加剧背景下日本的政策选择，参见归泳涛《日本与中美战略竞争——贸易战、科技战及印太战略》，《国际论坛》2020 年第 3 期，第 3~18 页。

③ 江藤名保子「日中関係の再考—競合を前提とした協調戦略の展開」『ファイナンシャル・レビュー』第 138 号、2019 年 8 月、105~132 頁。

④ 川島真「"ポスト安倍"政権が取り組む対中政策:関係『正常化』の次にある課題は?」2020 年 9 月 10 日、https://www.nippon.com/ja/in-depth/d00626/[2021-01-11]。

稳定，特别是经济上互惠关系的发展，以二阶俊博为代表的政治家也一直不遗余力地推动中日之间的交流与合作，但对华强硬派在日本政界和舆论界的影响力不可小觑。同时，日本民众的对华认识也很复杂。皮尤研究中心 2019 年的调查显示，日本受访者中有 55% 的人认为中国经济增长是好事，但也有 34% 的人认为是坏事；有 92% 的人认为中国对日本经济有很大或相当大影响，但有 42% 的人认为这种影响是负面的，只有 36% 的人认为是正面的，还有 75% 的人认为来自中国的投资是坏事。[1] 该调查还显示，从 2012 年到 2020 年，对中国持负面印象的日本受访者比例在 78% 和 93% 之间小幅波动，未有明显改善。[2] 因此，尽管日本政府稳定和改善对华关系能够获得民意支持，对选举有利，但日本舆论中的对华负面看法短期内难以改变，这大致框定了日本调整对华政策的国内政治空间。

结　语

总的来看，日本在维护既得利益、制定国际规则和构建地区安全秩序等方面，与美欧等西方发达国家立场一致，与中国存在分歧和竞争，但在支持自由贸易体制和多边主义、维护东亚地区稳定以及推动区域经济一体化等方面，则与中国有共同利益。日本在面对来自中国的安全压力时极力拉拢美国，以制衡中国，但在面对美国的单边主义和保护主义时，又适度接近中国，以牵制美国。由此可见，日本对华政策的调整既是战略性的，又是策略性的，既服务于借助中国发展自身经济的战略目标，又服务于应对美国政策不确定性的策略目标。此外，日本还密切关注东盟、印度等其他地区力量的反应，适时调整对外政策方向，试图争取更大的灵活性和自

---

[1]　Laura Silver, Kat Devlin and Christine Huang, "China's Economic Growth Mostly Welcomed in Emerging Markets, But Neighbors Wary of Its Influence," Pew Research Center, December 5, 2019, pp. 4-19.

[2]　Laura Silver, Kat Devlin and Christine Huang, "Unfavorable Views of China Reach Historic Highs in Many Countries," Pew Research Center, October 6, 2020, p. 9.

主性。①

未来，全球化和民族主义这两股潮流可能此消彼长，大国竞争将更趋激烈，国际合作将愈发艰难。面对这样的战略环境，日本要继续稳定和改善对华关系并非易事。日本只有坚定不移地推进中日在经济领域的合作，以此作为双边关系的主旋律，同时把中日在政治、安全和意识形态等领域的分歧控制在最小范围内，才能有利于中日关系的长期稳定和持续发展。②

（作者系北京大学国际关系学院长聘副教授）

Complex Balances in Japan's China Policy

Gui Yongtao

Abstract：From 2017 to 2020, Japan's China policy shifted from focusing on competition to combining competition and cooperation. From the perspective of domestic politics, improving Sino-Japanese relations and incorporating China's market and supply chain to bring vitality to the Japanese economy can help Prime Minister Abe Shinzo to win public support and build a long-lasting government, which was crucial to his agenda of constitutional revision. From the perspective of international environment, the uncertainty caused by the Trump administration accelerated the improvement of Sino-Japanese relations. For Japan, stabilizing its relationship with China can help to cope with the decline of reliability of the U. S. -Japan alliance as well as the unpredictability of Sino-U. S. relations. The Covid-19 pandemic shook Japan's domestic politics and changed

---

① 川島真「多様な顔を持ち始めた日本外交～米中対立下で進む"独自路線"」2019 年 9 月 5 日、https://www.nippon.com/ja/in-depth/d00513/［2020-01-11］。

② 田中明彦：《国际大变局下的日中合作——兼谈日美贸易摩擦的启示》，《日本学刊》2019 年第 4 期，第 16～19 页。

Japan's attitude toward China from assisting China to blaming China, which stalled the momentum of Sino-Japanese rapprochement. Under the pandemic the Japanese government became more worried about its economic dependence on China and took measures to encourage Japanese firms to move their supply chains back to Japan. However, an economic "decoupling" between Japan and China did not occur. The Japanese government also attached more importance to economic security issues related to China and established new institutions in this regard. To seek long-term stability and development of Sino-Japanese relations, Japan needs to strike the complex balances between economy and security, between security competition and stability maintenance, between economic interdependence and economic security, and between China and the U. S. , as well as the balance in domestic politics.

Key words: Sino-Japanese relations; Japan's foreign policy; Indo-Pacific; the Covid-19 pandemic

谈判与竞争：1931年青岛渔业纷争中的民间互动

刘 瑞

内容提要：20世纪上半期，随着渔业技术的发展和国家政策的鼓励，东亚海域内渔业规模不断扩大，跨国性的渔业纷争逐渐加剧。1931年，南京国民政府为阻止中外渔业纠纷，出台政策禁止不满百吨外国渔轮进入海关，这等于禁止外轮捕鱼，对青岛地区日本人的渔业生产造成了一定的影响。围绕这些政策的推行与暂缓，中日渔业组织的代表——中国青岛渔业股份有限公司和日本青岛水产组合，透过政府层面的交涉，进行了多轮协商。在交涉结果无法满足双方鱼商渔民期望的情况下，民众的不满通过暴力冲突的形式表现了出来。一方面，暴力冲突是渔民宣泄情绪的需要，具有一定的偶然性；另一方面，在当时渔业管理转型的背景下，由于调解纠纷的途径的缺失，暴力事件的爆发难以避免。本文试图以1931年青岛地区的渔业纷争为中心，从地方渔业者的视角出发，通过渔民鱼商的请愿陈情、市场竞争、技术竞赛三个层面，探讨当时中日渔业者在渔业纷争中的意见与诉求，进而探讨当时东亚海洋渔业管理模式的变动和渔业社会的转型。

关键词：中日渔业纷争 渔业管理 渔业权 青岛渔业有限公司 青岛水产组合 鱼市场

渔业纷争，主要指的是某一水域内由渔权争夺引起的渔业者之间的竞争与冲突。20世纪上半期，随着渔业技术的发展和国家政策的鼓励，东亚海域内渔业规模不断扩大，跨国性的渔业纷争逐渐加剧。关于这一问题，沿岸国家的学术界从渔业关系、渔业政策等方面出发，已有诸多研究。国内研究主要关注日本侵渔的行为和状况，探讨日本越界侵渔对中国渔业造成的损失。① 日本学界将在东经 130 度以西海域进行作业的渔业统称为以西渔业，按照捕捞方式的不同，分为延绳渔业、机船底曳网渔业、拖船渔业等，对其制度沿革、技术革新、管理经营、政策应对均有一定的研究。② 东亚海域的渔业纷争近年来也引起了英文学术界的关注。美国学者穆盛博的《近代中国的渔业战争和环境变化》一书，以中国最大的海洋渔场——舟山渔场为例，探讨了区域间、国家间等不同层次的渔业纷争及其与资源变动的关系。③ 其中第四章"中日渔权纠纷"主要从中日政府的交涉、国际法关于领海的阐述、护渔和财政收入等方面，分析了中日渔业冲突的原因与环境后果。

现有研究主要从国家、政府和产业层面出发，探讨由渔业纷争引起的外交交涉以及对渔业生产的影响，对渔业者本身在渔业纷争中的作用虽有所提及，却鲜有具体论述。渔民鱼商作为渔业生产的从业者，渔业政策的执行人，渔业纷争的直接参与者，在当时的情况下，发出过何种声音？在从自足型捕捞向过剩型捕捞（商业捕鱼）转变的近代东亚海域，他们如何在市场和资本的冲击下，维持生计？他们对拖网渔船等新技术的引入和推广，又持何种态度？这些问题仍亟待解答。地方渔业者作为从业人员，正是当时参与和见证渔业社会转型的最后一环，是感知和驱动海洋渔业发展变化的神经末梢，对他们的研究，有助于更深入和具体地了解当时的渔业社会。

---

① 如刘利民的《日本越界侵渔与民国北京政府的应对（1924～1927）》（载《抗日战争研究》2013 年第 3 期）、《试论 1927～1937 年国民政府制止日人侵渔政策——以中日渔业交涉为中心》（载《抗日战争研究》2015 年第 1 期）、《南京国民政府前期武装护渔政策初探》（载《民国研究》2015 年 1 月），通过运用国民政府时期外交部工作报告和日本外交文书，以及《申报》和《中央日报》的报道，探讨中国政府在中日渔业纷争中的应对措施。

② 如片冈千贺之的《近代における地域渔业の形成と展开》（九州大学出版会，2010）和《西海渔业史と长崎县》（长崎文献社，2015），主要从长崎地方史料出发，按照渔业类别，探讨了近代以来日本渔业者在东亚海域的渔业扩张。片冈千贺之的《日中韩渔业关系史 I》（《长崎大学水产学部研究报告》，2006 年 3 月）主要解读了二战之后中日韩三国之间所签署的渔业协定的关键内容，分析了中日韩三国在渔业上的主要冲突和各自主张，并对三国在争议性海域的渔业发展做了概述。

③ 〔美〕穆盛博：《近代中国的渔业战争和环境变化》，胡文亮译，南京：江苏人民出版社 2015 年版。

渔业纷争作为一个切入点，生动且集中地展现了渔业发展的诸多冲突与巨变。青岛作为当时中日渔业者汇集的北方渔业中心，本身具有的复杂性，更能展现当时渔业竞争的不同维度，如组织、商业、技术等。因此，本文试图以1931年青岛地区的渔业纷争为中心，从地方渔业者的视角，通过渔民鱼商的请愿陈情、市场竞争、技术竞赛三个层面，探讨当时中日渔业者在渔业纷争中的意见与诉求，进而探讨当时东亚海洋渔业管理模式的变动和渔业社会的转型。

一　请愿与陈情

青岛地区大规模的中日渔业纷争始于1914年日本第一次占领青岛。随着大量日本渔民移民的涌入，中日渔民之间的关系日渐紧张。尤其在1917年后，随着日本渔民对山东与江苏交界处海州湾鲷鱼渔场的"发现"，除了停靠在青岛的日本渔轮，来自下关、长崎等地的日本渔轮也纷纷进入青岛近海。①

面对日本渔业者的竞争，中国渔民开始向地方和中央政府上书请愿。特别是在每年渔期，请愿和反抗活动更为频繁。1926年，据日本报刊报道：

> 每年五月，鲷鱼渔获时期，日本远洋渔业家活跃在山东、江苏沿岸，引起中日两国渔业纷争。上海、山东商民，以日本捕鱼船入侵中国领海捕鱼损害中国的主权，威胁中国数十万渔民的生活为由，向段祺瑞政府请愿，要求日本政府进行赔偿。②

---

① 鲷鱼由于色泽鲜艳、味道鲜美，自江户时代起在日本已被认为是"鱼中之王"，具有很高的商业价值。参见铃木克美『鯛』、法政大学出版局、1992年、1页。日本渔业者进入海州湾渔场的情况参见青岛特别市社会局经济科编『青島の水産概況』、東京大学図書館、1939年、12~15页。

② 「山東江蘇沿岸における日支漁業紛争」『支那時報 三卷一号』（1926年7月1日、東洋文庫）46页。

北京政府虽针对渔业纷争进行了外交交涉，并召开护渔会议，但并未对外轮捕鱼活动进行限制与管理。①直到1931年，南京国民政府实业部颁布政令，禁止外国渔轮在中国领海内捕鱼。在打击外国渔业的同时，国民政府出台措施减免国内渔业的税收，并提供相应补贴。青岛渔业股份有限公司（简称青岛公司、青岛渔业公司、青岛渔业股份公司等）正是在这样的背景下成立的。

现奉中央明令取缔外轮在领海以内捕鱼，仰见国家注重国权，关怀渔业之主意间深感佩戴，从兹障碍廓清，还我主权。现经召集原旧渔行代表及各行领袖共会商，先行着于集募华资，定名为青岛渔业股份有限公司。……筹备委员负责积极进行筹设购置渔轮，制造渔具，设置鱼市场，建设冷藏库，组织金融机关等克期并举，以挽利权而济民生。

日人数年来侵我渔权自难久假不归，仍恳转转请严令胶海关对于捕鱼外轮切实奉行明令严厉取缔，以保威信而重主权。……

青岛渔业股份有限公司筹备处②

青岛渔业股份有限公司还通过青岛市鱼商会向威海、烟台和其他山东沿岸城市的商会发函，告知他们胶海关优惠的关税政策，号召他们通过胶海关入关，共同发展渔业。

威海、龙口、烟台商会鉴

青岛渔业公司鱼市场业经开市，胶海关对于我国渔轮以前各种限制手续，现均免除，请速转告知各渔轮克日驶来，共挽海权，以利发展。

辛勿稽延，至盼

青岛市鱼商会③

---

① 参见刘利民的《日本越界侵渔与民国北京政府的应对（1924~1927）》。
② B0038-001-00546，《青岛公司反对日渔轮在我国领海内捕鱼的往来文件》，1931年4月~1931年11月，青岛档案馆藏。
③ 同上。

面对南京国民政府的政策压力，青岛地区日本渔业者的生产受到影响。日本青岛水产组合的中井万藏组长和杏野重治朗副组长等人奔赴日本驻青岛领事馆、驻南京领事馆和上海大使馆报告这一情况，并且援引华盛顿会议上签订的《中日解决山东悬案条约》，提出日本在山东问题上享有特权，请求日本政府的支援与帮助。①

中国外交部和日本外务省就渔业禁令的执行问题进行了多轮磋商和谈判。②最终，禁令执行的时间被无限期推迟了，远远超过了原定的 1931 年 5 月 1 日。禁令延期执行有诸多原因。日本的军事和外交压力对中国政府来说的确很难抵抗。与此同时，国民政府内部也存在不同意见。实业部部长孔祥熙希望通过限制外国的商业性捕捞来发展本国的渔业。然而，财政部部长宋子文却认为这一举动会减少政府财政收入，因为既不能收取外国渔船关税也会由于政策优惠减少对中国渔船的征税。作为中央银行和财政部的掌舵者，宋子文希望通过增加税率来购买武器以抵御日本的进攻，因此他强烈地反对渔业禁令这一政策的执行。③

中国渔民对于国民政府的态度转变十分不满。在鱼市场开张后的两天，他们写信给青岛市商会，请求商会将他们的呼吁和请愿传达给中央政府。在 5 月 3 日的请愿书中，青岛渔业股份有限公司这样写道：

> 敬启者查
>
> 敝公司为挽回海权，发展渔业起见，发起组织。业将筹备进行情形，先后函请转电中央及分呈各主管机关，仰蒙照准，备案在案，关于鱼市场业务，刻不容缓，现经昼夜积极设置，已于五月一日早五点钟正式开市交易，仰承当地党政军警各机关长官莅场训示指导，我鱼商渔民等咸明大义，踊跃协力，合作团结，异常坚决。忽传胶海关近奉有对于取缔外轮捕鱼暂行缓期之令文，群众不胜惊骇。

---

① 『青岛水产の概况』（1936 年 9 月、国立国会図书馆）119～120 页。
② 外务省「中国沿海渔业问题」『日本外交文书 昭和期 I 第一部第五卷』（1995 年）1038～1073 页。
③ Micah S. Muscolino, *Fishing Wars and Environmental Change in Late Imperial and Modern China*, chap. 4.

历年以来，渔权被外人侵略垄断，民众疾首痛心，久已忍无可忍，日人岂得喧宾夺主，久假不归，故我公司发起组织以来，该日人等除仍暗地疏通希望容纳股业，经严予拒绝，外自知理屈，毫无抵抗之行动。胶海关税务司前称，日人将如何暴动反抗之说，市民等目观实情，未知何所依据。即以渔民人数相较，日渔民不过数百，我渔民则奚啻数万，外轮弛禁一日，则海权丧失一日。不唯国家威信攸关，数万渔民之生活，势必陷于绝境。仍恳贵会迅予转电中央及分呈各主管机关，贯澈（彻）五月一日取缔外轮在我领海捕鱼之明令。……严令胶海关税务司，克日切实取缔外轮在我领海以内捕鱼，一雪十数年以来丧失国权之耻辱。我数万渔民誓当毅力坚决，团结竞进，意味前驱，理直气壮，义无反顾。事关国权民生，万难忽视拖延敬希。

公鉴此致

青岛市商会

青岛渔业股份有限公司筹备处　公启

五月三日[1]

谈及日本人在渔业权上数年来的垄断，青岛渔业公司表达了渔民的感受。该公司表示，青岛的渔业发展需要来自政府的支持，特别是国家政府的支持，因为渔权也是国家领海主权的重要部分，正所谓"外轮弛禁一日，则海权丧失一日"。[2]因此，呼吁政府敦促胶海关迅速严格执行禁令。

即使禁令执行延期，不满和不安的情绪也在日本的渔民、批发商和零售商之间迅速蔓延。一方面，日本渔民的鱼市场，在南京国民政府的压力下关闭，并且一时难以恢复运营。随着4月份鲷鱼渔期的到来，鱼市场关闭的影响日益凸显。[3]另一方面，即使南京国民政府的捕鱼禁令被推迟执行，胶海关仍然通过提高税率和渔船登记制度限制了外国人的渔业活动。

---

① 　B0038-001-00546，《青岛公司反对日渔轮在我国领海内捕鱼的往来文件》，1931年4月~1931年11月，青岛档案馆藏。

② 　同上。

③ 　「青岛に於ける支那人の国粋会襲撃事件」『外務省記録』D2-6-0-33（1931年8月、外務省外交資料館所蔵）。

青岛海关规定，除登记在册的 64 艘日本渔轮能够正常进出胶海关外，其他未列入名单的渔轮无法入关。①青岛港对于日本渔民来说，再也不是过去的那个自由港了。

由此可见，中日渔业者的请愿与陈情，贯穿了整个渔业纷争始末。政府交涉是渔业者保障渔权所仰赖的重要途径。不过，由于当时中日之间政经形势的复杂多变，以及中日两国政府之上，斡旋者和裁决者的缺失，政府最终的协商结果往往与渔业者的期待相差甚远。除了请愿陈情，通过政府进行间接交涉，渔业者们也进行了直接谈判。

二 市场与资本

面对渔业纷争，青岛地区中日双方的渔业者除了以请愿陈情的方式，向政府表达自己的诉求与意愿，希望借助政府交涉保障渔业权之外，也通过各种方式进行了直接接洽。其中，最重要的接洽是关于青岛渔业股份有限公司的参股问题。

在南京国民政府禁止外国渔轮入关、扶持本国渔业发展的背景下，青岛渔业股份有限公司于 1931 年 4 月筹办建立。名为公司，其职权范围和经营业务却远远超过一般公司，涵盖了渔业捕捞、冷冻冷藏、市场销售和金融信贷，基本上形成了关于渔业生产的完整的产业链。在作用和地位上，和当时日本渔业者控制运营的青岛水产组合几乎并驾齐驱。更重要的是，青岛渔业公司在成立之初，就筹备设立公司下属的专营鱼市场——若鹤市场。

鱼市场是渔获成为产品的场所，因此，也是渔民经济生活中最重要的场所之一。新鲜的鱼品，即使能够通过冷冻或者冰鲜来保存，也很容易由于腐败而贬值。因此，市场是十分重要的交易场所。新鲜意味着高价，需要尽快出售。正是由于鱼市场的关键性，鱼市场的竞争往往成为渔业竞争的核心。

---

① 『青島水産の概況』（1936 年 9 月、国立国会図書館）119～120 頁。

在青岛，城市规模的鱼市场最初在 1916 年开张，由青岛水产组合管辖。青岛水产组合由日本军政部于 1916 年成立，旨在统筹管理青岛的中国人和日本人渔业。[①] 1922 年，日本第一次占领青岛结束时，日本人渔业者继续留在市场中经营，中国渔民鱼商则从青岛水产组合和其附属的鱼市场中脱离出来，成立了独立的鱼市场——胶澳鱼市场。胶澳鱼市场只允许中国渔民进行渔业交易，建立了针对外国渔业者的不卖同盟。由于经营不善，胶澳鱼市场最终倒闭，但是这种独立成立鱼市场的竞争经验却留存了下来。[②]

1916 年之后青岛地区的日本人渔业迅猛发展，鱼市场也更加专业化。例如，在成立之初，鱼市场是由青岛水产组合直营，之后则成立了一个附属于水产组合的渔业金融基金来托管鱼市场。另外，对于渔业贩卖的零售店的限制也逐渐放宽。[③] 1916 年，只有在所有组合成员都同意并且不损害所有的渔业从业者共同利益的前提下，才可以开设新的鱼市场或零售鱼店，否则鱼市场的位置一旦确定，就不能再新设市场或改换场所。[④] 而在接下来的几年里，进行零售的渔业商店可以随处设置。[⑤]

1931 年，由于受到渔业禁令的影响，青岛地区日本渔业者控制的鱼市场一度关闭，到当年的 9 月份才再次恢复经营。与中国渔业者主要从事干鱼贩卖不同，日本渔业者主要从事鲜鱼贩卖。即使可以通过冷藏的方式进行保存，鲜鱼的价值也会随着时间递减。因此，尽快找到市场恢复交易对日本渔业者来说十分重要。

日本渔业者最初希望通过投资中国青岛渔业公司的方式，进入若鹤市场，但是这种方式被该公司的创立者们否决了。日方的《外务省记录》记述了该公司成立时的场景：

---

① 「青岛渔業取締規則」『大正 5 年 3 月 9 日　青島守備軍公報第 102 号』（1916 年 3 月 9 日、国立公文書館アジア歴史資料センター）No. C08040247100、0607～0608 頁。

② 『青島水産の概況』（1936 年 9 月、国立国会図書館）117～118 頁。

③ 『青島水産の概況』（1936 年 9 月、国立国会図書館）92～93 頁。

④ 「魚市場取締規則」『大正 5 年 3 月 9 日　青島守備軍公報第 102 号』（1916 年 3 月 9 日、国立公文書館アジア歴史資料センター）No. C08040247100、0608～0609 頁。

⑤ 農商務商水産局「青島魚市場取締規則」『現行魚市場規程集』（1921 年 8 月 26 日、国立国会図書館）180～181 頁。

　　……有一名代表是东北海军司令部副官徐国杰，总商会长宋雨亭主席报告了该公司创立的经过。此后公司经理于维廷（总商会常务委员）详细说明了中央政府关于渔权的政令以及禁止中国领海内外国人捕鱼的必要性。他认为现在是中国渔业发展的最好时机，要团结一致，完全以中国的资本创立青岛渔业公司，以挽回失去的利权。

　　叶玉阶（长崎高商毕业）称，该公司为维护中国的主权，排斥一切外资。……

　　公司的资本共五十万元银元，一股股票五十元，共发行一万股，其中五千股由创立委员会①出资，五千股发起公募。……开设经营鱼市场并且设立保护渔民的金融机构，同时开设冷藏库等渔业附属事业等。……②

　　最终的股权构成见表1。

表1　青岛渔业股份有限公司股权构成情况（部分）

认购股票数	姓名	总计
600 股	牛云庆（渔民代表）	1
400 股	于维廷、张玉田、张钢伯、韩疆士	4
300 股	王寿臣、张玉田（共）	2
200 股	丁敬臣、梁和璞、姜蔚东、战警堂、刘鸣卿、宋雨亭、姚仲拔	7
100 股	王寿臣、柳之廷、董希尧、李树堂、李子拥、景山堂、郑益光、叶玉阶、王殿一	9

---

① "创立委员如下：商会方面十五名：宋雨亭、于维廷、姚仲拔、战警堂、张子安、王寿臣、张玉田、孙润田、柳之廷、叶玉阶、韩疆士、梁和璞、王得廷、董希尧、丁敬臣。鱼行方面十七名：张珍令（珍记）、苗可元（德和泰）、隋锡和（同兴）、王福茂（佑和兴）、苏肇礼（仁兴里）、李炳坤（泰记）、张可立、合盛兴、福田、吴锡鸿（永聚盛）、于万忠（合成兴）、程海峰（三义成）、魏耀山（协顺兴）、于泉龄（福兴祐）、周正皋（聚顺成）、杜崇进、同兴号。渔民代表一名：牛云庆。"参见『民国渔业公司』（1931年5月1日、国立公文書館アジ　ア歴史資料セーター）No. B08061125500、0711～0714頁.原载于『外務省記録』E2-2-1-5。

② 『民国渔业公司』（1931年5月1日、国立公文書館アジ　ア歴史資料セーター）No. B08061125500、0711～0714頁.原载于『外務省記録』E2-2-1-5。

可见，青岛渔业股份有限公司涵盖了商会、旧鱼行、渔民等不同背景的参股者，但是并不包括日资。在鱼市场难以恢复或进入的情况下，日本的渔业者们开始开设新的零售商店，特别是在4月份的鲷鱼渔期来临之前，出现了大量的鲜鱼零售店，甚至连国粹会青岛支会等政治团体也开始设立鲜鱼贩卖部门。[①]

日本渔业者经营的零售店大量出现，引起了中国渔业者的不满。原本中国的渔业者们希望通过鱼市场的专营，打击日本的渔业活动。而由于禁令执行暂缓，日本的渔业生产仍在继续，渔业经营也通过开设零售店的形式得以继续。日本的渔业者也面临挫折：一方面，原有的垄断地位已被打破，今后将面临青岛渔业公司的挑战；另一方面，日方控制的鱼市场没有恢复，也没能通过进入青岛渔业公司进入鱼市场，渔业销售的规模一时难以恢复。市场维度的接洽失败，渔业者们的技术竞赛却从未停歇，并且呈现出愈演愈烈的态势。

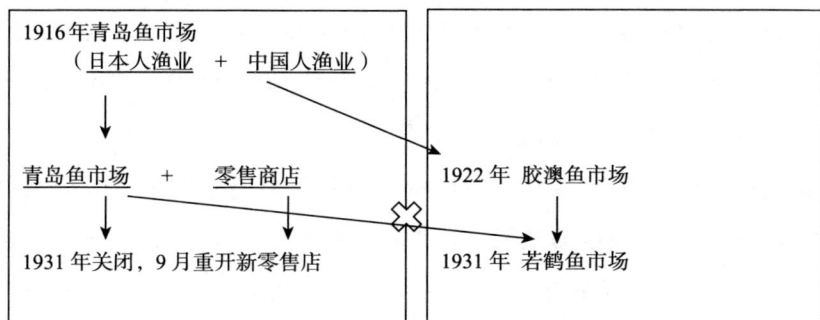

图1　1931年前青岛鱼市场的发展沿革

三　技术较量

在有关鱼市场的直接洽谈失败的情况下，中日渔业者开始从协商转向竞赛，更加希望通过利用新的渔业技术，占据实际的优势地位。这一技术

---

① 「青岛に於ける支那人の国粹会襲撃事件」『外務省記録』D2-6-0-33（1931年8月、外務省外交資料館所蔵）。

竞赛的核心是对拖网渔船的改造与应用。特别是中国的渔业者，开始从被动排斥转向主动接受拖网渔船技术。

中国人全资控股的青岛胶澳渔业股份有限公司的成立，也意味着中日渔业之间的技术鸿沟开始缩小。日本渔民不得不考虑一个问题：在青岛渔业公司成立后，他们能否继续保持技术上的领先和由此带来的高产量。

在青岛，传统的鲷鱼渔业是延绳渔业①，并且在日本和中国的渔民中都广泛采用。拖网渔船最初是由日本人引入鲷鱼渔业的。这种渔船，用一张直达海底的渔网，横扫了海底的所有生物。与延绳渔业相比，这种捕捞方式不仅仅针对特定鱼群，而是所经之处皆入网中，当然鲷鱼也难以幸免。

在此，我们需要回溯一下渔业技术革新的背景。20世纪上半期比较成熟的渔业捕捞技术主要是拖网捕捞。"拖网是一种拖拉着网子扫过海床的渔法……三米长的木头横杆上，有两个铁制的外框（形状像是用来清除火炉中灰烬的耙）。网的顶端用钉子与横杆连接，下端有一道用铅和许多大石头来增加重量的绳子。网口由上方的横杆撑开，网的底端沿着海床拖动，受到惊吓的鱼儿就会跑进网袋。"②

拖网技术革命始于14世纪的欧洲。虽然没有确切的记载，但是至迟在14世纪时，欧洲地区的渔民已经发明了桁拖网并且广泛使用于沿海渔业，即第一次拖网革命；第二次拖网革命发生在19世纪末，拖网渔船开始使用蒸汽动力；第三次拖网革命则发生在20世纪中后期，拖网首次进入深海捕捞。③

东亚海域也经历了与欧洲海域相似的变化过程。来自欧洲的渔业变革在19世纪下半期的东亚带来了两个主要的技术进步。其一是拖网的使用，

---

① 延绳法是从渔船上放出一条绳索，绳索上设置钓钩，通过钓钩捕获鱼类的渔猎法。主要用于捕捞鲷鱼。19世纪90年代，日本鸟取县、德岛县和山口县的渔民多使用这一渔法。1914年开始，受网板拖船渔业的冲击，使用这种渔法的渔船逐渐南下进入黄海和东海。1918至1922年为全盛期，此后从事延绳渔业的渔船数量逐渐减少。参见『明治三大漁業図及説明』、1930年1月、17918、長崎歴史文化博物館資料閲覧室。

② Callum M. Roberts, *The Unnatural History of the Sea*, pp. 128–129.

③ Ibid, p. 130.

拖网能够从海底无差别地横扫海洋生物和植被。其二则是蒸汽动力渔船的发明。这些渔船行驶速度更快、距离更远，并且更容易摆脱天气的限制。这些渔船也能够获得更高价的鱼品，因为可以迅速地返航，进入海港进行交易，避免了渔获的腐烂。[①]

这些技术被引入东亚并且经历了一个本地化的过程。钢体拖网渔船在1907年从英国被日本商人引入长崎。长崎县人林田甚八在英国考察的过程中，发现拖网渔业有利可图并且适用于日本近海，于是在1907年设立了汽船渔业公司，从英国购买了一艘钢体拖网船，将其命名为"深江丸"，1908年5月，公司开始正式投入运营。

这些在欧洲的北海造成了严重的生态破坏的拖网渔船在日本近海也造成了渔业资源的短缺，并且引起了与传统渔业的纷争。为了解决这些纷争，日本政府颁布法令将拖网渔船的渔业活动范围限定在东经130度以西的海域。[②]

尽管这些拖网船受到了来自传统渔业的抵抗，但是日本的渔民已经意识到拖网的优点。由于蒸汽动力的钢体拖船的造价太过昂贵，他们开始将拖网和蒸汽动力结合起来，并且用在他们一直使用的传统木帆船上，进而发明了拖网木船。然而，这些改良后的拖网船仍然受到了传统渔业的抵抗，并且也被限制到了东经130度以西的海域。[③]这些政策使得拖网渔船大量进入中国的黄海和东海海域。

拖网渔船进入中国海域后也受到了渔民的抵制。例如，海州湾沿岸渔民代表在1931年5月7日的请愿书中，控诉日本的蒸汽动力拖网渔船在鲷鱼渔期大肆集结于海州湾内，破坏了他们的渔网，干扰了正常的渔业生产。

五月三日 照抄江苏赣榆六合区渔民代表苏晓东等呈文件

为报告事 窃民属赣榆滨海居处，接连数十庄村，均依捕鱼生活。

---

① Callum M. Roberts, *The Unnatural History of the Sea*, pp. 10–11.

② 『明治三大漁業図及説明』（1930年1月、長崎歴史文化博物館資料閲覧室所蔵）No. 17918。

③ Micah S. Muscolino, *Fishing Wars and Environmental Change in Late Imperial and Modern China*, chap. 4.

近十年来，日本拉网轮船侵入鹰游山之西，西岚山之南，距岸十余里外。区区一海外，所布网行鳞次栉比，竟任日本攘夺权利毁坏践踏。

钧部俯赐垂念欣蒙 委派江利军舰前来保护渔业等示沿海渔民，曷胜感戴诋意。日人欺我太甚，今于四月二十九日，该拉网轮船又浩荡结队闯来，残害网行破坏公法，比前年更有过者。代表等切实查明各村渔船所受损失，网具若干并约价值若干，详细开单粘呈上报恳祈。①

在反对日本拖网渔船的同时，中国渔业者对利用拖网技术的态度早已发生了转变。最初，中国渔民对拖网技术的使用是被动的。1916 年成立的青岛水产组合，涵盖了青岛当地的中国渔民和日本渔民。日本渔民在向中国的渔民贩卖老旧渔船的时候，也将这些新式的技术传递给了中国的渔民们。②

日本的渔业者们也不断进行拖网技术的改造和本地化。在东海海面，日本建立了大型的机械化渔场，数量众多的钢体拖网船在这一海域撒网作业。在黄海，大部分的日本渔民，特别是居住在青岛当地的日本移民，主要使用的是改良后的拖网木船。蒸汽动力、拖网和木船，实际上是新技术和老设备的结合。造价的高昂意味着钢体船主要由公司所有，大部分的日本渔民作为个体经营者并没有独立购买这种船只的能力。但是日本渔民将原有的一只拖船改为两只拖船，加大了拖网张开的角度，增加了作业面积和捕获量。

不过对于青岛渔业股份公司来说，这些新式的渔船并不算造价高昂。作为一家大公司，其成立伊始，就以购买和运营大型拖网渔船为主要业务。③中国渔民从接受日本渔民设备更新淘汰的拖网木船，转向主动购买英美生产的钢体拖网渔船。

---

① B0038-001-00546，《青岛公司反对日渔轮在我国领海内捕鱼的往来文件》，1931 年 4 月～1931 年 11 月，青岛档案馆藏。

② 青岛特别市社会局经济科编『青岛の水产概况』（1939 年、東京大学図書館所蔵）12～15 页。

③ B0038-001-00546-0001，《关于组织发起青岛渔业股份有限公司取缔捕鱼外轮的公函》，1931 年 4 月 29 日，青岛市档案馆藏。

实际上，日本的渔民们早就已经意识到他们已经开始丧失技术上的领先。1929年，也就是渔业纷争发生和青岛渔业公司成立的两年前，日本渔业商人关德次就已经嗅到了这种趋势。关德次原籍是大分县北海部郡佐贺关町五四六，当时在青岛菏泽路二号经营渔业贩卖店。1929年9月16日，他写信给日本外务大臣币原喜重郎和拓务大臣松田源治，提出发展青岛地区渔业的建议，并且附上了对青岛水产组合改革的建议。

青岛渔业颇有前途。现一年渔获量价值约100万元。如果能够加以必要的改善措施，生产额定更令人惊异。我同胞渔业者逐年增加，……却未能充分开发这一宝库，特别是水产组合、鱼市场等机关旧态依然，需要进一步改善不利不便之处。……

其中最紧迫的改革事项如下：

第一、专门的水产技师常设制度。上文提到，之前日本占领时期，设置水产技师担任官员（指导渔业生产），给当时的渔业者带来很大便利。我国统治权废止之后，水产技师也一并撤回，仅偶有来青。如今因为这一行业（即渔业）专门常设官职的撤销，不仅在与母国的联系上十分不便，对我国海外渔业发展也有损失。水产技师的常设任命是最为紧急的第一要务。

第二、水产组合长由青岛总领事兼任。以各府县水产为例，水产组合长皆由知事兼任，朝鲜、满洲也由当地长官指挥监督。所以，青岛也应当，以总领事兼任水产组合长，相信一定大有便利和益处。现在青岛水产组合长并无专门知识，而一年的报酬却不下三千元，年末还有奖金等收益。如果官员兼任，则此费用能用于渔民的救济或供发展渔业。如果总领事无法兼任，则前项所提议水产技师兼任也可。[1]

该请愿书中有两点建议尤为值得关注：第一，提出设置专门的水产技

---

[1] 『青岛渔业开发二関スル陳情書』『東洋2支那2青岛擾乱事件 上海武官情報 青岛武官情報 南京武官情報 北平武官情報（4）』（1929年9月16日、国立公文書館アジ　歴史資料センター）No. C05021542400、1928～1929頁。

师，促进这一区域的科学的渔业管理；第二，提议由青岛总领事馆领事兼职组长，以便于管理。可见，当时的日本渔业者已经意识到了从技术上对水产组合进行革新的紧迫性。

在技术竞赛中，日本的渔业者不断对拖网渔船进行改造来降低造价，提高利用率。中国渔民从最初被动接受拖网技术，转为主动引进拖网钢船来保证他们在这一区域的渔业权。这种自卫行为是一种重新获得区域内控制权的尝试，然而这同时也是完全的自杀行为。对于当地的渔民来说，他们祖祖辈辈生活在这片区域，沿岸近海是他们赖以生存的家园。渔船可以追随着鱼群而去，渔业移民也可以随之移动，但是，一旦渔业资源随渔业技术的引入而枯竭，这些长期生活于此的渔民将面临长久的困境。

结语：地域社会与管理转型

秋道智弥的水资源管理理论将东亚区域传统的渔业管理归纳为基于地域的渔业组织的管理，即共同体资源管理模式（Community-Based Resource Management, CBRM）。[①]在这种管理模式中，如果有任何纷争出现，渔民会向当地的渔业协会或者水产组合求助。渔业协会在内部进行资源分配的划分与调节。如果渔业纷争出现在不同的渔业组织之间，地方政府就会介入仲裁进行调解。当地方政府介入渔业管理时，这种由国家和渔业协会共同参与的管理模式被称为共同管理（Co-Management）。[②]

在 1931 年的渔业纷争中，纷争的跨国性使得基于共同体管理的渔业管理模式失效了。中国和日本的渔民之间，并不存在一个公认的协调者能够获得双方的信任和拥戴，有足够的权力进行渔业纷争的调解。当时，中国渔民申诉的过程是：向新成立的渔业公司请愿，进而寻求当地的商会的帮助；商会则将信息传递给青岛市政府，再由市政府传达给中央政府。日本渔民的请愿途径是通过青岛水产组合，向日本驻青岛、南京和上海的领

---

① 秋道智彌・岸上伸啓『紛争の海：水産資源管理の人類学』（2002 年、人文書院）11～26 頁。

② 同上。

事馆和大使馆寻求政治帮助，领事馆和大使馆将情况通报给日本外务省。最终，由中国外交部和日本外务省就渔业纷争进行交涉和谈判。在这种情况下，调解纷争是基于国家的框架的，而不是像传统的渔业管理，即基于地域社会进行渔业资源的管理。对于中国和日本的渔民来说，即使结果并没有达到预期，然而也已经没有可斡旋的余地。因此，在中日关系紧张的大背景下，两国渔民的不满情绪进一步加剧，渔业纷争开始渗透到地方层面。

渔业管理的失序解释了渔民在交流上的失效。从秋道智弥的理论来看，如果渔业组织归属不同的社区，当渔业纷争发生时，政府会成为不同社区之间的调解者。在青岛的渔业纷争中，调解者变成了两个国家。而两个国家之上，并没有一个更有权力的调解者出现。这种调解者的缺失，就导致了仲裁的失败，进一步导致了更严重的冲突。在国家间调解失败的情况下，地域社会能否充当调解的角色呢？事实上，当时地域社会的权力也在衰落中。根岸佶已经质疑了1911年辛亥革命后中国基层社会的耆老士绅的影响力：作为基层社会的领导者，士绅阶层通过遵循、解释和执行惯习来获取权力，并且扮演着调解地方争端、处理地方事务的角色；随着资产阶级民主革命的爆发和法律的公布，这些由惯习所赋予的权力也逐渐褪色。[①]

康拉德·托特曼也提到过来自地方的限制的重要性。在他看来，近世日本的森林乱砍滥伐能够得到遏制，很大程度上是由于村落有权力管理森林并且能够惩罚那些毁坏森林的人。[②]这种地方的权力和执行力是当时青岛的地域社会所缺乏的。一方面，青岛的中国的基层社会在社会变革的时代背景下，逐渐失去了基于习惯和习俗的地方权力；另一方面，他们对日本移民的渔业活动也缺乏管理的职权。当地的中国渔民习惯于在他们的传统渔场进行渔业捕捞，在他们看来，这些渔场世代属于他们。对于日本渔民来说，他们同样也失去了来自地方的限制。尽管日本的渔业管理是基于共同体的资源管理，在中国的日本渔业组合却并非在日本的当地政府的管辖

---

① 根岸佶『中國社會に於ける指導層：中國耆老紳士の研究』（1947年、平和書房）262～274頁。

② Conrad Totman，*The Green Archipelago：Forestry in Preindustrial Japan.*

范围内。青岛的日本渔民，无论来自哪里，长崎、下关、福冈还是日本的其他地方，都归属青岛水产组合领导，而非受到长崎、下关、福冈等地渔业组合的管辖。青岛水产组合也和青岛市政府没有任何的隶属关系，在渔业纷争出现时，直接向日本的领事馆汇报。当地社会和地方管理逐渐萎缩，而国家却没有形成有限制力的措施。相反，在这一时期，无论是中国——想要通过掌握渔业权保护自己的领水主权，还是日本——试图将海洋开发和领土扩张、工业化和现代化同时推进，都希望能够增加从海洋获得的资源。在这种情况下，来自地方和国家的限制在渔业管理的转型中逐渐削弱至消失。

蒸汽动力拖网渔船进入西北太平洋海域导致了渔业资源的短缺，并且引起了与传统渔业的纷争。来自新兴渔业的挑战被日本近海渔民成功地抵抗了，但是这一祸水却被引到了深海和中国附近海域。在中国，国家和地域社会的权力并没有强大到足以处理新的渔业技术的使用对传统渔业造成的冲击。渔业纷争的跨国性，使得这一问题更加复杂。尽管两国政府试图通过协商解决这一问题，但是由于两国政府之间缺少协调者和仲裁人，渔业纷争没有能够得到充分的交流和解决。两国磋商的失败，使得渔民陷入一种技术竞争的状态，即试图通过使用新的技术来保障他们的渔业权，这对原本紧张的渔业关系而言是火上浇油。一方面，渔业管理制度的转型，导致了原本来自地域社会的限制资源开发的权力的消失，国家权力介入渔业资源的管理，却没有足够的效力；另一方面，中日两国渔民对政府协商结果的不满需要途径进行宣泄，最终形成了暴力冲突。

从 1931 年青岛地区的渔业纷争可见，在当时渔业管理失序的情况下，渔业者意识到无法通过国家机器保障渔业生产，于是开始转向通过市场和技术手段，来争夺实际上的渔业权。并且，不管是中国渔民还是日本渔民，都希望获得渔业权的垄断，而双方在市场和技术层面都没有达到垄断的地步，这也是当时的渔业纷争最终无法调解的原因。

（本文作者系北京大学经济学院、海洋研究院博士后）

Negotiation and Competition: Civil Interaction in the Fisheries Dispute in Qingdao in 1931

Liu Rui

Abstract: In the first half of the 20th century, with the development of fishery technology and the encouragement of national policies, the scale of fisheries in East Asian waters has been expanding, and transnational fisheries disputes have gradually intensified. In 1931, the Nationalist government published a host of policies, prohibiting foreign vessels and trawlers under 100 ton from entering the customs, which threatened the fishing activities of Japanese in Qingdao. Facing the new policies, Chinese and Japanese fisheries associations attempted to appeal government to protect their fishery right. However, the result of the negotiation between governments does not satisfy both sides and resulted in a violent incident. On the one hand, the incident reflected the dissatisfaction and disturbance of fishermen and it was theirs' emotional response to the negotiation of fishing dispute in 1931 to some degree. On the other hand, considering the transforming fishery management and the loss of access to conciliation in the period, the incident was inevitable. Focusing on the fishery dispute in Qingdao from the perspective of the local fishermen, this paper attempts to explore the opinions and demands of the Chinese and Japanese fishermen in the fishery dispute through the fishermen's petitions, market competition and technical competition, and then to explore the change of the East Asian marine fishery management and the transformation process of the fishery society.

Key Words: fisheries dispute Between China and Japan; fishery management; fishing rights; Qingdao Fishing Company; Qingdao Fishery Community; fish markets

双层博弈视域下的韩国向伊拉克
派兵决策过程[*]

王　萌

内容提要：2004 年 2 月韩国政府提交的向伊拉克追加派兵方案获得韩国国会批准，这是继向越南派兵之后时隔 40 年韩国再次决定向海外大规模派兵。这次派兵决策历时 6 个月，对韩美关系及韩国国内政治影响深远。本文借助普特南的双层博弈理论分析韩国政府向伊拉克派兵决策过程，认为韩国的派兵决策过程是决策者在国际、国内两个层面，以及两个层面互相博弈的过程，由于韩国国内选民间的权力分配、政策偏好以及国内层面的政治制度、批准程序、国家力量和自主性的变化缩小了韩国的"获胜集合"，使得国内决策过程异常曲折，国际层面的谈判也进行得十分艰难。最终决策方案只能是多方意见协调折中的结果。

关键词：双层博弈理论　伊拉克战争　卢武铉政府　韩国

外交政策的制订过程是一个高度政治化的过程，国际体系与国内政治都是制约外交决策的重要因素。2003 年伊拉克战争爆发后美国向韩国提出派兵要求，韩国再次做出了向伊拉克派遣将近 3700 人规模部队的决定。这次派兵是继越南派兵之后韩国最大规模的海外派兵行动，这一派兵决策是管窥韩美同盟关系和韩国国内政治变化的重要案例。

伊拉克派兵先后共两次，第一次规模较小，决策过程相对顺利；而第二次由于战后伊拉克局势恶化，美国向韩国提出派遣战斗部队的要求，韩国的派兵决策过程异常曲折，最终韩国政府的派兵决策结果与美国的期望

---

* 感谢《亚太研究论丛》匿名评审专家的修改建议，本文文责自负。

差距较大。本文所讨论的伊拉克派兵问题如无特别说明均为第二次伊拉克派兵决策。

派兵决策过程中韩国政府不仅面临着国内不同政治势力、不同行政部门、立法部门之间巨大的意见差异，整个社会也因对派兵方案截然不同的态度形成严重的分化甚至对立。方案在国内从决策到批准过程困难重重；国际上，韩国与美国的协商过程也是曲折不断。在这种情况下，最终的派兵方案其实是各方力量博弈折中的结果。

国内学者对韩国的海外派兵关注不够，对韩国外交的研究或集中于国际体系性的影响，或偏重于国内政治过程的作用，而本研究选取相对更为均衡的视角——同时分析国内外因素的双层博弈理论视角。国外也有学者采用双层博弈理论分析韩国的派兵决策[①]，但受时间和资料限制，对伊拉克派兵决策的分析不够深入。近年来，卢武铉政府几位决策参与者相继出版回忆录，从不同角度再现了当年的决策过程，为分析韩国国内层面的博弈过程增添了新的资料。此外笔者还对决策者之一进行了访谈，就派兵性质提出了自己的看法。[②] 据此，本文根据普特南的双层博弈理论，以第二次派兵为例分析韩国外交决策过程中决策者面临国际、国内双重压力的决策过程及其结果，从获胜集合大小的角度阐明影响韩国外交决策的条件与因素，并归纳韩国外交决策的特点。

一 普特南双层博弈理论在外交决策上的应用

传统的外交决策分析或者强调国内政治的重要性，或者强调国际体系的重要性，缺乏把国内、国际二者结合起来的整体观，双层博弈理论就是为了解决这个问题提出的。哈佛大学公共政策学教授罗伯特·普特南

---

① 김관옥，「한국파병외교에 대한 양면게임 이론적 분석，베트남파병과 이라크파병 사례
　비교」，『대한정치학회보』13집1호，2005，pp. 357~385.

② 主要参考卢武铉、文在寅、李钟奭回忆录中对伊拉克派兵决策的回忆，以及就伊拉克派
　兵决策对李钟奭进行的访谈。

（Robert D. Putnam）于 1988 年率先将"双层博弈"[①]的概念引入到国际关系的研究中，主要用于分析国际谈判中国内层面与国际层面的互动与博弈。起初该理论被广泛应用于分析经贸领域等非危机性谈判决策，近年来也有学者尝试将其应用于更广泛的对外决策分析当中。

普特南认为，每个国家的决策者都出现在国际、国内两个谈判桌上。在国际谈判桌上，决策者面对的是对方国家的谈判代表，身后则坐着执政党、议会、自己的政治顾问，以及市民社会和利益集团等。决策者或谈判者在一个层面上的政策或步骤可能是符合逻辑的，但在另一个层面的博弈中可能是失败的。[②]国内政治层面博弈对对外政策或国际谈判结果的影响程度，取决于国际层面谈判结果或执行的特定对外政策在国内政治层面得到支持或获得通过的"获胜集合"（win-sets）的大小。[③]

获胜集合是双层博弈理论的核心概念，也就是指第二层面选民对第一层面达成协议所投赞成票的集合。如图 1 所示，X_m–Y_m 是两国协商的范围，包含了两国谈判代表最终所能够接受的共同利益范围。在这个范围中 X 国的获胜集合是 X_m–X_1，Y 国的获胜集合则是 Y_m–Y_1，X_1 与 Y_1 之间是两国可批准范围的重叠部分，其范围越大达成协议的可能性也就越大。但是在现实谈判中双方都会尽量缩小自己的获胜集合，比如从 Y_1 缩小到 Y_2，这样 Y_1 与 Y_2 之间的部分就不能够获得国内批准，变得不可用从而最大限度满足本国的利益。当然，如果 Y 国敢于将本国的范围缩小到 Y_3 的位置，那么谈判很可能破裂。

图 1　X 国与 Y 国调整获胜集合效果

资料来源：Robert D. Putnam，"Diplomacy and Domestic Politics：The Logic of Two-Level Games，"*International Organization*，Vol. 42，No. 3，1988，p. 441。

[①]　Robert D. Putnam，"Diplomacy and Domestic Politics：The Logic of Two-Level Games，"*International Organization*，Vol. 42，No. 3，1988，pp. 427–460.

[②]　Ibid，p. 460.

[③]　张清敏：《对外政策分析》，北京：北京大学出版社 2019 年版，第 161 页。也有国内学者将"win-sets"翻译为"胜集"。

"获胜集合"是国内政治影响对外政策或国际谈判结果的重要变量。"获胜集合"概念的重要性表现在两个方面。第一，如果其他情况相同，"获胜集合"越大国际层面的协议就越可能被国内批准；反之，谈判破裂的风险就越大。第二，每个谈判者"获胜集合"的相对大小将影响到国际谈判中共同利益的分配。也就是说某一谈判方所需要的"获胜集合"越大，其就越难以达成，也就越容易为其他谈判方所利用，从而处于不利的地位。通常而言，国内层面的获胜集合越大，国际层面博弈达成的协议获得批准的可能性就越大；反之，谈判破裂的可能性就越大。只有在参与国际谈判双方各自国内获胜集合重合时，两个国家达成的国际协议才可能生效。① 双层博弈理论试图超越把国内因素附加到国际层面上的分析方法，用一种综合性的、整体化的方法来考虑国际关系和国内政治，普特南认为国际因素和国内因素在决定国际谈判的结果方面是同时起作用并相互作用的。②

韩国作为韩美同盟中实力较弱的一方，面临着美国要求派兵的压力，一方面在国际谈判桌上与超级大国美国政府博弈，另一方面在国内又要面对政府决策部门、国会、市民社会和舆论的压力，进行国内层面的博弈；同时国内层面与国际层面也在博弈。其外交决策过程不可谓不曲折。事实上实际影响一国外交决策的要素是十分丰富的，但因篇幅所限，本文主要论述几大主要的外交决策参与要素，具体如图 2 所示。

二 韩国向伊拉克派兵决策过程

韩国的伊拉克派兵先后分两次进行。第一次伊拉克派兵时，美国的要求是派遣非战斗部队，韩国政府仅仅用了一个月的时间就决定派遣以建设工兵和医疗团队为主的徐熙、济马部队，规模将近 700 人的非战斗部队，决策过程相对顺利；后来由于伊拉克战后局势恶化，美国再次向韩国提出

---

① 张清敏：《对外政策分析》，第 161 页。

② Howard P. Lehman and Jennifer L. McCoy, "The Dynamics of the Two-Level Bargaining Game: The 1988, Brazilian Debt Negotiations," *World Politics*, Vol. 44, 1992, p. 622.

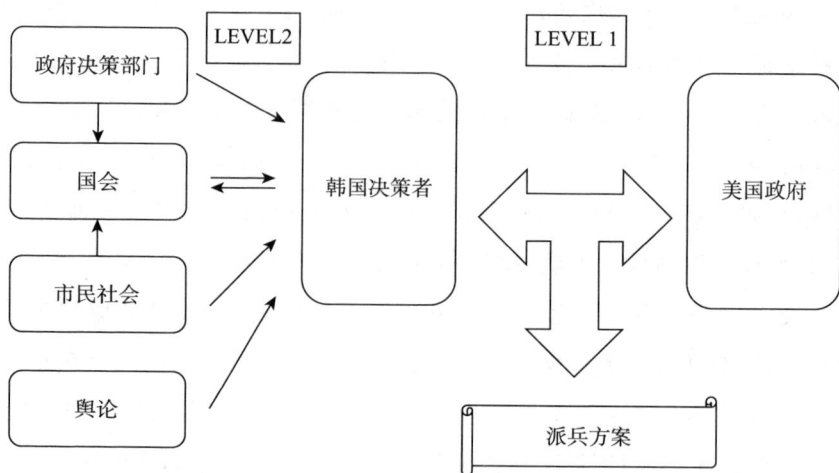

图 2　韩国派兵外交决策的双层博弈过程

派兵邀请。美国提出的 5000~10000 人大规模战斗部队的要求，引起了韩国国内强烈的抵触情绪，第二次派兵决策持续时间长达半年之久，对韩国社会及韩美关系的影响极为深远。

（一）国际层面（LEVEL I）的博弈：韩国与美国政府之间

2003 年 9 月 3 日，美国政府由当时参加"未来韩美同盟政策构想会议"的美国国防部副部长助理理查德·劳利斯（Richard Lawless）与美国驻韩大使巴赫德正式提出派兵要求。[1] 9 月 5 日，美国防部副部长保罗·沃尔福威茨向当时正在美国访问的韩国外交部长尹永宽正式提出希望韩国再次往伊拉克派兵的要求。9 月 7 日，美国总统布什向包括韩国在内的 29 个国家正式发出了派兵邀请。9 月 9 日，韩国召开了国家安全保障会议常任委员会议，会后由国防部发言人正式向媒体披露了美国的追加派兵要求。[2]

第一次协商

美国在工作组会议中提出希望韩国能够派出一支具有独立作战能力的

---

[1]　국방부，『2004 국방백서』，국방부，2005，p.53.

[2]　「미，한국에'1개 사단'파병 요청」，Oh! My news，2003.9.10，https://news.naver.com/main/read.nhn? mode＝LSD&mid＝sec&sid1＝100&oid＝047&aid＝0000036080（2020.12.20）.

轻型武装部队。虽然美国没有向韩国政府提出兵力规模的具体要求，但可以推断规模为 5000~10000 人。此外，美国希望韩国派兵前往情况不太稳定的伊拉克北部地区或基尔库克和苏莱曼尼亚地区，考虑到美军部队的交接计划，美方希望韩国派兵时间在 2004 年 2~3 月。①

在美国的要求下，韩国政府开始研究多种方案。韩国认为如果接受美国的要求，派出部队的性质为治安维持型，韩国军队应该组成师团司令部，并指挥被分配到韩国师团的多国部队来作战。韩国政府认为在决定之前，有必要对伊拉克当地的情况进行调查，于是组建了以国防部政策企划次长为团长，包括国防部、外交部、民间学者在内的第一届政府联合调查团，于 2003 年 9 月 24 日至 10 月 3 日对伊拉克当地进行了调查。但在伊拉克调查团回国后举行的记者招待会上，面对国内学者的质疑，其调查明显缺乏说服力，造成了舆论上的分裂。同时 9 月 25 日，韩国外交部长尹永宽赴美参加联合国大会，与美国国务卿鲍威尔举行了会谈。会谈中，尹永宽提出希望美国在朝核问题上为朝鲜留点退路，否则韩国不会考虑向伊拉克追加派兵。鲍威尔对韩国提出的附加条件表示了遗憾。②

第二次协商

随着伊拉克当地局势开始恶化，美国变得更加急迫，在此前已经得到议会同意的土耳其突然发表撤回向伊拉克派兵的决定后，美国只能把希望寄托于韩国。因此，美国也更加关注韩国的一举一动。但是，随着韩国国内对派兵问题的争论愈演愈烈，美国通过了劳利斯提出的对韩更为有利的调整方案，即把韩国派兵规模下调到 5000 人，并暗示可以返还相当于龙山基地面积 80% 的 70 万坪土地。这比美国原来坚持的 60% 提高了 20 个百分点，同时美国还主动提出韩国需承担的驻韩美军基地搬迁费用也从此前公布的 30 亿至 50 亿美元降低到 30 亿美元以内。即使龙山基地搬迁到乌山和平泽，韩美联合司令部和"联合国军司令部"也将留在首尔。此举旨在让韩国明白：美国政府已经充分照顾到韩国国内情绪，将努力把韩国国

---

① 第 243 차 통일외교통상상위원회，『제 4 차 회의록』，2003，p. 7.

② 「추가파병 협의 착수」，MBN，2003. 9. 26，https：//news. naver. com/main/read. nhn？ mode＝LSD&mid＝sec&sid1＝101&oid＝019&aid＝0000036026（2020. 12. 20）.

民因美军基地搬迁产生的不安感降到最低。布什总统还在参加 APEC 会议期间称卢武铉总统为"容易对话的人"，向世界彰显二人的亲密关系。同时，布什总统否决了美国国内一些人提出的裁减驻韩美军的建议。美国减少了要求韩国派兵的人数，把龙山基地搬迁问题和反对裁减驻韩美军问题联系起来，使用了"积极协同连锁"（positive synergistic linkage）的方式扩大对韩国政府的支持，试图以此拉拢韩国政府。

此时韩国国内反对派兵情绪浓厚，但迎来了一个转机。作为美国的协商战略和追加派兵的前提条件之一，联合国的伊拉克决议案于 10 月 16 日在安理会通过后，韩国国内民意调查显示，赞成派兵的比例显著上升。[①]韩国政府立即做出了反应，此时伊拉克追加派兵动议案已在国务会议上通过，但是在派兵规模、性质、时间等方面，韩国的立场与美国的要求依然存在很大差异。美国为了维持治安要求韩国在 2004 年 2~3 月间派遣 5000 名能够独立执行任务的部队，但韩国政府依然表示只能派遣支援重建、医疗救护的 3500 人左右的非战斗部队，而且 2004 年 4 月之前也不可能完成派兵。第二次协商结果再次令美国失望。

第三次协商

韩国政府综合考虑美国的派兵要求和国内舆论，决定再次派遣政府联合调查团。与第一次调查不同，本次调查团主要由战后重建相关部门的官员组成，民间学者被排除在外。这一次调查主要是为派遣支援重建部队进行考察。[②] 11 月 5~7 日韩国派出对美协商团访问华盛顿，与美国国家安全顾问赖斯、国家安全事务助理海德力、国防部副部长阿米蒂奇等高级别官员进行了会谈，转达了韩国政府派遣 3000 人非战斗部队的意见。美国的高级官员出席与韩国协商团的会谈足见当时美国政府对韩国派兵问题的重

---

① 就在安理会的决议通过之后的 10 月 20 日，韩国社会舆论研究所舆论调查的结果显示，赞成派兵的占 66.2%，反对的占 32.0%，而此前 9 月 22 日该所的舆论调查结果显示，赞成的占 44.6%，反对的占 53.1%；10 月 6 日的调查结果显示，赞成派兵的占 47.8%，反对派兵的占 48.0%。转引自 김관옥「한국파병외교에 대한 양면게임 이론적 분석: 베트남파병과 이라크파병 사례비교」, 2005, pp. 357~376。

② 「이라크 2 차조사단 출국」, YTN, 2003. 10. 31, https://news. naver. com/main/read. nhn? mode=LSD&mid=sec&sid1=115&oid=052&aid=0000016428（2020. 12. 20）.

视。不出所料，美国对此很失望，赖斯直接指出希望韩国能够再次考虑派兵问题，并指示海德力等要具体负责缩小与韩国的分歧。[①]

卢武铉总统于 11 月 11 日在安全相关长官会议上再次讨论了追加派兵的对美协商方案，结果将部队规模定为 3000 人以内，以建设工兵为主，可以单独负责一个地区的兵种，但该地区的治安由伊拉克当地警察负责，韩国军队只负责对伊拉克警察进行培训。[②] 对此，美国的态度很坚决，依然要求 5000 人的战斗部队。美国驻韩大使巴赫德强调了地面战斗部队的必要性。拉姆斯菲尔德也表示不满："就像 50 年前美国帮助韩国一样，韩国也应在美国面临困难时提供帮助。"特别是劳利斯，以建设工兵为主的派兵只会给美国带来负担为由，对韩国政府表示了强烈不满。[③]

美国将不满直接表现了出来。美国通报韩国，龙山基地搬迁时韩美联合司令部和"联合国军司令部"等所有的主要设施要一次性搬迁到乌山、平泽。此前提出的返还基地面积也由 80% 下调至 70%。另外，还暗示驻韩美军的作用和规模也将发生变化。美国的谈判策略由此前使用的"积极协同连锁"转换为以力量的非对称为前提的"消极协同连锁"（negative synergistic linkage）。但是韩国政府不为所动，此后美国也只是表示具体派兵事项由韩国决定，美国只是希望韩国早日派兵。[④]

在美国这种"又打又拉"的谈判策略下，韩国国会伊拉克调查团的报告书认为向伊拉克派遣包括战斗部队和非战斗部队在内的混合部队为宜，再加上萨达姆被捕消息的影响，政府于 12 月 23 日决定，向伊拉克派遣 3000 人规模的非战斗部队。[⑤] 韩国军队只负责支援伊拉克重建和警

① 이종석，『칼위의 평화』，개마고원，2014，p. 227.
② 同上书，第 231 页。
③ 「美，여전히 5 천여 전투병 파병 원해」，프레시안，2003. 11. 10，https://www. pressian. com/pages/articles/25277#0DKU（2020. 12. 20）.
④ 박동순，『한국의 전투부대 파병정책：김대중 노무현 이명박 정부의 파병정책결정 비교』，도서출판 선인，2016，p. 212.
⑤ 加上第一次向伊拉克派出的徐熙、济马部队，韩国总派兵人数将近 3700 人。「파병안 국무회의서 의결」，YTN，2003. 12. 23，https://news. naver. com/main/read. nhn？mode = LSD&mid = sec&sid1 = 115&oid = 052&aid = 0000021977（2020. 12. 20）.

戒任务①，当地治安则交给伊拉克军队和警方。即面对国际、国内的压力，卢武铉政府向美国做出了让步决定派兵，但美国在韩国派兵的规模、性质、地点等问题上也不得不做出了让步。

表 1　韩美协商总结

	美国的要求	韩国的方案
第一次协商	规模：5000~10000 人 性质：战斗部队 任务：维持治安	规模：3500 人 性质：非战斗部队 任务：战后重建、医疗救护
第二次协商	规模：5000 人 性质：战斗部队 任务：维持治安 积极协同连锁	规模：3500 人 性质：非战斗部队 任务：战后重建、医疗救护
第三次协商	规模：5000 人 性质：战斗部队 消极协同连锁	规模：3000 人 性质：非战斗部队 任务：战后重建、医疗救护
最终协议	规模：3000+此前派出的徐熙、济马部队共约 3700 人 性质：非战斗部队 任务：单独负责指定地区战后重建、医疗救护事务，当地治安原则上由伊拉克军队及警察负责 派兵地区、时间：基尔库克地区，2004 年 4 月正式派出	

观察韩国政府与美国政府的多轮协商，韩国选择的幅度变小，并始终维持在一个较小的获胜集合，导致韩美之间在追加派兵问题上经历了一个极为曲折的协商过程。根据普特南的双层博弈理论，我们将韩美协商的获胜集合调整过程用图 3 表示，可以看出不仅美国在协商过程中调整了自己的获胜集合（Y_1-Y_2-Y_3）；韩国的获胜集合也多次调整，缩小获胜集合（X_1-X_2），但最后还是不敢承受谈判破裂的结果（X_2），因此将获胜集合由此前的 X_2 扩大到 X_3。

---

① 负责警戒任务的兵力有 800 人，由此部分韩国学者（如김관옥，박동순等）认为伊拉克派兵的性质为战斗部队或混合部队，时任 NSC 事务次长的李钟奭在与笔者的访谈中坚持认为，负责警戒任务的部队维护的是韩国派出人员的安全，不是维护当地治安，派出地点为非战斗区地区，而且在实际上从未参加任何战斗，因此第二次伊拉克派兵部队的性质与第一次派兵一样，都是非战斗部队。

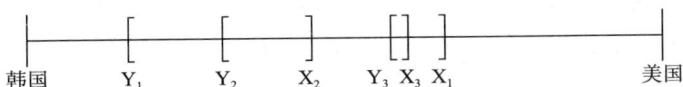

图3　韩美协商调整获胜集合效果图

（二）国内层面（LEVEL Ⅱ）的博弈：国内主要行为体之间

在各方通过国际谈判达成合作协议的过程中，不仅第一层面的博弈即谈判者之间在国际谈判桌上的博弈是重要的，谈判者与国内各种力量之间的第二层面博弈也对合作协议的成败至关重要。卢武铉的参与政府上台时，民主化已经深入人心，卢武铉强调平等参与的理念，政府内部的决策风格也较威权时代有了很大改变，韩国政府的派兵方案要得到国内批准，特别是面对具有进步倾向和更为年轻一代的国会成员时，可谓困难重重。在政府内部，总统与 NSC（国家安全保障会议）事务处、国防部、外交部等官僚组织意见不一；在国会，议员们在派兵问题上明显对立；在社会上，市民团体的抗议浪潮此起彼伏。国内层面的博弈对国际层面的博弈较之以往影响更大。

1. 韩国政府内部决策过程

首先，韩国派兵决策者总统卢武铉的派兵决心发挥了关键作用。卢武铉就任之初，鉴于其强烈的"自主"倾向，很多韩国媒体包括美国驻韩外交官都对韩美关系表示担忧，认为比起朝美关系、朝韩关系，韩美关系更可能面临严峻的挑战。卢武铉在美国要求追加派兵之前，2003 年 8 月 15日光复节贺词中明确阐述了参与政府对自主国防的政策意向，但同时阐明自主国防不是独自行动，而是应该在稳固的韩美同盟基础上巩固自主国防的基础。要想建成自主国防，对韩国现有军事力量保持自信，同时摆脱对美严重依赖是必不可少的。① 时值第二次朝核危机爆发，美国国内以新自由主义者为代表的保守派对朝态度强硬。卢武铉认为，对于韩国来说，当务之急是和平解决朝核问题。为了让美国参与到对朝和谈中来，有必要在

---

① 「제58주년 광복절 대통령 경축사」, 대한민국 정책브리핑, 2003.8.15, https://www.ko-rea.kr/archive/speechView.do? newsId=132012308（2020.12.20）.

伊拉克派兵问题上对美国给予支持。[①] 卢武铉试图在派兵问题上对美做出让步以换取美国在朝核问题上做出让步。[②]

当时青瓦台内部的总统顾问团对派兵分歧很大。[③] 负责外交、安保的顾问倾向于积极派兵，而负责内政的顾问面对国内的反对舆论以及未来有可能发生的士兵伤亡问题，对派兵持否定态度。[④] 但是，卢武铉为了朝核问题的和平解决还是决心向伊拉克派兵。他虽然在派兵规模和性质上与"自主派"妥协，但在派兵原则方面坚定不移。他认为伊拉克派兵的主要目的就在于解决朝核问题，而不在于经济等方面。卢武铉在指示外交部制订派兵方案时明确表示经济利益不能成为派兵的理由，要向国民坦诚交代派兵就是为了维护朝鲜半岛和平、巩固韩美同盟。[⑤]

卢武铉为了改变上任之初韩美关系不太顺利的局面，对美国出兵伊拉克表示支持，前提是布什总统原则上同意和平解决朝核问题，这样既维护了美国的利益也维护了韩国的利益。他在要求韩国派兵的初期，采取了模棱两可的态度，试图在对美谈判中缩小自己的谈判获胜集合，这是一种牵制（tying hands）策略。越到后来就越对国内强调加强韩美同盟的重要性，提升自己的获胜集合，采取了松弛（cutting slack）战略，提高对美谈判力。后来卢武铉在回忆录中也评价伊拉克派兵虽然是不得已的行为，但

---

① 据时任卢武铉政府民政首席的文在寅回忆："总统的信念很坚定，即朝核问题要通过彻底的对话，通过外交途径解决。但是要想实现这个目标，必须得到美国的协助才行。这样一来，我们就不得不在某种程度上满足他们的要求。"〔韩〕文在寅：《命运》，王萌译，南京：江苏凤凰文艺出版社2018年版，第186页。

② 노무현，『성공과 좌절』，학고재，2009，p. 223.

③ 「청와대 참모까지 파병논란 벌이면」，동아일보，2003. 10. 22，https://news.naver.com/main/read.nhn? mode＝LSD&mid＝sec&sid1＝100&oid＝020&aid＝0000211050（2020. 12. 20）.

④ 〔韩〕文在寅：《命运》，第185页。

⑤ 据文在寅回忆，"发布派兵方针的草案文本是由外交部准备的。草案上有这样的内容：本次战争旨在消灭伊拉克的大规模杀伤性武器，是一场正义的战争，我们派兵占领了有利于今后战后重建工程及复原项目的高地，这对我国经济发展也大有裨益。总统看了之后说：'我不知道这场战争是不是正义的。'随之让下属删掉了这句话。还说'经济上有没有好处我也不知道，但是我们绝不能为了经济利益而驱赶我们年轻宝贵的生命去奔赴死地。'也就是说经济利益不能成为我们派兵的理由。总统继而指示，向国民坦诚交代派兵是为了维护朝鲜半岛的和平与韩美同盟现实的利害关系这一点。"〔韩〕文在寅：《命运》，第187页。

派兵外交是一次"非常有效"的外交。①

其次，"自主外交"倾向浓厚的 NSC 在伊拉克派兵决策中的作用凸显。当时正值政权初期，韩国政府高层官僚中，尤其外交、国防领域，真心认同卢武铉总统外交理念的人并不多。卢武铉上台后削弱了饱受争议的国家情报院的作用，国家安全保障会议的地位则得到巩固和提升。国家安全保障会议下设常任委员会、实务调整会议、政治形势评价会议、事务处，强化了其作为机构的作用。其中 NSC 事务处是确立国家安全有关政策方案的核心工作机构，负责搜集国家安保相关信息，统合政府与国家安保相关工作，是总统直属机构，其作用和影响力在卢武铉政府时期都空前壮大。时任 NSC 事务处副处长的李钟奭自主倾向浓厚，在派兵问题上充分反映了国内反对派兵势力的声音。卢武铉在泰国曼谷参加 APEC 会议期间，国内反对派兵运动声势空前壮大。因此卢武铉决定派出第二次政府调查团，并且任命 NSC 情报管理室长金万福②为团长，组成了外交、国防、行政、建设交通、保健福祉等多个政府部门共同参与的调查团。③ 这说明第二次派兵决策时总统已经更倾向于信任 NSC。事实证明，调查团的调查结果对政府决策产生了积极影响。

在派兵部队的作用和规模上，韩美之间国际层面的博弈发展成了韩国政府各部门之间的意见对立，国防部、外交部主张按照美国的要求派遣"具有独自作战能力的治安维持军"，以 NSC 为中心的"自主派"强调应该派遣"非战斗部队性质的重建支援部队"。卢武铉总统于 11 月 11 日召开的安保长官会议上公布了派兵的大原则："人数不超过 3000 人"，"配置部队的属性是战斗部队"，也就是以功能为中心与独自负责一个地区两个方案都在考虑范围之内，指导原则是负责一个地区也就是负责该地区的战后重建。可见卢武铉是倾向于支持 NSC 的派兵方案的。

据 NSC 事务处李钟奭回忆，自己提出派兵考虑的重点第一是对朝鲜

---

① 노무현，『성공과 좌절』，p. 223.
② 第一次调查团的团长由国防部干部担任，第二次调查团的团长人选卢武铉原本想派外交部的人出任，但被外交部长尹永宽拒绝，这也从侧面显示了当时政府内部在派兵问题上意见分歧较大。
③ 이종석，『칼위의 평화』，p. 222.

半岛稳定的影响，第二是国际舆论动向，第三是韩国军队的安全保障。[1]这也反映了"自主派"在派兵问题上的审慎，与国防部和外交部的构想存在很大差异。NSC认为不应该迅速做出派兵决定，反而更应该关注国内外的情况。事实证明，韩国政府的决策过程确实持续了较长时间。

最后，国防部与外交部一直持"积极派兵论"，但在决策过程中未能发挥主导作用，而是主要负责对美协商等具体事务。在伊拉克派兵问题上，国防部始终坚持"积极派兵论"。在韩国政府尚未正式做出派兵决策时，国防部就已经公开表态将要按照美方要求的规模、性质和驻屯地派出韩国部队了。[2]对于派兵方案的具体问题，特别是在派兵规模上，国防部甚至主张派出超过美国要求数量的韩国军队，并且越快越好，希望韩国军队能够按照美国要求独立负责指定地区的治安维持。[3]

从韩国外交部的立场看，只有韩美同盟稳定，才能进一步巩固东亚大国与韩国的合作关系。[4]特别是在决策上，外交部一向更重视与国际社会的合作与交流，重视韩国的良好国际形象。在伊拉克派兵问题上，外交部与国防部一道，表现出积极派兵的态度，为此外交部不惜与NSC唱反调，[5]特别是将第二次派兵与第二次朝核危机紧密联系起来。为了和平解决朝核问题，外交部当时正努力与中国合作促成六方会谈的召开，为此迫切需要得到美国的支持。对于伊拉克派兵问题，外交部认为联合国安理会通过决议案就赋予了伊拉克战争以正义性。因此在外交部看来，韩国按照

---

[1]　이종석，『칼위의 평화』，p. 231.

[2]　青瓦台国防辅佐官金喜尚、国防部政策室长车永求在接受媒体采访时表示，韩国应该切实保障美方的要求。「미 추가 파병 1 개 사단 요청설」，동아일보，2003. 9. 14，https://news. naver. com/main/read. nhn？mode＝LSD&mid＝sec&sid1＝100&oid＝020&aid＝0000205133（2020. 12. 20）.

[3]　대통령자문 정책기획위원회，『참여정부 정책보고서 2 - 47』，정책기획위원회，2008，p. 15.

[4]　外交部长尹永宽与外交部副部长金在涉国会表达了外交部在派兵问题上的基本立场。국회사무처，『제 236 회 국회 제 3 차 통일외교통상위원회 회의록（2003. 3. 21）』，2003，pp. 14~15.

[5]　「윤 외교，'파병규모 결정된 것 없다'」，연합뉴스，2003. 10. 28，https://news. naver. com/main/read. nhn？mode＝LSD&mid＝sec&sid1＝100&oid＝001&aid＝0000491574（2020. 12. 20）.

美国要求大规模派兵既能赢得国际声誉，又能巩固韩美同盟，自然积极支持派兵决策。

但在实际决策过程中，国防部与外交部均未能主导决策，只是负责了派兵细节的谈判协商事务。国防部于 12 月 17 日在美国联合参谋本部进行的对美军事事务协商中，就派兵地区问题，限定为基尔库克地区。派兵时间也并非美国要求的 2~3 月份，最后双方达成一致将时间定在 4 月末。另外值得一提的是，经过韩方的争取，韩国军队不再由他国军队指挥，除了执行独立任务等协议之外，在军需支援等实际工作层面达成了很多协议。外交部还负责与美国协商派兵、龙山基地搬迁、驻韩美军第二步兵师重新部署等问题。

由于在决策过程中 NSC 和国防部、外交部之间意见不同，韩国政府官僚政治现象凸显。这一时期政府内部混乱以至于总统不得不下达封口令，青瓦台秘书室长文喜相建议卢武铉总统召开首席秘书、秘书官会议公开对引起舆论混乱的 NSC、外交部、国防部提出严重警告，可见情况之严重。① 在决定派兵政策的过程中，总统在坚持派兵原则的同时，最终倾向于自主倾向浓厚的 NSC 负责人李钟奭所提出的派兵政策②，保持了特有的战略模糊性，并通过积极协同连锁、拉后腿、松弛的策略，适时地缩小或扩大本国的获胜集合，并以此提升对美协商能力。

2. 国会批准过程

当时第 16 届国会处于"朝小野大"的局面，即卢武铉所在执政党新千年民主党在国会的席位少于第一大在野党大国家党，这意味着政府出台的政策要想获得国会批准，困难较大。但与以往不同的是，在伊拉克派兵问题上议员们不再以各自所属政党为分水岭，而是围绕着"赞成派兵"和"反对派兵"在国会展开了政治博弈，即赞成派兵和反对派兵的双方，都是既有执政党议员也有在野党议员。美国于 2003 年 9 月 3 日正式向韩国提出追加派兵要求，大国家党总裁崔秉烈就在 9 月 18 日访问美国途中表

---

① 「파병 3000 명線 잠정 결정」，문화일보，2003. 11. 1，https://news.naver.com/main/read.nhn? mode=LSD&mid=sec&sid1=100&oid=021&aid=0000049417（2020. 12. 20）.
② 卢武铉、文在寅以及李钟奭均在回忆录中表示最终派兵方案出自 NSC 李钟奭。

示支持韩国政府派兵，他公开表示："韩国在过去的 50 年里接受了美国大量的帮助，现在美国因伊拉克问题处境艰难……大韩民国总统应该考虑韩美同盟的因素做出政治决断。"[①] 同一天，包括在野党和执政党在内 19 位反对派兵的国会议员在国会召开记者招待会，表示："政府应该拒绝美国布什政府提出的派遣战斗部队的要求。""如果派兵动议案被送到国会，我们将采取所有方法否决这一动议。"他们还公开表达了担忧："伊拉克战争已经进入内战状态，很可能沦为'第二次越南战争'。"他们甚至提出"派遣战斗部队就是发动侵略战争，这违反了大韩民国的宪法"。明确表示反对派兵的议员不仅有反对党的，还有很多原本是卢武铉的支持者。[②]

12 月 23 日政府在国务会议上通过派兵方案后于 24 日移交国会，但当时执政党和在野党正在国会就韩国智利 FTA 问题展开博弈，再加上国民反对伊拉克派兵声势浩大，国会不得不将政府动议案处理要求推迟到 2004 年 2 月 13 日，最终于 2004 年 2 月 9 日被移交给国会国防委员会。2004 年 1 月 16 日举行的第 244 次国防委员会会议已就派兵问题进行了深入讨论。国防部长官曹永吉在提案说明中表示："第一，向伊拉克派兵的规模为 3000 人；第二，派兵部队的任务是支援伊拉克特定地区进行和平重建；第三，韩国部队的派遣期限为 2004 年 4 月 1 日至 12 月 31 日；第四，派遣部队的位置与美国协商，会考虑部队安全及执行任务的便利性；第五，派兵费用由韩国承担。"[③]

2 月 9 日，第 245 次国防委员会会议在听取了国防部长官的提案说明之后，就派兵问题进行了认真讨论。[④] 讨论主要围绕三个问题展开：第一，派兵部队的安全问题；第二，派兵与战后重建的关系问题；第三，以非战斗人员为中心的派兵部队的编制结构是否可行的问题。对此，国防部长官

① 「최병렬 대표 파병동의 시사」，경향신문，2003. 9. 18，https：//news. naver. com/main/read. nhn？ mode＝LSD&mid＝sec&sid1＝100&oid＝032&aid＝0000033177（2020. 12. 20）.

② 「여야의원 19 명 '전투병파병 반대'」，동아일보，2003. 9. 18，https：//news. naver. com/main/read. nhn？ mode＝LSD&mid＝sec&sid1＝100&oid＝020&aid＝0000205812（2020. 12. 20）.

③ 국회사무처，『제 244 국방위원회 회의록 제 4 호』，2004，p. 1.

④ 「이라크 파병안 국방위 통과」，경향신문，2004. 2. 9，https：//news. naver. com/main/read. nhn？ mode＝LSD&mid＝sec&sid1＝001&oid＝032&aid＝0000052344（2020. 12. 20）.

曹永吉主张基尔库克地区比其他地区相对安全，而且隶属于派兵部队的特战队是保护自身安全的，不能看成是战斗部队。[1] 但这一观点说服不了反对派兵的人。

美国对于韩国国会各种激烈的讨论和"拖后腿"现象，在初期表现出了一定程度的接受，同意缩小派遣人员规模，同意派兵性质为以重建为主，同意向韩国派出的军队提供军需支援等。随着时间的推移，对运用"拖延战术"的韩国政府和国会也表现出不信任的态度。韩国政府在美国压力下也不得不敦促国会迅速通过议案，国会于2月10日延期了一次，最终于2004年2月13日，在59名议员受市民团体"落选运动"的影响未出席的情况下，就政府的伊拉克追加派兵案进行了讨论。在讨论过程中，没有一人表示支持派兵，相反金永焕等人以伊拉克未发现大规模杀伤性武器等理由表示强烈反对，[2] 但派兵案最终仍然以155票赞成，50票反对，7票弃权获得通过。[3]

3. 市民社会的反应

美国要求韩国政府追加派兵的消息刚刚传到韩国国内时，韩国的部分市民团体认为这是美国将发动伊拉克战争的责任推给国际社会之举，因此掀起了大规模反派兵运动。而保守团体则主张为了朝核问题的顺利解决必须保证韩美同盟的稳固，因此支持向伊拉克派兵。[4]

政府决定派兵后，市民社会团体的争论开始激化。一方面，351个反对派兵团体站出来批评派兵决策，并向国会议员发出威胁，表示将是否赞成派兵伊拉克决议案作为一个衡量标准，宣称将在下一次国会议员选举中让赞成派兵的议员得到"审判"。另一方面，自由守护国民运动等15个保守团体也举行集会，敦促政府派兵。[5] 部分执政党议员及从民主党分裂出

---

① 국회사무처，『제245 국방위원회 회의록 제1호』，2004，pp. 9~13.
② 同上书；박동순，『한국의 전투부대 파병정책：김대중 노무현 이명박 정부의 파병정책 결정 비교』，p. 218.
③ 「파병안 통과」，MBN，2004. 2. 13，https：//news. naver. com/main/read. nhn？ mode＝LSD&mid＝sec&sid1＝115&oid＝057&aid＝0000002902（2020. 12. 20）.
④ 연합뉴스，『연합뉴스 2004』，2004，p. 153.
⑤ 「이라크 파병 찬반 시위 이어져」，SBS，2003. 10. 22，https：//news. naver. com/main/read. nhn？ mode＝LSD&mid＝sec&sid1＝115&oid＝055&aid＝0000011083（2020. 12. 20）.

去的统合新党的议员也加入了反对政府派兵的运动中。2003 年 11 月 12 日，561 名司法研修院学生在反对向伊拉克派兵的意见书上签名并提交给卢武铉总统，认为"美国进攻伊拉克是宪法第 5 条第 1 款规定的侵略战争，韩国政府向伊拉克派兵的决定是否认侵略战争的违反宪法行为"，并要求政府撤回派兵案。① 2003 年 12 月 2 日发生的伊拉克当地韩国人质被杀事件成为助长国民反对派兵舆论的导火线。"反对向伊拉克派兵的非常国民行动"在记者招待会上主张："政府不仅应撤回这个威胁国民安全的不负责任的派兵决定，而且应撤回驻扎在伊拉克的徐熙、济马部队……（人质事件）是伊拉克抵抗势力对决定追加派兵的韩国发动的攻击。"② 他们还敦促韩国政府对派兵方案整体重新进行全面讨论。

当然韩国社会也并非只有反对的声音。保守团体"为了正确社会的市民社会连带"就主张在恐怖主义逐渐扩大、治安不稳定的情况下，政府应该谋求加强派兵部队的安全、最大限度地减少伤亡的方案。"在乡军人会"则主张韩国更应该加强自己的国防建设，为了维护韩国的国家利益派兵。③

对于这些市民团体以及各种国民舆论，NSC 尽最大可能进行了收集并反映到政策中，尤其是将反对者的意见报告给总统，使得卢武铉总统能够随时掌握民情民意。2003 年 10 月 17 日卢武铉与"在乡军人会"、市民社会团体、宗教界代表就派兵问题举行了座谈会，听取各界声音，显示政府与社会各界增进交流和沟通的诚意。当时韩国社会风起云涌的反战运动是朝鲜半岛分裂以后，第一次大众性质的反战和平运动。在其影响下，韩国政府不得不做出派遣最小规模非战斗部队的决定。国内舆论的分裂为政府政策制定带来了不小的障碍，但也缩小了政府的获胜集合，提升了韩国政府的对美协商力，让美国不得不重视韩国国内汹涌的民意。

---

① 「사법연수생 500 명 파병반대 서명」，매일경제，2003. 11. 1，https://news. naver. com/main/read. nhn？ mode = LSD&mid = sec&sid1 = 102&oid = 009&aid = 0000327520（2020. 12. 20）.

② 「'파병 전면 재검토' 여론 확산」，한겨레，2003. 12. 2，https://news. naver. com/main/read. nhn？ mode = LSD&mid = sec&sid1 = 102&oid = 028&aid = 0000035178（2020. 12. 20）.

③ 「이라크 파병 찬반논란 가열」，SBS，2003. 10. 15，https://news. naver. com/main/read. nhn？ mode = LPOD&mid = tvh&oid = 055&aid = 0000010725（2020. 12. 20）.

三 影响韩国获胜集合的要素

普特南认为，国际谈判协议或对外政策在国内政治中的获胜集合的大小取决于三个政治因素，即国内层面选民间的权力分配、政策偏好及联盟，国内层面的政治制度、批准程序、国家力量和自主性等，以及国际层面谈判者的谈判策略。[①] 据此，可以从以下三个大的方面分析影响韩国获胜集合的要素。

(一) 国内层面选民间的权力分配、政策偏好及联盟

没有一个政府的对外政策是由公众舆论来控制的，也从来没有一个政府完全不在乎公众舆论。在外交实践中，其相互作用不是单向的，而是双向的。决策者在制定对外政策时所面临的国内制约因素是不一样的。为了参与政治，争取自己的利益，具有相同利益和观点的人结成社团，通过一定的党派，选举自己的代表，办报，发表一定的言论，提出自己的主张。这是从国内政治视角分析对外政策的根本。[②]

对韩国国民而言，达成协议和维持现状的成本并不低。如果效法此前韩国在越南战争中派兵的做法选择派出战斗部队，达成协议的成本是有可能造成国家自主性受损，一旦出现人员伤亡，政府将不得不面对国内汹涌的反战舆论。同时，反对派兵的成本也不低。在此前的谈判中，美国多次提出缩减、转移驻韩美军，调整亚太驻军策略。在朝鲜战争之后的南北对峙中，韩国一直承受来自北方的军事压力，长期以来对韩美同盟的依赖造成韩国国内选民对美国形成心理依赖，驻韩美军的任何风吹草动都会引起韩国的举国震动。因此，不配合美国的军事行动有可能会对韩国的国防与外交造成严重损害。从美国角度来看，美国国民大部分只记得朝鲜战争中美国的军事行动为维护大韩民国政府的生存所起到的作用，因此一旦韩国没有"配合"美国出兵，就意味着对盟友的背叛。因此韩国的获胜集合较

---

① Robert D. Putnam, *International Organization*, pp. 442–450.

② 张清敏:《对外政策分析》，第143页。

小，美国的获胜集合较大。在国际层面的博弈中美国对韩国派兵态度更为迫切，韩国则相对拖沓。

还有国内政治的偏好和联盟，或者国内反对和支持国际合作的群体之间的力量对比。自由主义认为国家偏好一旦形成，就会成为政府领导人追求价值最大化的理性计算的基础，并因此也成为政府在国际事务中的行动基础。[①] 一般选民的利益是多元的，他们的意见也是多维度的，拥有不同利益和意见的公众会通过不同的方式表达自己的政策偏好，进而直接或间接地影响国家的对外政策决策。因此会导致决策过程复杂，该国获胜集合缩小。

在伊拉克派兵决策过程中，最大的一个变化就是国内主要行为体的积极参与。美国向韩国提出派兵要求之时全社会正在热烈讨论外交安保政策等国家战略。围绕着派兵问题，包括卢武铉政府的一部分支持势力在内，很多社会团体、政党、国会议员、专家团体都反对派兵。文在寅认为是国内进步、改革阵营的强烈反对帮助政府下定决心只派出最小规模的非战斗部队。[②] 特别是卢武铉的"参与政府"一向提倡"参与""沟通"，经历了 2002 年美军轧死韩国女中学生事件后，韩国国民中弥漫着强烈的"反美"情绪。

同时国民舆论也成为一个判断标准。特别是在执政党相当数量的议员反对派兵、执政党的支持势力极力反对的情况下，卢武铉政府还要考虑下次选举，对于他们的反对很难做到毫不在乎。在这一艰难的决策过程中，美国始终未能在伊拉克发现其作为战争借口的大规模杀伤性武器，韩国国内形成了一股极力反对派兵的势力，在这种情况下，以政府的伊拉克派兵决策为契机韩国爆发了朝鲜半岛分裂以后第一次大众性质的反战和平运动。在其影响下，韩国政府只能慎重对待美国的要求，做出派遣非战斗部队的决定。

---

① 〔美〕格雷厄姆·艾利森、菲利普·泽利科：《决策的本质》，王伟光、王云萍译，北京：商务印书馆 2016 年版，第 62 页。
② 〔韩〕文在寅：《命运》，第 188 页。

（二） 国内层面的政治制度、批准程序、国家力量和自主性

一国的政治制度和权力结构是影响对外政策的硬性条件因素。一个政权的政治权力越分散，参与决策的人和机构越多，需要考虑的因素也就越多，决策程序就越复杂，对外政策问题受到国内政治竞争的影响就越大，甚至会出现制衡和扯皮现象，致使决策效率低下，[①] 获胜集合变小。但是一般这样的决策结果比较经得起时间的检验。

在韩国，行政部门做出的海外派兵等外交决策最后要经过国会的批准程序，但国会只能负责批准或不批准，无法深度参与谈判工作，且人员分散，外交专业领域知识不足，很少会比较深入地介入外交决策过程。因此国会所发挥的作用一般都是间接且有限度的。通常而言，一个专制或独裁政府的领导人决策的余地比较大，因而其获胜集合也较大。而民主政府，在任何对外政策问题上面临的获胜集合都小得多。

在韩国国内，随着民主化的实现，市民社会的政治参与迅速扩大，过去的外交决策只是由总统等做出，而此时随着社会团体等参与行为体的增多，以及国会力量的壮大，民主化后总统的政策决策自主性被削弱，反对派兵的势力登场，使得韩国的获胜集合更是明显缩小了。

国内政治环境或国内政治考虑限制国家对外政策的选择范围。[②] 韩国决定向伊拉克派兵最主要的考虑还是解决朝核问题，对美国作用的高度依赖扩大了韩国的获胜集合。与过去的越战时期不同，韩国的国内政治转变为多元主义，总统在决策过程中的压倒性权威不复存在。这都极大缩小了韩国的获胜集合。在国会里，大多数的在野党议员与相当数量的执政党议员，即过半数的议员不赞成派兵，国民自发组织的指向赞成派兵国会议员的"落选运动"也给很多国会议员造成了严重的心理负担，直接导致了议会批准政府动议案的一再延期。这也缩小了韩国的获胜集合。

但韩美同盟在国家实力上的不对称性，当时迫在眉睫的朝核危机，都决定了韩国政府在巩固韩美同盟上依然获胜集合较大。当时，在和平解决

① 张清敏：《对外政策分析》，第 143 页。
② 同上书，第 176 页。

朝核问题上，美国的作用最为关键，美国向韩国提要求这一行动本身就扩大了韩国的获胜集合。也就是说，在解决朝核问题上对美国的依存度就是决定韩国政府派兵决策的核心影响因素。其他影响因素，比如国内政治势力，还不足以改变韩国政府的决心，不足以将韩国的获胜集合实质性缩小至敢于破裂的程度，也就未能实质性影响政策决策。

（三）国际层面谈判者的谈判策略

每一个处在国际层面的谈判者都希望可以最大限度扩大对手在国内的获胜集合，以便对方在谈判中能做出更大的让步，以有助于实现自己的预定目标。而在国内，自己的获胜集合越大，达成的协议在国内通过的可能性就越大，从而造成策略上的困境。

伊拉克派兵是一个好的案例，展现了在协商过程中弱小国家如何通过缩小自己的获胜集合，获取国际谈判层面的优势。卢武铉政府也确实利用日渐高涨的反对派兵呼声，缩小自己的获胜集合，进而将与美国进行的派兵谈判进行细分，或者拖延，以此来调整美国的预期。卢武铉政府将派兵的决心与具体派兵方案相分离。卢武铉总统接见反对运动的领袖，派遣伊拉克协同调查团，这些行动可以被视为向国民传递一种信息——政府以真诚的态度考虑派兵，充分履行各种必要程序，从而获得国民的信任。也可以看作政府试图说服国民，派兵伊拉克是保持朝鲜半岛稳定及获得其他国际利益必不可少的，从而扩大获胜集合，打造支持派兵的舆论氛围。

卢武铉政府的获胜集合调整战略也表现为意图扩大协商对象国——美国的获胜集合。韩国将伊拉克派兵问题与寻求和平解决朝核问题、促使六方会谈的举行联系到一起，缓和美国的态度。从这里不难发现，韩国政府想要灵活运用国内派兵反对舆论，即以韩国缩小的获胜集合来延迟派兵决策的时间，继而扩大美国的获胜集合。

在伊拉克派兵协商过程中，韩国与美国共同的获胜集合较小。但是，考虑到协商破裂的成本及当时的国际环境，韩国的获胜集合比美国的更小。韩国政府内部同时存在各种主张，进行着对伊拉克当地的各种调查活动。与美国进行协商的同时，韩国政府注重充分收集国民舆论，特别是反对派兵的意见。在时间上获得了一定的转圜余地，进而确定了派兵的方针并推动协商的进行。

韩国政府的协商目标就在于确保美国能够参与和平解决朝核问题，同时尽最大可能减少在伊拉克战场上的人员伤亡。韩国通过缩小获胜集合达成了以上两个目标。美国在伊拉克和国际社会两方面都面临压力，对韩国的派兵需求是迫切的，获胜集合较大。但面对韩国国内获胜集合较小的局面，美国也不得不相应调整自己最初的派兵预期，利用驻韩美军相关问题与韩国政府展开博弈。为了达成一致，或表现出较为积极的拉拢态度，或利用自身超级大国身份向韩国施压。美国发动伊拉克战争的非正义性决定了美国对韩国派兵需求的迫切性，也决定了即使是超级大国美国也无法缩小获胜集合至谈判破裂的局面。在韩美协商过程中，韩国的提案每次都令美国失望，但美国国防部长拉姆斯菲尔德依然多次对媒体表示尊重韩国政府的派兵决定，也感谢韩国政府的派兵决定。[①]

结　论

一个国家出兵海外的决定，直接关系到这个国家的未来和国家利益，它是对总体政策进行判断的产物。[②] 美国发动伊拉克战争有违世界正义，这让韩国的派兵决策过程异常艰难。通过以上对韩国伊拉克派兵外交决策的双层博弈过程的分析，不难发现韩国的伊拉克派兵决策过程具有以下特点。

决策是国内政治、国际政治双层博弈，多元势力立体竞合的过程，最终的方案是各方意见协调、折中的结果。韩国在面临伊拉克派兵问题时，由于民主化已经深入人心，卢武铉政府又是强调"参与"的政府，派兵决策不仅是不同利益和不同影响力的官员之间相互博弈的结果，也是政府与市民社会、舆论之间竞争、协调、冲突、斗争和妥协的结果。这也就决定

---

① 「한미, 이라크 파병 추가협상 불가피」, SBS, 2003. 11. 18, https://news. naver. com/main/read. nhn? mode=LPOD&mid=tvh&oid=055&aid=0000012430（2020. 12. 20）.

② 沈定昌：《韩国外交与美国》，北京：社会科学文献出版社 2008 年版，第 193 页。

了派兵决策不可能迅速完成，而且政府派遣非战斗部队的决策也让赞成或反对派兵的市民社会双方都不够满意，这也是国内各政治力量之间妥协的结果。在韩美协商过程中，韩国国内政治混乱、反对势力强大，即获胜集合较小依然让韩国政府始终在对美协商过程中坚持了己方立场，维护了韩国的自主性，提升了韩国在韩美同盟中的影响力。

决策过程中政府内部官僚政治现象凸显，国会里政党政治现象普遍，随着韩国外交决策参与行为体的增多，国内政治因素的影响越来越大，韩国政府会缩小国内获胜集合以争取在国际层面博弈中取得优势。冷战结束后，全球化高速发展。随着社会的日益进步，韩国国民的民主意识和参政要求不断提高。再加上美国文化对韩国政治文化的变迁产生了积极的影响，民众无法再容忍威权体制带来的束缚与限制，民主政治文化日益成熟。在卢武铉政府伊拉克派兵决策过程中，不难发现各方势力都参与进来并且发挥了积极而实质性的作用，因此总统在外交政策制订过程中的主导性作用被削弱了。而且这一趋势将越来越明显，韩国在外交中的获胜集合难以扩大，这可以增加韩国外交博弈时的谈判能力，但负面作用是国内舆论分裂，难以形成共识，决策过程拖沓，甚至可能导致谈判破裂。

卢武铉总统一直以来都强调合理的自主性国防，希望改善韩美的不对等地位，与美国建立真正意义上的平等战略关系，但朝核问题始终是韩国外交决策中的首要关切。历史上长期以来对美国的过度依赖使得韩国国民在心理上也对美国产生了严重依赖，以至于美国每次提出驻韩美军缩减就能够立竿见影地提升韩国对美依从，进而达到扩大韩国国内获胜集合的效果。这就使韩国在对美外交中很难拒绝美国的各项要求。韩国在国家实力增强之后表现出了更多的自主倾向。李钟奭认为伊拉克派兵开启了"参与政府谋求与美国水平关系的漫长旅程"①。韩国这种自主性需求的增加是弱小国家争取平等地位、改变不对称同盟中不对等现状的必然要求。但朝鲜半岛尚未统一的现实限制了韩国对外政策的选择范围，决定了朝鲜半岛不得不始终将统一问题视为外交决策中的首要关切。这也导致韩国在对美

---

① 이종석, 『칼위의 평화』, p. 243.

谈判中始终无法缩小获胜集合至谈判破裂程度。

复杂多变的国际、国内形势,朝韩分裂对峙的现状都在影响着韩国外交决策的选择空间。面对中国崛起与美国在全世界影响力的下降,韩国有必要在国家外交发展战略上正视本国的身份与地位。韩国应通过对韩美同盟的调整在朝核问题上扮演更为积极主动的角色,发挥"中等强国"的积极作用;抛弃对美"追随外交""功利主义外交"的惯性思维,弥合国内严重的分裂,统合国内进步、保守两大阵营在涉及重大国家利益上的意见,在全社会形成稳定共识,把握国家战略大方向,确保国家外交指导方向不因政权更迭而发生重大转向性变化,避免外交政策的"情绪化""极端化";坚定地选择自主外交、自主国防,选择更注重道义的现实主义外交路径,以更成熟和独立的姿态承担更多的国际责任和义务,推动东北亚地区合作,维护世界和平。

(作者系天津师范大学外国语学院朝鲜语系讲师)

ROK's Decision-Making Process of Sending Troops to Iraq: An Analysis from the Perspective of Two-Level Game Theory

Wang Meng

Abstract: In February 2004, ROK's government submitted an additional plan for sending troops to Iraq, which was approved by the ROK's parliament. This is the decision of ROK to send large-scale troops overseas after 40 years. The decision, which lasted six months, has a profound impact on ROK-US relations and ROK's domestic politics. Based on Putnam's two-level game theory, this paper analyzes the decision-making process of ROK's government's sending troops to Iraq. It holds that the decision-making process of ROK's sending troops to Iraq is a process in which policy makers play games at both international and domestic levels, as well as the two levels of mutual game. Due to the power distribution, policy preference, and domestic political system, approval process and national power at the domestic level the change of autonomy has reduced the "winning set" of ROK, making the domestic decision-making process extremely tortuous, and the negotiation at the international level is also very difficult. The final decision can only be the compromise result of multi-party opinions coordination.

Key words: two-level game theory; Iraq War; Roh Moo-hyun government; ROK

一种"三环外交"设计的尝试[*]

——对《朝鲜策略》意图的再考察

喻显龙

内容提要：19 世纪 80 年代初，朝鲜问题逐渐为清朝所关切。面对紧迫情势，清朝驻日参赞黄遵宪为朝鲜修信使金弘集写下了《朝鲜策略》。《朝鲜策略》提出"防俄"的目标，并在此基础上设计了一个"亲中国""结日本""联美国"的"三环外交"体系，即建议朝鲜在加强中朝关系前提下，联合日本、通商美国，以此相互环扣，抵御俄国威胁，使朝鲜处于均势而得以保全，从而为"自强"提供稳定环境。但《朝鲜策略》并没有被朝鲜所完全接纳，也未获得清政府的认可。最终，近代朝鲜未能在半岛建立起"三环"或多环外交体系，而在近代化事业推进方面虽有进步却步伐缓慢、屡遭挫折。朝鲜无论是借助外力还是内力都无法阻止日本侵略，无奈沦为殖民地。

关键词：《朝鲜策略》 三环外交 均势

19 世纪六七十年代，随着清朝周边安全危机加深，朝鲜问题开始受到清朝关注，尤其是在 1879 年琉球被日本吞并后，清政府从琉球教训中联想到朝鲜安危，进一步加强对朝鲜问题的重视，所以学界亦有"朝鲜问题因琉球而来"一说。[①]当时，李鸿章等洋务派官员希望朝鲜能够与西洋立约通商，"以夷制夷"，从而暂时使朝鲜获得安全。此前，李鸿章曾多次

———————————

    [*] 本文是国家社会科学基金青年项目课题"近代朝鲜对华政策的演变过程研究（1866~1910）"（项目号：20CSS018）的阶段性成果。

    [①] 戴东阳：《晚清驻日使团与甲午战前的中日关系（1876~1894）》，北京：社会科学文献出版社 2012 年版，第 72 页。

劝导朝鲜领议政李裕元，但都被其婉拒。1880 年，趁朝鲜修信使金弘集出使日本之际，清朝驻日公使馆展开了一系列外交攻势，驻日公使何如璋及参赞黄遵宪多次与金弘集会面并进行笔谈，何如璋觉得光靠笔谈很难确切表达观点，便让黄遵宪书写册子赠给金弘集，这个册子便是《朝鲜策略》（简称《策略》）。

目前学术界已有不少关于《朝鲜策略》的研究成果①，除梳理版本、史料以外，在国际关系、外交史领域的观点大致可以分为以下三类：①基本认为《策略》的主要内容反映了清朝洋务派"以夷制夷"的思想和清政府劝导朝鲜门户开放的政策，如中国学者杨天石、郑海麟，韩国学者权锡奉等②；②认为《策略》的侧重点在于"联美论"，即主张朝鲜应和美国联合，并指出《策略》刺激了朝鲜当局由锁国向开放的转变，如韩国学者宋秉基、柳根在等③；③认为《策略》主要反映了黄遵宪等人的"联日"思想，并认为通过拉拢日本"防俄"是对现实的误判，如中国学者魏明枢、张礼恒等④。本文将在前人研究基础上，结合当时背景、重新剖析文本，并认为《策略》试图为朝鲜设计一个"三环外交"体系，从而希望借此达成均势，为朝鲜发展近代事业提供安全环境、争取发展机遇，最终实现自强。而"以夷制夷""联美""结日"等主张可能只反映《策略》的部分意图，需要全面联系地看待。

---

① 收录《朝鲜策略》的出版文献主要有국사편찬위원회 편，『수신사기록』，1958，pp. 160-170；조일문 역주，『조선책략』，건국대학교출판부，1988；吴振清、徐勇、王家祥编校：《黄遵宪集》下卷，天津：天津人民出版社 2003 年版，第 393~404 页；权赫秀编：《近代中韩关系史料选编》，北京：世界知识出版社 2008 年版，第 133~165 页；等等。本文选用조일문版本，因为只有它是《朝鲜策略》的单行本。
② 杨天石：《黄遵宪的"朝鲜策略"及其风波》，《近代史研究》1994 年第 3 期，第 177~192页；郑海麟：《黄遵宪传》，北京：中华书局 2006 年版；권석봉，『청말대조선정책사연구』，일조각，1986。
③ 송병기，『근대한중관계사연구-19 세기말의 연미론과 조청교섭-』，단국대출판부，1985；〔韩〕柳根在：《黄遵宪的"朝鲜策略"对旧韩末政局的影响》，《韩国学丛书》第 9 辑，2002 年刊，第 104~131 页。
④ 魏明枢：《论黄遵宪的"朝鲜策略"》，《江西师范大学学报（哲学社会科学版）》2004年第 3 期，第 91~94 页；张礼恒：《在臆想与真实之间：黄遵宪"朝鲜策略"新论》，《文史哲》2019 年第 4 期，第 124~130 页；张礼恒：《"朝鲜策略""结日本"问题辨析》，《烟台大学学报（哲学社会科学版）》2019 年第 2 期，第 94~100 页。

一　环环相扣的巧思:《朝鲜策略》结构与内容设置的特点

一般谈到"三环外交",人们最先想到的便是英国前首相丘吉尔在冷战初期所提出的外交战略,即第一环英联邦、第二环英美特殊关系和第三环欧洲联合,其目的在于针对战后崛起的苏联,维持英国在欧洲的大国权力地位。所谓"环",是指通过结成一定的纽带建立的一种外交战略关系圈,而"三环"或者说"多环"外交,则是通过建立三重或多重外交关系圈,使之能够相互环扣、对冲制衡并成为确保自身国家安全、发展空间的战略关系网。需注意的是,各环建立所依靠的基础或纽带虽往往性质不同,却互为补充,比如丘吉尔"三环外交"中的第一环构建纽带便是英联邦国家的共有身份认同,英联邦国家虽大多主权独立,却均承认英王作为国家元首,认可自己作为英联邦共同体成员的身份;而第二环、第三环构建的纽带则更侧重于共同利益,当然第二环英美特殊关系也注重相近的文化血缘因素,带有一定文化认同的色彩。不过,英国强调英美特殊关系的核心要素,还是在于美国是二战后唯一能和苏联抗衡的大国,战后实力被大大削弱的英国必须予以拉拢、仰仗。然而,考虑到美国始终是域外国家,且历史上有着孤立主义的传统,所以丘吉尔为增加对抗苏联砝码、扩大英国影响力,增加了第三环,即联合欧洲相关国家。不过,多环外交设计并非丘吉尔首创,早在19世纪七八十年代,德国首相俾斯麦为孤立法国,精心构建起复杂的多环外交体系,史称大陆联盟体系。可以说,丘吉尔一定程度上继承了欧洲外交的传统。巧合的是,与俾斯麦处于同时期的《朝鲜策略》,其设计构思竟与丘吉尔的"三环外交"有着许多共同之处(见图1)。

首先,《朝鲜策略》如丘吉尔"三环外交"针对苏联一样,篇头便开门见山给出了朝鲜需防备、针对的对象,即指出当时俄国是朝鲜的最大威胁,因此《策略》认为朝鲜应该"防俄",而"防俄"必须"亲中国、结日本、联美国",由此提出了"亲、结、联"三种不同类型的外交战略构

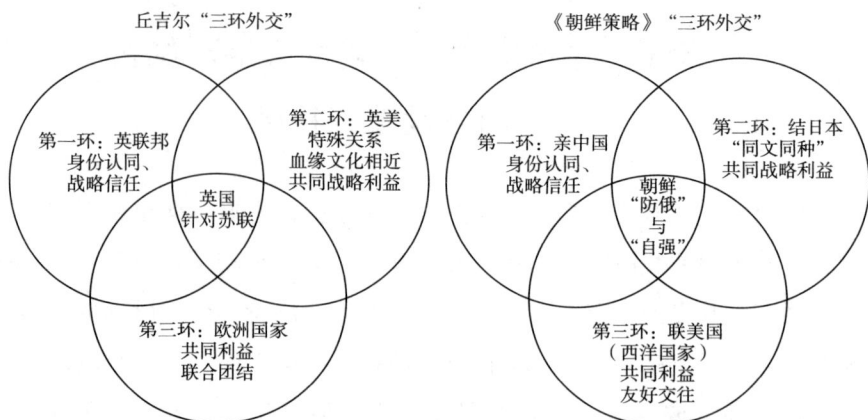

图 1　丘吉尔的"三环外交"与《朝鲜策略》的"三环外交"构想

建方式，并呼吁朝鲜在此基础上"以图自强"。由此，《策略》呈现出一个严密的结构设置，即"防俄—亲中国、结日本、联美国—朝鲜自强"。而在这个结构基础上，《策略》展开对朝鲜"防俄"必要性的论述，并用自问自答的形式说明了"亲中国、结日本、联美国"的合理性与可行性，最后给出了具体建议与操作方案。所以，整篇《策略》呈现出"是什么、为什么、怎么办"的三位一体构思。不过需要注意的是，"防俄"并非唯一目的，其仅仅是短中期目标而已，《策略》真正希望实现的长期战略目标是"朝鲜自强"。

所谓"自强"，其近代含义最早是在清朝 19 世纪 60 年代的洋务运动中提出的，主要指学习西方先进军事和技术，发展壮大自身实力。《策略》的作者黄遵宪在当时和金弘集的笔谈中，就明确指出朝鲜"今日之急务，在力图自强而已"①。《策略》认为朝鲜要"自强"，就必须"亲中国、结日本、联美国"。

实际上，"亲中国、结日本、联美国"这一"三环外交"设计，表面上自然是针对俄国威胁，但本质上也能起到牵制日本、西洋各国的作用，由此最终使朝鲜争取到"自强"发展的时间和空间。并且，《策略》之所以提出"结日本"和"联美国"，主要是因为朝鲜单靠"亲中国"难以彻

---

① 역사학회 편, 『한국사자료선집（최근세편）』［Ⅴ］, 일조각, 1973, p. 106.

底达到"防俄"的目标，正如清朝总理衙门在 1879 年上书时提到的，日本和西洋各国均有侵略朝鲜的可能，清朝对此往往处于"往助而力有未逮，坐视而势有不能"的尴尬境地①，因此，维持朝鲜安全稳定必须在清朝加强关注之外再拉拢其他力量予以补充、平衡。

此外，"结日本、联美国"两策不能单纯、笼统地视作"以夷制夷"，因为《策略》对此作了更加细化与具体的处理，如前所述，即朝鲜对中国是"亲"，对日本是"结"，对美国是"联"，三者层次、含义、类型皆不相同，不可混为一谈。本文认为，"亲"侧重强调传统关系的历史惯习与政治文化的身份认同，并以此为纽带建立紧密的外交关系；"结"则是缘于利益需求与形势逼迫，两国达成同盟或类同盟的外交关系；"联"是指联合其他国家，建立友好关系，互通往来、合作发展。很明显，"亲"是长期不变、难以改动且坚如磐石的关系；"结"和"联"则可能根据实际情况发生大的变动，当然"结"的脆弱性要小于"联"，因为"结"在很大程度上往往是因为现实中存在一个能够促使两国结盟的客观因素，而这个因素只要继续存在，那么"结"就很难被打破。"联"则很大程度上不承担军事同盟的权利与义务，更多的是外交声援与经贸方面的支持。

但是，学者们长期以来却大多认为《策略》主要强调的就是"结日本"和"联美国"，甚至简单地将《策略》视为"以夷制夷"的产物。之所以如此，很大程度上可能缘于《策略》内容设置的问题。因为《策略》虽然结构严谨，但各部分内容量却差距较大。最明显的是，"结日本"和"联美国"这两部分内容量明显比其他部分要多出不少。因此，《策略》常常会让学者们产生错觉，导致他们无意地忽略掉"亲中国"和"自强"部分。实际上，《策略》之所以刻意加大"结日本"或"联美国"的内容分量，并非认为这两个部分的重要性要强于其他部分，而是认为朝鲜可能最难接受的是"结日本"和"联美国"，所以必须加大力度进行详细说明与解释。其实，在《策略》里，黄遵宪就曾直接道明——"夫曰亲中国，

① 《清光绪朝中日交涉史料》，台北：文海出版社 1970 年版，第 16 页。

朝鲜之所信者也；曰结日本，朝鲜之所将信将疑者也；曰联美国，则朝鲜之所深疑者也"①。

总之，要理解《策略》的真实意图，必须明确"防俄—亲中国、结日本、联美国—自强"这一结构，理解加大"结日本"和"联美国"内容量的真实背景，联系地将各部分结合起来分析。

二 《朝鲜策略》的对象提出及其背景："防俄"——合理误判下的理性选择

《策略》中认为朝鲜的最大敌人是俄国，且俄国有灭亡朝鲜的野心。然而后来灭亡朝鲜的并非俄国，从这一点上来看，可以说"防俄"是一种误判。不过从《策略》作成的当时情形出发，"防俄"并非空穴来风。《策略》认为俄国是朝鲜最大威胁的原因如下：①早有野心：俄国有封建扩张传统，中亚已被其吞并，且俄国十分希望得到在远东的出海口；②西进受阻：俄国在西进土耳其时，与英法等国产生了战略冲突，1853 年的克里米亚战争以俄国的失败而告终，因此"俄既不能西略，欲肆其东封"；③朝鲜危势：俄国不仅与朝鲜接壤，还占领了库页岛，地缘上对朝鲜极其不利，"俄欲略地，必自朝鲜始矣"。②

首先，从清朝的视角来看，"防俄"并非危言耸听。《策略》作成之时，俄国已从中国攫取了大量领土，为列强之冠，清朝因此对俄国尤为忌惮。俄国自 1860 年《北京条约》攫取中国东北领土后，已经成为与朝鲜接壤的国家，如俄国进攻朝鲜，其集结兵力和补给完成都较其他列强更为便利。并且，列强中也只有俄国有直接从陆上进攻朝鲜的可能。19 世纪 70 年代末 80 年代初，由于俄国侵略中国伊犁，中俄再次发生激烈的军事、外交冲突，清朝"防俄"呼声高涨。1880 年，俄国进一步加强远东太平洋舰队的军备补充，命军舰在中国海域巡弋示威，并"有窥犯高丽、烟台

---

① 조일문 역주，『조선책략』，건국대학교출판부，1988 년，p. 111.
② Ibid.，p. 109.

之意"①。面对可能随时爆发的中俄全面冲突,中国东北地区和朝鲜的安全自然受到清朝重视。同年,光绪帝颁下上谕,命李鸿章等人积极筹备军火物资、整顿东北军备防务等。②

清朝统治者一开始便将"防俄"与朝鲜问题相联结。当时,张之洞上书称"即使俄人与我无衅,恐亦将逞志朝鲜"③。而翰林御史张佩纶则认为俄国"西假伊犁而未归,东据珲春以伺"④,担心俄国在中国东北和朝鲜生事。盛京将军歧元也上奏朝廷认为如果朝鲜被俄国吞并,"则我之藩篱尽撤,为患益深,宜力筹保卫"⑤。当时,黄遵宪的上司——驻日公使何如璋更是对"防俄"问题极为关注,指出"朝鲜岌岌又恐为俄并"⑥,并认为"俄罗斯之视朝鲜,直犹外府。一旦事起,吾欲救之,则恐力不敌……为今之计,以朝鲜一隅之地,与万国互相维持,此中国之利也"⑦。因此,《策略》提出"防俄"具有极强的现实性,反映了当时清朝统治层的主流认识。

其次,"防俄"并非近代独创,实质可以追溯到清朝前期,有着十分长久的历史渊源。康熙在位时,曾与俄国作战,此后清前中期的蒙古问题也往往和俄国有关,再加上传统重视陆疆胜于海疆的思维惯式,清朝当权者和知识分子特别重视"防俄"。比如晚清开明知识分子王韬就曾积极主张清朝联合日本与英国,以抵制俄国,就在《策略》出台的同年(1880年)王韬创作了著名的《论御俄》与《再论御俄》等文章。

此外,当时英国和日本也积极制造"俄国威胁论",不断鼓吹"防俄"。比如英国驻日公使巴夏礼曾对何如璋说"劝高丽与各国通商","否

---

① 崔卓力编:《李鸿章全集》,长春:时代文艺出版社1998年版,第3787页。
② 同上,第1473~1474页。
③ 苑书义、孙华峰、李秉新主编:《张之洞全集》,石家庄:河北人民出版社1998年版,第69页。
④ (清)张佩纶:《涧于集》,台北:文海出版社1966年版,第53页。
⑤ 崔卓力编:《李鸿章全集》,第1565页。
⑥ 温廷敬辑:《茶阳三家文钞》,台北:文海出版社1967年版,第82页。
⑦ 同上,第89~90页。

则将为俄人所吞噬"。①而日本外务卿井上馨则在面见何如璋时强调"英如狐，俄如虎，一图利，一图土地，均宜防也"②。诚然，英国鼓吹"防俄"是基于其在欧洲、近东、中亚的英俄矛盾延伸，而日本则希望通过"防俄"转移清朝对琉球问题的关注、减小清朝对其在朝鲜经营的阻力；然而，英日两国确实在战略上都对俄国有所忌惮与警惕，由此也很大程度影响了何如璋与黄遵宪的对俄认识及态度。总之，《策略》提出的"防俄"对清朝而言具有现实性与合理性，但高估了俄国对朝鲜的战略意志，带有强烈的主观性。实际上，当时俄国对朝在战略上并不积极，甚至采取了消极的"观望"政策。③

三 《朝鲜策略》的"三环"设计及其背景："亲中国""结日本""联美国"

（一）第一环："亲中国"——中朝传统关系的强化与调整

"亲中国"是黄遵宪认为朝鲜"防俄"所需的第一环，理由有三。①中俄抗衡：中国是当时东亚最强大的国家，与俄东西交界，"天下以为能制俄者莫中国若"；②传统友好：中朝历代友好，传统藩属关系久远，"中国所爱之国又莫朝鲜若"；③唇亡齿寒：朝鲜战略地位对中国极为重要，"休戚相关而患难与共，其与越南之疏远、缅甸之偏僻相去固万万也"，因此"中国必糜天下之饷、竭天下之力争之"。④由此可知，第一环"亲中国"的关键纽带在于中朝传统的宗藩关系和长期保持的战略认同与信任。

当时，在近代西方国际体系的冲击下，传统中朝关系岌岌可危。1876

---

① 郭廷以主编：《清季中日韩关系史料》，台北：中央研究院近代史研究所1972年版，第403页。
② 郭廷以主编：《清季中日韩关系史料》，第405页。
③ 潘晓伟：《俄国与朝鲜关系问题研究（1860~1910）》，哈尔滨：黑龙江大学出版社2013年版，第53~61页。
④ 조일문 역주，『조선책략』，pp.109-110.

年，日本在与朝鲜签订《江华岛条约》之时故意添加条文——"朝鲜国自主之邦，保有与日本国平等之权"①，妄图以此否认中朝传统关系。到1880年，清朝传统藩属国中，琉球为日本吞并，越南为法国侵扰，缅甸为英国强占，唯有朝鲜还算相对独立。如果此时朝鲜与清朝切断关系，将彻底摧毁清朝在东亚的传统秩序，中国的国家安全也会受到威胁。正如何如璋所说，"朝鲜一国，居亚细亚要冲……为中国左臂。朝鲜存，则外捍大洋，内拥黄海……斯神京门户益固，而北洋一带无单寒梗阻之忧；朝鲜若亡，则我之左臂遂断……后患不可复言"②。日本吞并琉球后，何如璋便建议清朝加强对藩属国的关注与保护，特别是要善于利用近代国际法来维护清朝和其藩属国的传统关系与安全，即面对来势汹汹的列强，"言之不听，时复言之，或援公法，邀各使评之"③。但当时李鸿章和总理衙门都采取了息事宁人的态度，最终放任琉球亡国。

实际上，清朝和其藩属国长期保持的传统关系，与近代西方国际秩序难以相容，此前也曾因为中西理念的差异，引发中西（包括中日）多次外交争论。很明显，《策略》意识到了这一问题，所以在"亲中国"中建议朝鲜通过近代国际法来巩固自身与清朝的关系，即"于亲中国，则稍变旧章"④。当然，《策略》并非希望将朝鲜变为近代意义上的清朝"属国"，只是意图吸收近代元素，从而增强中朝传统关系之于近代西方秩序的合法性，杜绝西方列强特别是日本、俄国对朝鲜的侵扰。正如《策略》所言，"泰西通例，两国争战，局外之国中立其间，不得偏助，惟属国则不在此例"，因此"朝鲜之事中国当宜加与旧，务使天下之人晓然朝鲜与我谊同一家"，从而使朝鲜"外衅潜消而国本宜固"。⑤

常被忽略的是，《策略》明确指出"亲中国"针对的对象不仅有俄国，实际上也有日本。正如《策略》所说，中朝关系的加强可以"声威

---

① 국사편찬위원회 편，『조선왕조고종실록』권13，고종13년2월3일을추，제1책，p. 520.
② 郭廷以主编：《清季中日韩交涉史料》，第439页。
③ 温廷敬辑：《茶阳三家文钞》，第51页。
④ 조일문 역주，『조선책략』，p. 116.
⑤ Ibid.，p. 110.

自壮"，"俄人知其势之不孤而稍存顾忌；日人量其力之不足敌而可与连和"。①也就是说，"亲中国"一环不仅是"防俄"的关键，也是"结日本"的重要前提。此外，《策略》还建议朝鲜积极支持中国商人前往釜山、元山、仁川等地进行贸易，从而防止日本商人垄断。②对朝鲜来说，相比俄日，清朝的对朝战略基本处于守势，两国关系长期稳定且友好，清朝更不会有吞并朝鲜的战略意志。而朝鲜在当时一旦失去了清朝的支持或是与清朝反目，就必然暴露在日俄势力之下。因此，从理性角度来看，"亲中国"是可以接受的。

（二）第二环："结日本"——"防俄"危势下的权宜之计

"结日本"是《策略》设计的第二环，向来争议较大，大多数学者认为"结日本"无疑是与虎谋皮，因为1910年朝鲜半岛最终被日本吞并。不过，本文认为《策略》在当时条件下提出"结日本"，一定程度上也有其合理性。《策略》认为朝鲜可以"结日本"的理由如下。①朝日交往：虽然日本曾经侵犯过朝鲜，但两国历史上还是以友好交流为基调，且"同文同种"；②共同受敌：虽然日本对朝鲜有野心，但当时俄国才是朝鲜的最大威胁，日本暂不足为患，且朝日双方共同受俄国威胁，"辅车相依"，有一定的联盟基础。③

"结日本"本质上源于黄遵宪等人对当时东北亚形势的认识。因为19世纪70年代末80年代初的俄国在东亚呈现出强势，不仅与清朝矛盾激化，还迫使日本让出了库页岛。所以，《策略》判断朝鲜面临的主要威胁是俄国，而非日本，这也是当时许多清朝知识分子的认知。当时，清朝正面临与俄国爆发战争的危机，内部极度警惕俄国，并十分担心日本与俄国勾结。比如李鸿章认为"日本探听伊犁消息……若俄事不谐，或将伺隙而动"④，而和硕礼亲王世铎则上奏朝廷"俄倭之交，最为诡秘。此时俄事

---

① 조일문 역주，『조선책략』，p. 110.
② Ibid. , p. 116.
③ 조일문 역주，『조선책략』，p. 110.
④ 崔卓力编：《李鸿章全集》，第1426页。

未定，难保不嗾倭滋事"①。在这样的心理作用下，清朝面对日本侵吞琉球仍采取保守策略，害怕把日本推向俄国，而日本也利用清朝的这种心理，积极开展外交活动，努力打消清朝对日本的敌意。1879年，日本政府就特别让与李鸿章有私交的竹添进一郎给李鸿章写信，呼吁日本和清朝携手一心、共御西洋——"同种同文，势又成唇齿，宜协心戮（勠）力，以御外侮"②。

其次，黄遵宪积极赞成"兴亚主义"。所谓"兴亚主义"，指19世纪60至80年代一度在日本盛行，主张东亚国家团结起来、振兴亚洲并共同抵抗西方列强的思潮。日本先后在1878年和1880年成立了"振亚社"和"兴亚社"等团体，其出现和发展的时间与《策略》出现的时间点十分贴近。而《策略》作者黄遵宪也经常出入相关组织，极力支持中日朝三国团结振兴亚洲。此外，当时黄遵宪认为，日本刚改革不久，政治、经济、社会等各层面皆不稳定，"外强中干，朝野乖隔，府币空虚，自谋之不暇乎"，暂时无力对朝鲜进行侵略。并且，以当时朝鲜的国力也能与日本进行一定程度的周旋，加上有清朝帮助，《策略》判断日本大概率不敢冒险——"朝鲜立国数千年，未尝无人，未尝无兵，日本攻之未必能稳操胜券"③。

需要注意的是，如前所述，"结日本"并非孤立存在，其前提便是"亲中国"。《策略》在"结日本"的叙述内容中明确告知朝鲜，如果"日本有事朝鲜，中国势在力争"④。当然《策略》也希望朝鲜从日本学习一些开港通商的经验，遵守两国的约条，平等进行交往，并善于用两国之间结成的条约约束日本。⑤综上来看，"结日本"这一环对朝鲜来说总体是利大于弊，是基于当时形势的权宜之计。并且，《策略》并未放下对日本的戒心，且大部分讨论都是在考虑日本对朝鲜威胁的基础上进行的。

---

① 《详议边筹指奏疏》，《道咸同光四朝奏议选辑》，台北：台湾银行经济研究室1971年版，第117页。
② 崔卓力编：《李鸿章全集》，第4465页。
③ 조일문 역주，『조선책략』，p. 111.
④ Ibid.，p. 110.
⑤ Ibid.，p. 113.

（三）第三环："联美国"——"以夷制夷"的最佳伙伴

"联美国"是《策略》提出的第三环，理由如下。①礼仪之邦：美国是"以礼仪立国，不贪人土地，不贪人人民，不强与他人政事"，曾积极引导日本通商、练兵，有良好示范；②亲亚疏欧：美国因反对英国而独立，所以其与亚洲更亲近，而疏于欧洲，值得朝鲜联盟，而这也符合黄遵宪支持的"兴亚主义"；③国强扶弱：美国国力强盛、地大物博、处事公正，"以信义素著"。①

实际上，美国自1871年起便开始谋求与朝鲜通商，并希望通过清朝和日本的斡旋，与朝鲜建立外交关系，但均遭到朝鲜拒绝。1879年，鉴于琉球为日本所灭，光绪帝颁下上谕，命李鸿章暗中劝导朝鲜与西洋国家结约通商，从而牵制日本。②同年，李鸿章在写给李裕元的信中说，"以朝鲜之力制日本，或虞其不足以统；与泰西通商制日本，则绰乎有余……若贵国先与英德法美交通，不但牵制日本，并可杜绝俄人之窥伺"③。由此也可以看出，"联美国"不单单是通商西洋各国然后"防俄"这么简单，其更深一层的含义还在于牵制日本。这大概也是为什么《策略》把"联美国"放在了"结日本"之后。可以说，第三环"联美国"应被视作对第二环"结日本"的补充。

《策略》之所以从众多西方国家中挑选了美国作为朝鲜"联"的理想对象，其理由前已简述。当然，这并非《策略》的独家观点，而是当时清朝洋务派的共识。比如李鸿章幕僚薛福成认为，美国对英、法十分忌惮，"与中国最亲近"，美国人蒲安臣又曾协助中国出使西方，且美国地大物博、"不暇远图"，可以成为清朝的"强援"。④到了1881年，李鸿章上书朝廷说"非先与美国订一妥善之约，则朝鲜势难孤立"⑤。此外，《策略》认为美国在西方国家中最为"信义"，所以朝鲜首先与美国签约，"彼自

---

① 조일문 역주，『조선책략』，pp. 113–114.
② 郭廷以主编：《清代中日韩关系史料》，第361页。
③ 郭廷以主编：《清代中日韩关系史料》，第368页。
④ 国家清史编纂委员会编：《薛福成日记》，长春：吉林文史出版社2004年版，第66页。
⑤ 崔卓力编：《李鸿章全集》，第1673~1674页。

不能多所要挟",不至于太吃亏,同时还可以为此后朝鲜与其他西方国家签约树立一个较好的样本。正如《策略》所言,"美国使者之来,而议一公平之条约,则一例泰西之友邦,即可援万国公法,既不容一人之专噬,又可为诸国之先导,为朝鲜造福"①。

诚然,"联美国"确实存在一种对美国的幻想,美国不大可能为了朝鲜而与俄国、日本为敌。并且,"联美国"的设计也很明显是受到了清朝洋务派主流意见的影响,是"以夷制夷"的体现。但是,《策略》并不是天真地认为单靠"联美国"就可以牵制住俄国或日本,"联美国"与"亲中国"、"结日本"是一体的,并非孤立。更重要的是,《策略》希望朝鲜通过"联美国"与西方列强通商交流,"尽力以务财"、学习先进的技术,如"西人开矿之法"以及"机械之器"、"火轮(船)"、"铁金道"、"电线"、"枪炮"等。只要朝鲜"有人、有财、有兵,即足以自立",恰如欧洲的"瑞士、比利时,犬牙交错于诸大(国)之中",从而获得安全。②

四 《朝鲜策略》的误解与失败

《朝鲜策略》传到朝鲜后,引起了朝鲜国王和大臣的关注,然而,其反应并不积极。首先,他们对于"亲中国"表示难以理解,认为"二百年来我国事大,诚未尝一分或懈。上国亦待之以内服,尚今曲加庇覆,更有何般劝亲者呼?此未可解也"③。当然,朝鲜也许是明知故问,不愿意"稍改旧章"。总之,朝鲜当时没有采纳"亲中国"一策。不过,《策略》提到的鼓励华商通商、袭用龙旗、推动朝鲜学习洋务等内容④,在1885年清朝加强对朝事务关注的背景下,部分得以实现。对于"结日本",朝鲜高层认为这无疑是引狼入室;而对于"联美国",则认为美国离朝鲜太远,少有来往,朝鲜只需以诚相待即可,通商可徐图之。⑤于是,"结日本"被

---

① 조일문 역주, 『조선책략』, p. 116.
② Ibid. , p. 116.
③ 역사학회 편, 『한국사자료선집 (최근세편) 』 [Ⅴ], p. 117.
④ 조일문 역주, 『조선책략』, p. 116.
⑤ 역사학회 편, 『한국사자료선집 (최근세편) 』 [Ⅴ], p. 118.

当时的朝鲜基本否决，而"联美国"则被暂时搁置。

在朝鲜民间，以儒生为首的保守势力大多认为《策略》是异端邪见，对其持全盘否定的态度，并由此掀起了抵制洋倭、反对开国的"辛巳卫正斥邪运动"。其中，京畿道儒生集体上书称："古之和，不过为华夷之变，而今之和，乃人兽之判也。华而为夷，犹不可说，人而为兽，其又可忍耶？"[①]这些儒生怀有强烈的小中华意识，将清朝视为"夷"而非"华"，本来朝鲜被迫向清朝称臣纳贡已是"犹不可说"的华夷之变，而现在清朝官员劝说朝鲜与"禽兽"般的美国结约通商，那更是"是可忍孰不可忍"。尽管这场卫正斥邪运动被高宗强力镇压，但朝鲜国内的保守势力依旧强大。

最终，《策略》成为高宗政权决议与西洋通商的重要契机，但是朝鲜并没有完全接受或施行《策略》所构建的"三环外交"设计方案。本文认为原因大致如下。第一，"防俄"方面，朝鲜并没有如清朝那样，认为俄国是最大威胁。清朝错误地将俄国对清朝的威胁等同于其对朝鲜的威胁。从何如璋、黄遵宪与金弘集的笔谈资料来看，黄和何关心的是如何"防俄"和警惕日本，并强调自强与变局，但金关心的却是关税、输米等杂事，这也间接说明了朝鲜本身对"防俄""结日"并不关心。[②]当何如璋询问金弘集有关俄国在图们江附近驻军一事时，金更是回答"无由闻之"。[③]而金弘集回国向高宗汇报时也认为俄国对于朝鲜来说"姑无近虑"[④]。"辛巳卫正斥邪运动"代表人物李晚孙等人在给朝鲜高宗的上书中也说："俄夷者，我本无嫌也……靠远交挑近邻，举措颠倒，虚声先播，万一借此为衅，来寻兵端，则殿下将何以救之也？"[⑤]很明显，他们认为俄国是朝鲜的近邻，不应挑衅，无须"防俄"。

第二，"亲中国"方面，清朝虽然与朝鲜建立了宗藩关系，但是朝鲜内部一直存在着"尊周思明"思想，尽管朝鲜逐渐习惯了与清朝建立的

---

① ［조선］박주대 저，국사편찬위원회 편，『나암수록』，시사문화사，1980，p. 244.
② Ibid.，pp. 106–117.
③ ［조선］박주대 저，국사편찬위원회 편，『나암수록』，p. 109.
④ 국사편찬위원회 편，『조선왕조고종실록』권 17，고종 17 년 8 월 28 일을추，제 1 책，p. 619.
⑤ ［조선］박주대 저，국사편찬위원회 편，『나암수록』，p. 233.

"事大"关系，但这仅限于权力认同而非身份文化认同。特别是朝鲜高宗亲政后，积极推崇"小中华意识"，以此增强自身统治合法性与正统地位，导致近代朝鲜统治层始终难以对清朝保持完全的战略信任，对清朝没有强烈的身份认同感;①再加上随着近代开化思想的传入，朝鲜"自主"意识愈加强烈，因此朝鲜并不存在"亲中国"构建所需的牢固纽带。当然，随着帝国主义侵略加深，清朝处境也愈加艰难，保卫自身安全已成难题，遑论守护朝鲜。

第三，"结日本"方面，倭乱的历史记忆使朝鲜对日本充满警惕，而日本吞并琉球的行为也引发朝鲜忧虑。既然没有"防俄"的必要，自然无须"联日"，况且两国于1876年签订《江华岛条约》后，大量外交、通商问题尚未解决，如"米谷禁输"等，所以朝鲜暂时不存在与日本联盟的基础。而日本方面，"征韩论"曾一度甚嚣尘上，一直存在侵略朝鲜的强烈意志，在后续进程中，日本也往往成为朝鲜主要"防"而非"结"的对象。

第四，"自强"方面，当时朝鲜高层拿到册子后，基本忽略了《策略》中的"自强"部分，对"自强"策几乎没有回应，唯有朝鲜高宗与金弘集的一段对话:

> 教曰:"自强是富强之谓乎?"
> 弘集曰:"非但富强为自强，修我政教，保我民国，使外衅无从此生，此实为自强之第一先务也。"②

从这里可以看出，当时金弘集对自强的理解仅停留在"修我政教"的基础上，这仍然处于传统范畴，没有提到学习西学等内容。相反，《策略》则特别看重"自强"，认为朝鲜"讲修武备、考求新法，可以固疆圉、壮屏藩，此又自强之基也"，希望朝鲜通过"三环外交"设计获取安全、财

---

① 喻显龙:《朝鲜高宗"小中华意识"形成原因探析》，《近现代国际关系史研究》2019年第2期，第101~119页。

② 국사편찬위원회 편，『조선왕조고종실록』권17，고종7년8월28일을추，제1책，p.619.

货和技术，从而自强自立。并且，"自强"和"三环外交"本质上是正向互动关系，朝鲜越能坚持推行"三环外交"则越能获取到发展"自强"的空间与时间，而朝鲜越能"自强"则"三环外交"推行将更加稳固，由此朝鲜愈加安全、稳定。正如《策略》所说，"朝鲜既能强，将来欧亚诸大（国），必且与之合纵以拒俄；苟使不然，坐视俄师之长驱，坐听他人之瓜分瓦解，而害可胜言哉"①。

《策略》在最后部分给出了"上策、下策和无策"，而当时朝鲜没有选择上策，即"亲中国、结日本、联美国，实力行之"，也没有选择闭关锁国、完全故步自封的无策，而是暂时选择了"亲中国不过守旧典，结日本不过行新约，联美国不过拯飘风之船、受叩关之书"的下策。②此外，《策略》因为并非受总理衙门或北洋大臣李鸿章指示所写，因此未受到清朝官方重视，之后也没有获得李鸿章的认可③，更没有得到清政府的承认④，在清朝官方档案资料中没有留下记录。

余　论

1881年，朝鲜与美国在清朝斡旋下签订商约，此后朝鲜陆续和英、德、俄等西方列强签约通商，算是将"联美国"一定程度上付诸现实并扩大了"联"的对象国范围。同年，朝鲜开始进行外务机构改革，设立统理衙门，并派遣学工赴清朝学习洋务等，开始意识到"自强"的重要性，国内开化事业也逐步发展。但由于壬午军乱与甲申政变严重冲击了朝鲜国内政治秩序，沉重打击了新生的开化势力，再加上朝鲜国内保守势力十分顽固、财力困窘等，朝鲜革新进程虽有成就却始终进展缓慢、步履维艰。更具戏剧性的是，1885年在清朝加强对朝事务关注后，朝鲜一度利用俄、美等国牵制清朝，如两次朝俄密约、朴定阳访美事件、赵大妃丧仪事件

---

①　조일문 역주, 『조선책략』, p. 118.

②　Ibid., p. 120.

③　戴东阳：《晚清驻日使团与甲午战前的中日关系（1876~1894）》，第79页。

④　曹中屏：《朝鲜近代史》，北京：东方出版社1993年版，第65页。

等，希望以此改变传统宗藩关系，获取自主，因此朝鲜当局时常与清朝驻朝总理通商事宜袁世凯产生矛盾。

1894 年甲午战争中清朝战败，传统中朝关系彻底崩塌，朝鲜获得了名义上的近代自主。但是随着清朝势力的退出，半岛权力结构发生巨变，日俄角逐时代开启。而朝鲜对于当时的美国来说，并无太大战略价值，抵御日本唯有利用俄国。然而，1895 年闵妃企图联俄制日的做法最终酿成日本人报复的"乙未事变"，朝鲜高宗为逃离被日本控制的王宫，不得不于 1896 年"俄馆播迁"。1897 年，高宗建立大韩帝国，掀起富国强兵运动，但好景不长，1905 年日俄战争中日本打败俄国，又与美国签订《塔夫脱—桂太郎密约》，以承认美国在菲律宾的特殊利益为条件换取了美国对日本在朝鲜特殊利益的承认，最终近代朝鲜既未能建立起一个三环或多环外交架构维持半岛均势，也未能顺利推进自强事业以足以抗衡外侮，无奈沦为日本殖民地。

那么，如果朝鲜彻底施行《策略》的主张的话，结果是否会有所不同呢？历史不容假设，不过可以明确的是，《策略》中所提供的"防—亲、结、联—自强"设计，值得分析、借鉴。当然，《策略》所提主张的依据主要源自对 19 世纪 80 年代初朝鲜半岛局势的观察，因此《策略》十分清楚其对半岛安全的均势设计并非完美无缺，随着国际局势的变化与发展，新情况的出现与应对是"非策之所能尽"，必须"随时而变通、随事而因应"。① 值得一提的是，这种三环或多环的外交设计并非死板僵化，而是可以在实践中灵活运用的，比如除了"亲"的对象因基于身份文化认同最难变化外，"结"、"联"甚至包括"防"的对象皆可根据现实情况进行调整。因此，本文认为《策略》对当时朝鲜所面临的俄国威胁、美国友善等认识判断虽然都存在一定程度的偏离实际，但这种"三环外交"设计的尝试却值得肯定，其本身所蕴含的智慧与巧思也对后世具有十分重要的参考价值。

（作者系上海外国语大学全球文明史研究所助理研究员）

---

① 　조일문 역주，『조선책략』，p. 120.

An Attempt to Design "Three Interlocking Circles Diplomacy": A Study of *Korea Strategy*

Yu Xianlong

Abstract: In the early 1880s, the Qing Dynasty became increasingly concerned with the issue of Korea. Facing the situation, Huang Zunxian, a counselor of the Chinese Legation in Japan, compiled a book entitled *Korea Strategy* for Kim Hong-jip who was a Korean emissary visiting Japan. In the *Korea Strategy*, It design a system of "three interlocking circles diplomacy" on Korea, and it maintained that Korea should strengthen the traditional tribute system with China, and ally with Japan and America to prevent the expansion of Russia, which was envisioned to be able to establish a political and military balance in the area around Korea, and eventually provide a stable environment for its survival and development. However, *Korea strategy* was not fully accepted by Korea, nor was it recognized by the Qing government. In the end, Modern Korea failed to establish a system of "three interlocking circles diplomacy" on the peninsula. In spite of the progress of modernization of Korea, It was slow and suffered many setbacks. Therefore, neither external force nor internal force could prevent Japan from invading Korea, then it was forced to become a colony of Japan.

Key words: *Korea Strategy*; three interlocking circles diplomacy; balance of power

现代菲律宾政治制度的历史沿革和特点[*]

史　阳　郭宸岑

内容提要： 20 世纪初菲律宾被美国殖民后，开始接受美国影响，现代菲律宾政治制度逐步形成，并被称为美国在亚洲的"民主橱窗"。尽管菲律宾的政治体制被认为是西方殖民主义嫁接的产物，但无论是在殖民地时期还是民族独立至今，菲律宾的政治制度都具有鲜明的本土特色，而非美式政治构架的简单复制。这种本土化特色是菲律宾传统政治文化选择性地吸纳美式政治制度的一些要素和框架后不断本土化发展的结果，并最终导致现代菲律宾政治制度以家族政治的形态，自主地践行其社会对于政治的需要。

关键词： 菲律宾　家族政治传统　政治制度　宪法

19 世纪末期，菲律宾民族解放运动兴起，1896 年爆发了以推翻西班牙殖民统治为目的的卡蒂普南起义。与此同时，新兴资本主义强国美国与西班牙爆发了美西战争，1898 年美国获胜，西班牙被迫将菲律宾群岛主权转让给美国。1901 年美国打赢美菲战争，镇压了菲律宾的民族独立运动，从此开始了在菲律宾近半个世纪的殖民统治。

美国殖民统治伊始，秉承"新天命论"的美国人相信其政治、经济制度具有优越性，并"有义务教会其他人如何通过效仿美国，遵循美国式的制度来达致成功"[①]，于是试图以自身为模板改造菲律宾社会。菲律宾作为旧帝国西班牙的殖民地，从此走上了政治制度变革的道路。在西班牙

---

[*]　本文是北京大学区域与国别研究学术基金项目"菲律宾国内政治和菲美勾连对南海争端问题的影响及我方对策"课题的阶段性成果。

[①]　〔美〕霍华德·威亚尔达：《新兴国家的政治发展——第三世界国家还存在吗？》，刘青、牛可译，北京：北京大学出版社 2005 年版，第 156~157 页。

333 年的殖民统治期间，菲律宾已形成了一套西式殖民政治和本土政治传统相结合的政治文化；美国先后通过军政府、文官政府、自治委员会实施了一系列殖民政策，将美式民主、三权分立等多种新事物带入菲律宾，试图以此为模板规划菲律宾的现代政治制度。菲律宾的确受到美国殖民统治的深远影响，现代史从此开启，现代政治制度也初见端倪。不过对菲律宾而言，在引入外来政治制度的同时，其社会政治主要是依据自身历史传统和社会现实而反复调整、不断发展的结果，外来要素历经曲折、变化后已经完全被本土化，发展至今最终形成以家族政治为中心的资本主义民主政治制度。

一　现代菲律宾政治制度发展的历史

（1）早期实践（1902~1934 年）

现代菲律宾政治制度是美国在 20 世纪初按照三权分立的构架设计的。1902 年，美国国会通过《菲律宾法案》（Philippine Bill）。该法案规定，菲律宾最高行政权由总统任命的文官总督行使，总督就任须经国会批准，并同时担任"菲律宾委员会"的主席。"菲律宾委员会"各成员也由美国总统任命，并兼任菲律宾各部部长，同时"菲律宾委员会"还履行菲律宾国会上院的职能。国会下院则由菲律宾议会代替，议员均由菲律宾选民选举产生，国会上下两院共同享有菲律宾立法权。司法权由菲律宾最高法院、初审法院和和平法院的法官共同掌握，其中最高法院的法官由美国总统直接任命，并必须经过美国参议院批准。美国最高法院对菲律宾享有司法上的复审权，有权审查、修正、补充或取消菲律宾各级法院的判决。[①]尽管《菲律宾法案》并未做到行政权与立法权的完全分离，同时美国人比菲律宾人在权力架构中拥有更多实权，但该法案首次从法律上明文规定了菲律宾政治制度中立法、司法、行政三方的权限，为菲律宾权力分立与制衡政治制度的后续发展奠定了基础。

---

① 潘一宁：《国际因素与当代东南亚国家政治发展》，北京：中国社会科学出版社 2004 年版，第 55 页。

1916 年，时任美国总统威尔逊签署《琼斯法案》（Jones Act）①。《琼斯法案》进一步明晰了行政权、立法权以及司法权三者的关系，并赋予了菲律宾本地人更多权力。法案规定，菲律宾的最高行政权仍掌握在菲律宾总督手中，总督由美国总统提名并经参议院通过后上任，拥有立法否决权。总督还需负责组建政府内阁，包括内政、司法、财政、公共工程、公共教育、农业和自然资源等部门。除公共教育部长需同时兼任副总督，必须由美国人担任外，其余各部部长均由菲律宾人担任。立法权则归属于由菲律宾选民选举产生的国会上下两院，上院为参议院，下院为众议院，议员均为菲律宾人，参议院对总督的任命案还享有参赞、同意或否决的权力。② 司法权仍由最高法院、初审法院和和平法院的法官掌握，但最高法院法官由美国人改为菲律宾人。《琼斯法案》使菲律宾人在政治高层拥有了更多话语权，也标志着现代菲律宾政治制度进一步成熟。

（2）曲折发展（1934~1972 年）

进入 20 世纪 30 年代后，菲律宾的政治制度又有了更为成熟的发展和实践。1934 年，美国国会通过《泰汀斯—麦克杜菲法案》（Tydings-McDuffie Act），给予菲律宾十年过渡期（1935~1945 年），逐步由自治领过渡到完全独立的主权国家。同时美国当局还要求菲律宾立即组成制宪会议起草独立宪法，科拉罗·雷克托（Claro M. Recto）被任命为制宪会议主席，与其他几十位本土政治精英共同商议宪法的具体制订。历时一年宪法初稿撰写完毕，史称菲律宾《1935 年宪法》。这一部宪法以美国宪法为模板建立了一套完整的分权制衡体系，主要内容有：菲律宾采用美式总统制，行政权由总统掌握，立法权归议会，司法权由各级法院行使。其中总统任期 6 年，不得连任；议会采用一院制的国民议会；设立最高法院，可判定总统和国会行为是否违宪。

1940 年，菲律宾国民议会对《1935 年宪法》又进行了修订：总统与副总统同时进行选举，任期四年，可以连选连任；一院制议会改为由参议

---

① 也称《菲律宾自治法》（Philippine Autonomy Act）。

② 黄明涛：《美式民主制度在菲律宾：历程、特征与展望》，《印度洋经济体研究》2017 年第 1 期，第 74 页。

院和众议院组成的两院制立法机构，并设立独立的选举委员会。经此次修订后，菲式政治权力构架与美式三权分立政治制度的具体实施方式几乎一致，也正是在这一时期美国当局公开宣扬菲律宾为亚洲地区的"民主橱窗"。尽管 1942 年日军攻陷马尼拉，扶植劳雷尔（Jose P. Laurel）成立了傀儡政权，史称菲律宾第二共和国（1943～1945 年）；在此期间日本殖民者为完全消除美国对菲律宾政治的影响，废弃了《1935 年宪法》并制定了新宪法。但是二战结束后，菲律宾迅速恢复了原有体制，并于 1946 年正式独立。在之后的 30 年里，菲律宾历经 5 任总统，均未修正过《1935 年宪法》的主体内容，这部宪法也因此成为菲律宾使用时间最长的一部宪法。

（3）剧烈动荡（1973～1986 年）

进入 20 世纪 70 年代，菲律宾政坛发生了剧变。1972 年，时任总统马科斯的第二任总统任期届满。按《1935 年宪法》的规定，他必须于 1973 年离任。但马科斯眷恋至高权力，为了能够让独裁合法化，他于 1972 年公然宣称："此时的菲律宾遭遇到七方面的威胁：共产党革命、右派分子、回教分离主义者、私人军队、政治寡头、犯罪分子和外国干涉等。要解决这些危机就必须更改体制，将全国置于戒严法之下。"[①] 并于 9 月 21 日晚运用"总统额外权力"条款，签署《1081 号公告》，宣布实施《戒严法》，终止宪法、解散国会，成立戒严政府，开始了长达 12 年的独裁统治。

为了使独裁合法化，两个月后，马科斯又授意制宪会议通过新的宪法草案，要求取消美式总统制，行政权由总统向内阁总理转移。宪法过渡条款还规定，马科斯同时行使旧宪法和新宪法规定的总统和总理的全部权力。另外由于国会已经被解散，马科斯举行全民公投以使新宪法草案获得合法性。在政府的威逼利诱下，菲律宾全境所有村庄都举行 15 岁以上公民参加的"公民集会"，以举手的方式表决是否赞成新宪法。最终超过三分之二的人表示同意，新的宪法获得通过，这一宪法也被称为《1973 年

---

① 陈鸿瑜：《菲律宾史——东西文明交会的岛国》，台北：三民书局 2003 年版，第 116 页。

宪法》。① 至此，菲律宾的行政权、立法权、司法权均集中于马科斯一人，原有的权力制衡政治构架荡然无存。

马科斯的独裁统治起初颇得民心，在他的带领下菲律宾国内经济发展迅猛，外交卓有建树，他本人也一度受到了菲律宾人民的强烈支持。然而自 80 年代起，由于菲律宾经济发展陷入停滞，同时马科斯本人独断专行，贪污腐化，不管在民间还是在政府内部，马科斯的反对者越来越多。直到 1983 年知名议员阿基诺的死彻底激化了马科斯与反对派乃至人民的矛盾，导致 1985 年"人民力量运动"爆发，马科斯被迫下台出逃美国，菲律宾政坛陷入了短暂混乱。经过几个月的权力斗争及妥协后，阿基诺夫人于 1986 年 2 月就任新一届菲律宾总统。

（4）恢复调整（1987 年至今）

经历了马科斯统治末期的混乱状态后，阿基诺夫人上台后的首要任务就是恢复民主制度，建立一套更完善的政治体制。3 月 25 日，她宣布终止《1973 年宪法》，并于 4 月 30 日设立制宪委员会，征集各阶层各群体的意见，纠正之前宪法中存在的问题，重新建立以三权分立为基础的政治体制。经过一年的整理修订后，新宪法于 1987 年 2 月 2 日经全民公投通过后正式实施，史称《1987 年宪法》。

《1987 年宪法》实现了对《1935 年宪法》的转折性调整，奠定了今天菲律宾宪治的基础。它恢复了原有的民主政治制度，三权分立的政治构架也被重新纳入顶层设计，并通过一系列补充条令使得行政权、立法权和司法权得到了进一步的分离与制衡。新宪法与之前的《1935 年宪法》相比，主要的修正有以下四条：①总统改为六年一任，且不能连任；②国会改为参众两院制，且均有连任次数限制；③总统发布紧急命令及对外缔结条约须经国会同意；④总统犯有违宪、叛国或者贪污等罪可以被革职、弹劾和判刑。② 总的来说《1987 年宪法》严格控制了总统的权力，加强了司法权和立法权对行政权的制衡。此外该宪法的内容还包

---

① Albert Francisco Celoza, *The Rise of an Authoritarian Regime in the Philippines*, Dissertation, Ph. D. Claremont Graduate School, 1987, p. 145.

② Arellano V. Busto, *Constitution of the Philippines* (Manila: A. V. B. Printing, 1997), p. 72.

括严禁军人干政、实施政教分离、恢复公民的各种政治权利等，堪称菲律宾近现代宪法的集大成者。直至今日，这一宪法依然有效，保持着旺盛的生命力。

二　现代菲律宾政治制度的特点

（一）权力结构的不均衡分立

如前文所述，在美国殖民统治时期乃至完全独立后，菲律宾的政治制度主要参照美式模板设计，所以表面上看菲律宾的政治制度较好地体现了美式"三权分立"的制衡机制和政治构想，无论是各种权力的总体职责，抑或是运作模式，甚至是选举规则，菲式政治制度及其设计都与美国原版高度相似。但值得注意的是，一百多年来菲律宾政坛历经动荡、乱象迭出：军人专政、贪污腐败、选举舞弊等层出不穷，还出现了马科斯独裁统治。这些现象恰恰说明了菲律宾的政治制度在实践过程中，早已经离开了最初引入的美国模式的原始设计，而走上独具特色的发展道路。菲律宾本土政治精英很早就察觉到了美式设计并不如初衷那样完备，也不适合菲律宾的社会现实，菲律宾需要探索适合自己的政治制度。比如，在1953年和1955年的选举中，《1935年宪法》的主要起草人雷克托就公开谴责了天主教会对选民投票的影响；而在1958年，雷克托更是在《律师报》上发表文章，建议加入明确的政教分离条款。除此以外，其他政治家也提出了明确法院职责、加强中央权力等一系列意见，但均未被采纳。

笔者认为，菲律宾政治制度中关于权力制衡的核心特点在于，表面上看各权力是平衡的，但实际上它并不追求行政权、立法权及司法权三者通过相互制衡而达到均衡，而是在各权力分立的基础上，不断微妙地保持三者权力大小的相对失衡，尤其是长期维持总统权力较大，相对于其他两权具有威权式的优势，从而实现符合菲律宾传统政治文化理念的均衡。这种菲式权力制衡的特点，可从菲律宾当时的各部重要的宪治法令中看到端倪①。

（二）前期总统权力的强化和独大

菲律宾总统权力的强化主要源自《1935 年宪法》，以至于在早期最终形成一家独大的政治格局。1935 年以前，菲律宾的中央权力主要由美国掌握，政治制度中权力分立的制衡机制还未成形，各种法令均未明确涉及行政权、立法权和司法权的相互制约关系，可以理解为由美国殖民当局直接统治、尚未分权。《1935 年宪法》作为菲律宾第一部相对完整的宪法，首次明确了三种权力的相互关系以及具体的运作方式。仔细阅读其条文，可以发现，这部宪法赋予了总统相对较大的权力，其中最主要的证据就是在宪法"行政权"一章中除第一条外，第二、第三、第四条均为总统提供了凌驾于国会和法院之上的特殊权力。

"行政权"第二条规定："总统是菲律宾所有武装部队的总司令。必要的时候，他可以动用武装力量防止或制止不法暴力、侵略、暴动、叛乱。为防止入侵、叛乱或暴动，或迫在眉睫的危险，基于公共安全的需要，总统有权中止人身保护令特权，或在菲律宾全国或部分地区实施军事戒严令。"实施军事戒严令在许多国家的宪法中都有类似条文，可让人惊讶的是，在菲律宾《1935 年宪法》中，总统行使这一权力的时候，并不需要得到国会的授权与批准或是征得最高法院的同意。

类似的还有第三条："总统有权提名以及在任命委员会同意下任命行政部门和各局室的首长，有权任命陆军从上校军衔到最高指挥官、海军和空军从上尉到最高指挥官的军官，以及任命未在此明确的所有其他政府官员以及那些法律授权的官员；国会可以依法在总统、法院以及政府部门主管的独立任命的范围内任命下级官员。"也就是说，总统的各类行政及军事官员任命权远大于国会。还有第四条："总统有权在国会休会期间进行官员任命，但这样的任命直至任命委员会否决或者直至国会的下一个休会期间才有效。"这一条同样是在强化总统的任命大权，即在特定的时期，

---

① 本文所涉及的菲律宾宪法具体内容均节选自菲律宾最高法院公示的文本，具体参见菲律宾最高法院官方网站，http://elibrary.judiciary.gov.ph/。

总统可以独自任命全部高级官员，而没有人能够制约他的行动。

参照对于分权制衡政权架构的一般性认识，可以明显看出，菲律宾《1935 年宪法》并没有采取美国式的权力分离及制衡。通读其具体条款，尽管在形式上做到了三权分立的权力制衡，可实际上总统的权力远远大于国会的权力，司法权则模糊不清形同虚设，而"军事戒严令"或"紧急状态令"更是为剥夺民众的人身自由权利实行专制独裁提供了便利。历史总是惊人地相似，二战时期德国的魏玛共和国宪法同样有三权分立、民选总统、多党竞争之类的条文，宪法也罗列了民众拥有的各项自由权利，可也同时给予了希特勒无法被有效制约的至高权力。对菲律宾而言，任何一个依法选举上台的总统只要能结合社会状况，行使宪法赋予的超常权力，就能够建立独裁专制政体。《1935 年宪法》的设计缺陷让马科斯的出现不仅仅是偶然：即便没有马科斯，也迟早有人会因为最高权力的诱惑而利用制度漏洞实现独裁。

（三）后期对权力结构的重新调整

《1987 年宪法》通过调整总统权力，实现了菲律宾政治结构的全面重新调整。1986 年马科斯独裁统治结束后，菲律宾的有识之士终于意识到了菲律宾政治中的"三权分立"制度存在结构性问题，《1987 年宪法》应运而生。《1987 年宪法》在《1935 年宪法》的基础上将总统行政权做了大幅度削减并加强了国会对行政权的制约；同时司法权也获得了独立地位，能够有效制约总统权力。主要变化有：总统改为六年一任，且不能连任；国会改为参众两院制，且均有连任次数限制；总统发布紧急命令及对外缔结条约须经国会同意；总统犯有违宪、叛国或者贪污等罪可以被革职、弹劾和判刑；总统行政权受到了国会的制约，总统对于各行政部门的首长，大使、公使和领事，以及上校以上军官的任命都只有提名权，正式任命则须经国会任命委员会同意。

除限制总统权力、提高国会地位以外，《1987 年宪法》最大的进步之处在于提高了司法权的地位和作用。譬如"司法机关"第二条规定："国会有权确定、规定和分配各级法院的管辖权，但不得剥夺最高法院对于案件的管辖权；不得通过任何损害法官和其他司法人员职位保障的改组法院系统的法律。"还有第三条："各级法院享有财政自主权。不得以立法程序减少对各级法院的拨款，使之低于上一年度的拨款额，此项拨款经批准应自动、定期拨付。"这两条法律大大提高了法院的独立性，国会很难在日常工作中干扰法院的判决。而第四条第二款则明确了司法权涉及国会、总统的审查权："一切涉及同外国缔结的条约、协定或行政协定或法律是否违宪的案件，应由最高法院全庭审理；需要全庭审理的案件还包括关于总统令、公告、命令、指令、条例是否违宪或有效的案件。这些案件均应由实际参加案件审议和表决的法官以多数同意做出裁决。"至此司法权也开始在菲律宾的"三权分立"中扮演重要角色，拥有了制约总统以及国会的法理依据。

当然，为避免矫枉过正，行政权也需要有限制国会及法院的手段。在《1987年宪法》中，由于总统拥有法案否决权，国会通过的每一项法案在生效以前都必须咨送总统，同时最高法院和下级法院的法官均由总统根据司法和律师理事会所提供的名单遴选任命。总而言之，《1987年宪法》弥补了《1935年宪法》的缺失，基本按照分权制衡原则构建国家政权。总统组建政府执政时必须与国会配合，司法权也通过宪法获得了独立的地位。可以说在经历了半个多世纪的试探摸索后，菲律宾终于建立了相对稳定的政治结构。

三　家族政治传统对现代菲律宾政治制度的影响

综上所述，虽然美式民主政治制度被殖民者直接引入菲律宾，但经过一系列的本土化过程发展至今，菲律宾实际已不是"美式民主橱窗"，而形成了具有菲律宾特色的民主政治制度。这一结果并非当初制度设计者的疏漏，而是政治制度自身的规律造成的。任何制度都需要基于具体国情及政治文化背景才能焕发生机，生搬硬套反而会使其现代化的政治制度发展之路更加曲折。著名学者钱穆在《中国历代政治得失》中也有类似论述："政治制度必然得自根生。纵使有些可以从国外移来，也必然先与其本国传统有一番融和媾通，才能真实发生相当的作用。否则无生命的政治，无配合的制度决然无法长成。"① 笔者认为，让菲律宾没能直接照搬美式政治制度的核心因素就是菲律宾的传统政治文化，历经百年，菲律宾传统政治文化改造和模塑了外来的美式民主政治制度，两者融为一体，构建成本土化了的菲式权力制衡机制和政治制度。而菲律宾传统政治文化的核心要素，就是家族政治传统。

（一）菲律宾的家族政治传统

在西班牙殖民开始前，菲律宾群岛一直没有形成统一的国家政治共同体，各村庄或部落以"巴朗盖"（barangay）的形式分布在各个地区。巴朗盖本质上是一种介于奴隶制和封建制之间的社会结构，各成员被划分为不同的等级，其中大督（datu）是最高首领，负责所有成员的财产分配。因此在巴朗盖时期菲律宾人就习惯于服从首领的命令，愿意顺从于地方精英家族，并逐渐形成了对大督的认同乃至人身依附关系。而由于大督是世袭的，随着时间推移这种对个人的依附逐渐演化为了一种家族的认同感。大督实际上就是巴朗盖中的家族政治精英，这为后来菲律宾家族政治的形成提供了先决条件。② 这一历史文化背景决定了庇护制成为菲律宾传统政治文化的底色。

17 世纪后，西班牙人为了尽快适应菲律宾的实际情况，将巴朗盖直接融入其殖民体系中。大督的身份发生变化，从部落首领摇身一变成为地方行政首脑，充当西班牙殖民者统治菲律宾人民的中介。他们既是殖民者之下的被庇护者，听命于西班牙人；也是底层人民之上的庇护者，直接管理广大菲律宾人民。随着殖民统治的稳固，他们逐步发展成基层权贵家族首领，地方精英阶层开始形成。与此同时殖民者大肆劫掠土地等财富，菲律宾底层人民出于对自身人身安全和财产安全的考虑，不得不继续追随家族首领，希望延续殖民前的主仆关系，进而再次强化了对权贵家族的政治

---

① 钱穆：《中国历代政治得失》，北京：生活·读书·新知三联书店 2012 年版，第 267 页。
② 许强：《家族政治与国家发展：菲律宾民主制度转型的内在逻辑》，《区域与全球发展》2019 年第 1 期，第 122 页。

性认同。

（二）美式民主与菲律宾家族政治的结合

美国取代西班牙对菲律宾进行殖民统治之后，开始有意地将三权分立、选举、政党制等美式民主制度引进菲律宾。尽管民主制度本身与家族威权政治相左，但在长时间的磨合中，美式民主被不断加入了菲律宾的政治元素，而菲律宾的家族政治精英也主动适应民主制度，使其为己所用。其中选举制度及政党的变化最为突出。美式选举制度需要选举人拥有一定的社会资源和财力才可以良好运转，因此菲律宾民主的门槛设置过高，菲律宾普通民众很难参与选举，最终导致选举人与被选举人往往出自同一个阶层，反而稳固了政治家族的政治地位。另外，菲律宾的政党制度也成为家族政治的保护伞。菲律宾政党的权力地位往往依托于家族威望而不是意识形态或政治纲领。政党成为菲律宾政治家族塑造政治合法性的工具，通过政党这一媒介，政治家族与底层人民进行"声望和忠诚"的交换，又进一步强化了家族内部服从的思想，巩固了普通民众对政治家族的认同。随着时间的推移，这种变异后的民主反而因其良好的适应性成为菲律宾政治的主流。

二战结束后，美国人完全撤出菲律宾政治上层，本土政治精英从而能够凭借家族资本逐步接管国家层面的政治权力。议会、政党、中央国家机构和地方政府都呈现出明显的家族化特征，菲律宾民主制度再度发生变化。在过去，人民对家族的拥护来源于土地、钱财和私人武装，而现在转变为国会的选票以及政治家族掌握的机会、官职和资金，总统权力更成为庇护政治文化中最强大的庇护力量。正因为此，菲律宾的民主制度反而逐渐为独裁、军人干政、贪腐横行等提供了土壤，最终导致以马科斯为代表的总统权力极度膨胀，"三权分立"成为一纸空文。尽管在后马科斯时代总统权力受到极大控制，甚至有些矫枉过正，但在实际运行中，家族政治依然是菲律宾政坛最显著的特点。阿罗约、阿基诺三世、杜特尔特无不出身地方大族，与其说菲律宾实现了真正的民主，不如说是家族政治与民主制度达到了巧妙的平衡。

亨廷顿曾在《变化社会中的政治秩序》一书中指出："在缺乏政治共同体的社会里，人们对原生的社会、经济组织——家庭、宗族、部落、村寨、宗教、社会阶级——的忠诚与对在更大范围内存在的政治制度所具有的公共权威的忠诚是两回事，前者与后者竞争，并且常胜过后者。"[①] 由于长期的历史传统，菲律宾人对家族的忠诚远比对民族和国家的忠诚更强烈。政治家族的烙印深深刻在菲律宾民主制度的设计以及执行的各个阶段。同时为了实现家族政治统治的合法性、权威性以及家族政治权力的延续，政治家族不断向社会底层人民宣扬家族政治精英的绝对权威和等级秩序，并有意地利用政治家族管控社会意识，塑造自己的政治话语体系来干扰人民的判断、改变人民的民主观念和削弱人民的国家概念，最终实现长期的"家族式"政治统治。正是由于这一复杂的政治背景，美式民主在菲律宾的发展历经曲折。

结　语

本文讨论了菲律宾政治制度的历史缘起、发展和调整、特点和特色，并阐述了家族政治这一传统政治文化核心要素如何影响和形塑了现代菲律宾政治制度的发展过程。菲律宾政治制度从自治领时期的原初设计相对粗糙，到70年代经历马科斯独裁统治的洗礼，最终走向《1987年宪法》的相对成熟，经历了漫长的发展过程。美国殖民者想给菲律宾披上美式民主外衣，但菲律宾政治制度最终是按其自身特点、结合传统政治文化发展而成的，这表明美式政治制度并不适合菲律宾社会。政治制度的形成、调整、演化，都是以社会发展现实、传统政治文化为基础的，正所谓"橘生淮南则为橘，生于淮北则为枳"，一厢情愿的制度设计、移植、强加会被历史抛弃；菲律宾社会传统政治文化，并不具备美国新教背景的个人主义或自由主义哲学基础，也未经欧洲文艺复兴和浪漫民族主义的洗礼，它的政治文化底色是具有本土特色的东方式的家族政治传统。于是政治文化基

---

① 〔美〕塞缪尔·亨廷顿：《变化社会中的政治秩序》，王冠华译，上海：上海人民出版社2008年版，第24页。

础迥异的菲律宾，在 19 世纪初面对美式民主制度的直接输入，最终历经一个世纪，发展出了颇具自身特色的现代政治制度。因此，只有从菲律宾社会文化和历史发展入手，才能真正深入解读菲律宾政治制度的内核，理解菲式权力制衡的本土化特点。

对于菲律宾而言，民主化进程和去殖民化进程都是现代政治制度发展历程的核心内容。正如潘维所言："民族主义有两大任务，一是建立统一的民族国家，二是建立民主制度。无论发达国家还是发展中国家的资产阶级都不可避免地要去完成民族主义的这两大任务。对于发展中国家而言，民主化趋势的意义绝不亚于取得民族独立的进步趋势。"[1] 政治制度的完善与巩固是一个长期的过程，无论是历史上还是现实中，菲律宾面临的政治问题都不少，在通向更为成熟而稳定的政治实践的道路上，还会经历各种挑战。在这一发展过程中，菲式民主政治制度越是遇到难题，越能展现出其本土政治文化传统的底色；而且要解决其政治难题，也必须从菲律宾民族传统政治文化中寻找智慧。

（本文作者，史阳，北京大学东方文学研究中心、北京大学外国语学院长聘副教授；郭宸岑，清华大学国际与地区研究院理论经济学专业博士生）

History and Features of the Political System in Modern Philippines

Shi Yang　Guo Chencen

Abstract：After the Philippines was colonized by the United States in early 20th century, it began to be influenced by American political factors. The modern Philippine political system gradually took shape and became known as one of

---

① 潘维：《发展中国家政治的民主趋势》，《世界经济与政治》1987 年第 3 期，第 48 页。

the so-called typical democracies in Asia. Although the Philippine political system is always considered to be a product of Western colonialism, it has actually been localized both during the colonial period and since national independence. This localization is the result of selective emergence of elements and frameworks of the American political system and Philippine indigenous culture, which eventually led to the modern Philippine political system taking the form of family politics and autonomously practicing the political needs of local society.

Key words: the Philippines; family politics tradition; political system; constitution

秘鲁华人社会的代际嬗递和华人形象的
再建构（1874~1930）

罗亦宗

内容提要： 1874 年中秘建交、苦力华工贸易被废除后，秘鲁华人移民逐渐进入以自由商人移民为主的时期。新移民为华人社区带来了一套独立性相对较强的结构，社团网络和经济网络的平行拓展，使华人社区克服了长期的松散状况，呈现出更为有机的形态。在此基础上，为了在秘鲁社会各界面前重新建构社区形象，华人精英进行了前所未有的宣传工作；但与此同时，社区内部的贫富分化不断放大着华人认同的张力。在精英营造的和谐、团结形象之下，阶级鸿沟与代际裂痕若隐若现。

关键词： 秘鲁华人移民　代际嬗递　社会阶层分化　文化身份
形象建构

19 世纪中叶，随着欧美工业革命的扩张与深化，国际市场对棉花、矿石等工业原料的需求迅速增长，从而带动了国际产业分工的进一步发展，拉丁美洲各国逐渐承担起向工业中心供应大宗初级产品的任务。而与此同时，鉴于奴隶制度的非人道性和在经济效益上的劣势，国际废奴运动以英国海上霸权为后盾迅猛发展，在重度依赖奴隶作为廉价劳力的美国南部和拉丁美洲部分国家引发了政治经济动荡。在奴隶制难以为继的情况下，部分拉美国家希望引进亚洲工人作为种植园和矿山的替代劳动力。这些国家一方面采取契约招工的方式合法化招工过程，另一方面又通过强制掠买和惨无人道的实际剥削将这种用工方式转变为半奴隶制度。这就是所谓的苦力制度。

秘鲁是棉花、鸟粪等初级产品生产大国，同时也是苦力贸易大国。粗略统计，从 1849 年到 1874 年的 25 年间，秘鲁共引进了十万左右的中国劳工前往种植园和矿山劳动。[①] 从危险的航行和非人的剥削中幸存下来的华工，成为第一代秘鲁华人移民。

在传统的华人华侨历史叙事中，华人华侨长期以来是祖国外部的超然存在，是作为一个整体被认识的。以秘鲁为例，他们早年间被诱骗或拐卖出国成为华工历经苦难，合约期满后逐渐融入秘鲁社会并通过辛勤劳动扩大产业达到繁荣，在祖国需要时则积极响应支援战争和建设。[②] 在这个单线的、均匀的叙事当中，华工是秘鲁华人社会的开创者，他们团结起来以各种方式坚持斗争争取合法地位；而他们作为先驱者和受难者也受到后至移民的爱护和尊重；是华工创造了华人社团的结构，而社团也在他们晚年发挥了巨大的扶助作用。

然而，秘鲁华人移民的先驱与他们在 20 世纪初的后继者之间的关系可能更为微妙。一方面，同胞之间的互助机制的确发挥着统合性的作用；但另一方面，秘鲁社会对华工的集体记忆也成为了新一代华人竭力摆脱的历史遗产。学界共识，20 世纪 20 年代是秘鲁华人社区的全盛期，也是新一代商业精英致力于统合全体华人导致华人社区空前团结的时期。[③] 1921 年，正值庆祝秘鲁独立 100 周年，为了增进秘鲁社会对华人社群的理解和

[①] 罗荣渠：《十九世纪拉丁美洲的述略》，《世界历史》1980 年第 4 期，第 35 页。

[②] 在中国大陆的不少研究成果中存在将华人社会视为一个简单整体，将华人社会的变迁视为单线性发展的倾向。一些研究成果将 20 世纪后期涌现的秘鲁土生华人或混血的专业人才等同于 19 世纪中后期秘鲁华工的后代，并基于类似的表面联系，以 19 世纪华工同秘鲁主流社会的深度融合来解释 20 世纪秘鲁华人社会地位的提高。华工皈依天主教、和当地女性通婚等社会融合现象使得"华人族群逐渐被秘鲁主流社会所接纳，没有受到排斥和歧视""为秘鲁华人获得今天较高的社会地位打下了基础"。参见张华贞《斗争与融合：契约华工与秘鲁华人社会的形成》，《西南科技大学学报（哲学社会科学版）》2014 年第 1 期。

这种倾向的可商榷之处在于，它将一百年来不断发展流变的秘鲁华人群体简化为以华工及其后代为主体的同质社群，而没有将华人社会的变迁与华人移民的历时性变化联系起来，忽视了华人社会由于新移民到来而不断进行的新陈代谢以及由此发生的结构性变化（社会分化）。在后文我们将会看到，将华人在秘鲁的较高社会地位单纯归结于华工及其高度的社会融入是偏离事实的。反倒是后华工时代自由移民的较高经济地位和对中国文化身份的适当强调助推了华人社会地位的上升和在秘鲁的形象变革。

[③] 参见〔秘鲁〕柯裴《隐形的社群：客家人在秘鲁》，王世申译，广州：广东人民出版社 2019 年版，第三章。

信任，华人社区委托秘鲁知识分子多拉·迈耶创作了一本名为《沉默而雄辩的中国》的宣传册。其中写道：

> 在条约①生效后到来的移民中，一个文雅博学的群体尤为出众。它由可敬的商人和知识分子组成，显然超出当年那些抗拒来秘的社会渣滓②之上——他们是为了替代黑奴而引进的愚民。③

对一本旨在包装自身形象的宣传作品，其赞助者们理应有权拒绝这样一种暗示着华人内部认同分裂的危险观点；但这种歧视华工的论调在具有社区半官方背景的出版物中高调出现，这反映了社区领导层对华工群体非常微妙的态度。在华人的日常生活中，"猪仔客"这样的歧视性称呼已经成为许多华人对老一辈华工的称呼，这反映出 20 世纪初的秘鲁华人已经逐渐淡化对华工的认同，希望主动与后者拉开距离。④

可见，在 20 世纪初期的秘鲁华人社会内部，无论是在人们的日常生活中还是在公开的宣传场合，的确存在过对华工的歧视；后者同时可以被理解为 20 世纪初的新一代华人希望通过与华工不光彩的过去划清界限以改善自身形象的努力，而社区上层精英深度参与其中。探究这种文化心理的产生机制，要求我们廓清秘鲁华人社群在 19、20 世纪之交所经历的代际更替的性质，也需要我们深度理解从华工时代到后华工时代秘鲁华人经济与社会所经历的结构性转型进程。

---

① 指 1874 年签订的《中秘友好通商航海条约》。

② 指华工。

③ Dora Mayer de Zulen, *La China elocuente y silenciosa：Homenaje de la colonia china al Perú：Con motivo de las fiestas centenarias de su independencia*, Lima：Editorial Renovación，1924，p. 8.

④ 1909 年到秘鲁的黄志强和戴宗汉都是侨界知名人物，他们在回忆录中直言不讳地称华工为"猪仔客"。看来这种歧视性称呼在当时的自由移民中已经演变为一种比较普遍的说法。《黄志强先生访问记》，载秘鲁中华通惠总局编《秘鲁中华通惠总局与秘鲁华人：秘鲁中华通惠总局成立一百周年纪念特刊》，香港：劭华文化服务社 1986 年版，第 86 页。（以下简称《纪念特刊》）

一 华人移民的代际嬗递

1874 年，中国和秘鲁签订《中秘友好通商航海条约》，正式废除集体引进华工，秘鲁华人移民进入自由移民时代。在 1874 年废除集体引进华工后的 30 年里，新移民到秘鲁的华人呈现出什么面貌？这对秘鲁华人社会的移民年龄结构与职业结构变迁产生了什么影响？

温贝托·罗德里格斯在其华人社区发展分期中，将 1850~1890 年定义为契约劳工的大量移民及其与秘鲁社会开始发生关联的阶段，而将 1880~1930 年视作契约劳工之后具有自由身份的一代华人移民的阶段。[①] 关于秘鲁华工的人口统计，胡其瑜根据罗德里格斯等人整理的材料，将秘鲁华工输入的数据逐年列出，计算得 1849~1874 年输入华工总人数有 91412 人，其中 1849~1869 年输入的华工与 1870~1874 年的数量大致相等。[②] 不过入境数据无法反映华工在恶劣条件下的高死亡率，同一时间在秘鲁土地上劳作的华工一定远远小于其之前输入的华工总数。这在其他的数据中有一定反映。同治八年（1869 年）四月十六日，美国驻华公使向中国总理衙门代呈秘鲁华人诉状，其中有"广东华民往秘鲁国雇工者三万余人，公同具呈控告秘鲁东家凌虐华人之事"等语。[③] 考 1849~1869 年秘鲁华工输入总数为 45000~48000 人，这个数字作为当时在土地上劳动的华人数目是有可能的，实际人数可能更少。更加经典的材料是 1876 年秘鲁的人口普查数据，统计得当时居留秘鲁的华人人数为 49956 人，其中 24298 人居住在利马省（Departamento de Lima），11958 人居住在利马市（Provincia de Lima），5642 人居住于利马市区内（la Ciudad de Lima）。[④]

---

① 柯裴：《客家人在秘鲁》，第 6~8 页。

② 〔美〕胡其瑜：《何以为家：全球化时期的华人流散和播迁》，周琳译，杭州：浙江大学出版社 2015 年版，第 85~86 页。

③ 《总理衙门给总税务司赫德饬查秘鲁国凌虐及拐贩华工札文》，同治八年五月初一日，载陈翰笙主编《华工出国史料汇编》第一辑（三），北京：中华书局 1985 年版，第 967 页。

④ 柯裴：《客家人在秘鲁》，第 5 页。按照当时秘鲁的行政区划，全国被分为省（departamento）—州（provincia）—区（distrito）等行政单位。相关翻译的处理参见柯裴《客家人在秘鲁》，第 5 页注 2。

在华工集体输入被禁止以后，秘鲁华人社区出现了缩小的趋势。麦克基欧恩根据 1908 年利马市政府的人口普查数据指出，当时居留于利马市区的华人总数为 5123 人，与 1876 年数据变化不大，但是居住于利马市的华人大幅减少，仅剩 6996 人。这意味着居住于市郊的华人（主要是华工）大幅减少，华人的居住区域和产业趋于集中。[①]

表 1　1876 年和 1908 年秘鲁华人人口普查数据

单位：人

年份	总人数	利马省人数	利马市人数	利马市区人数
1876	49956	24298	11958	5642
1908			6996	5123

这一变化不能不被秘鲁方面注意到。海岸种植园主倚重华工作为农业劳动力，种植园内契约华工的减少和劳动力成本的增加让他们很着急。1874 年条约签订之后，秘鲁外交部以多种方式和中方接触，希望重开集体华工移民，甚至对违约掠买华工的行为持默许和支持的态度。[②] 甚至到了光绪十三年（1887 年），秘鲁政府仍然在为招工而找中方磋商。这次，前任秘鲁驻华公使爱勒莫尔直接在美国拜访中国驻美日秘三国公使张荫桓，"历言华工在秘近免苛虐"，希望重开华工移民。但张荫桓指责秘鲁国内政局不稳，"华商倒塌二十四家，生理甚蹙"，直接回绝商讨招工事宜。[③]

一方谈华工，一方谈华商，两国对华人移民的理解侧重已有微妙不同。与华工数量减少和华人社区集中化同时发生的是自由移民数量的增加和华商影响力的扩大。1874 年，清政府派容闳赴秘考察华人境况，其调查报告有"具诉词流寓呬噜国（秘鲁）哩麻埠（利马）中华商人等……窃商等自同治七八年（1868～1869）间由美国旧金山正埠贩运广什货至此贸易……"等语。[④] 这是最早的中国商人在秘鲁经营外贸的官方记载。费

① Adam McKeown, "Inmigración China al Perú, 1904－1937: Exclusión y Negociación," *Histórica*, Vol. 20, No. 1, p. 61.
② 关于掠买华工事，参见《史料汇编》第一辑第三册，"美国同孚洋行为秘鲁拐招华工"。
③ 张荫桓：《三洲日记》上册，鄢琨校点，长沙：岳麓书社 2016 年版，第 138～139 页。
④ 《容闳致两江总督沈葆桢禀帖》附《华工秉词》，载《史料汇编》，第 1046 页。

尔南多·德特拉塞格涅斯在反映秘鲁华工和华人社会的纪实小说《沙国之梦》中，专门对携带小资本前往秘鲁投资的移民进行了描述：

> 张山公司主要进口小商品。但在合法进口的同时，也经常搞些走私。公司从广州走私一些诸如丝绸、象牙制品、富贵人家小姐盛嫁妆的黑檀木小衣箱等精美小商品，然后在店堂后面出售给一些特殊顾客，从中赚取不薄的利润。

> 张山并非作为"苦力"来到秘鲁，而是在妻子陪伴下，以移民身份来秘鲁做生意，甚至还随身带了一小笔资金。他定居秘鲁已多年。就这样，他在辛勤劳动和简朴生活的基础上，铢积寸累，积蓄了一笔不大不小的财产。[①]

还有一些移民是香港公司或美国公司的外派代表，专程前往秘鲁设立分公司。他们一般文化水平较高，有丰富的商业专业知识，可能随身携带大笔款项。1872年开张的永安昌是秘鲁最早的华资进出口连锁商号。1887年，张荫桓上任公使，专程前往秘鲁递交国书，到达利马时就由永安昌牵头各华商接待。他在日记中对永安昌的经营模式有过很高的评价：

> 华商备公宴于永安昌，坐（座）有黎亮甫，番禺人，年仅三十，中西文并精。……秘鲁永安昌为华商之冠，南墨洲诸国如巴拿马、智利都城，皆有字号分托商伙经营，而受成于香港总核之人，层叠约束，条理精密，数万里外不能欺饰，故能持久。[②]

虽然这些自由商人移民在数量上不是很多，但是影响不小，尤其是和中国驻秘使馆过从甚密。从19世纪80年代开始，在华人群体中"工""商"之别逐渐显现出来。在驻秘公使致总理衙门或外务部的奏折当中，

---

① 〔秘鲁〕费尔南多·德特拉塞格涅斯：《沙国之梦——契约华工在秘鲁的命运》，竹碧、腊梅译，北京：世界知识出版社2000年版，第292、294页。
② 张荫桓：《三洲日记》下册，第390页。

我们可以明显注意到外交官对华人社区认识的变化。70 年代容闳考察秘鲁，估计在秘华工有十余万，几乎没有提到华商。而到了光绪十四年（1888），张荫桓在关于秘鲁情形的奏折中认为"寓秘华工，散处各埠，前逾六万……年来华人生机，华商贸迁稍绌，华工则绝无鬻身之事"①，此时已经开始专门提及华商生计。八年后，光绪二十二年（1896），杨儒报告说："华人……至今仅存五万余人，大约商人居其三，工人居其七。"② 在秘中国人的称谓从"华工"变成了"华人"，其中华商已"居其三"，成为不容小觑的群体。虽然具体的人数估计比秘鲁方面的统计数据多为庞大，但综合来看这几份奏折的内容，其反映的华人社区规模和产业结构变化却和秘鲁方面的数据一致。

上述变化在 1904～1909 年加速了。秘鲁驻香港领馆短暂地实行了鼓励中国自由移民的政策，希望这些移民在抵秘后能主动成为农业雇佣劳动力。香港的报纸上登载了秘鲁招募自由移民的广告，一些中国公司也利用在内地的人际关系网络说服新移民经香港前往秘鲁。有研究指出，在秘鲁的华人富商与这些移民活动有直接经济联系，他们的代理人渗透其中，暗箱操作更多中国移民前往秘鲁。③

1904～1909 年标志着 30 年以来华人自由移民的黄金时期，其间涌入秘鲁的中国自由移民保守估计超过了 7000 人。1908 年利马省的人口普查数据显示，年龄在 50 岁以下的移民（即契约劳工时代之后入境秘鲁的中国移民）已经占据该省华人的主体，华人移民大体完成了代际嬗递。④ 然而，这些人绝少如秘鲁当局期望的那样进入农村成为劳动力，而是大部分涌入了城市，通过同乡或亲戚关系寻求被既有的华人经济网络消化，如依托亲戚或熟人找到公司雇员、学徒、帮工或木匠等手工业者一类的工作，

---

① 《光绪十四年五月二十九日出使美日秘大臣张荫桓关于赴秘情形的奏折》，转引自尚文《秘鲁华工问题的若干史料简析》，《拉丁美洲丛刊》1981 年第 4 期，第 18 页。

② 《光绪二十二年三月出使美日秘大臣杨儒关于赴秘情形的奏折》，转引自尚文《秘鲁华工问题的若干史料简析》，第 18 页。

③ Adam McKeown, *Chinese Migrant Networks and Cultural Change：Peru，Chicago and Hawaii，1900-1936*, The University of Chicago Press, 2011, p. 146；"Inmigración China al Perú," p. 69.

④ McKeown, "Inmigración china al Perú," pp. 63-64.

携带或积累了一定资本后，他们便经营小产业如杂货店、理发店或成为屠户。华人社会逐渐形成了一个以商人为核心的社会。

1909 年以后，秘鲁迫于国内劳工压力收窄对华移民政策，华人移民秘鲁的不确定性更多了，但移民流没有完全被切断，自由移民依旧不断输入秘鲁，直至 1930 年禁止华人移民。在秘鲁国内影响不断扩大的华人富商可以遥控其在香港的势力缓和领事馆的执法力度，而且他们也有影响秘鲁政坛高层的渠道，使得华人移民保持一种灰色状态。不过，政策的收紧也迫使一些华人寻找新的移民路线。在这一时期，从香港出发，穿越印度洋和大西洋，从玛瑙斯入亚马孙河最终抵达伊基托斯的移民路线逐渐流行起来，尤其是因为秘鲁对东部口岸的管制较松，给华人提供了更多非法入境的机会。这一移民路线是以华人商业网络在东部的扩张和巩固为前提的，又通过大西洋航线将秘鲁东部雨林区与欧洲连接在一起，构成全球性经济和移民网络的一部分。《客家人在秘鲁》一书收录了移民陈必大的回忆录。他从中国往返秘鲁都是从伊基托斯入境，无论是经过大西洋（香港—利物浦—伊基托斯）还是太平洋（香港—温哥华—哈利法克斯—伊基托斯）。

新移民的影响不会只呈现在产业结构的变化上，其经济实力、文化观念和组织能力和早期来到秘鲁的华工有所不同，势必对华人社会内部的结构有所更张。移民的代际嬗递对华人社会的影响具体反映在哪些方面？华人社会内部的阶层结构、社团组织、文化身份有没有因而发生变化？这将是我们接下来探讨的问题，也是对引言所提出问题做出解答的核心。

二 华人社会结构与文化身份的变迁

（一）富商的崛起和社团结构的改造

秘鲁最初的华人社团到底是出于华工还是华商之手，其细节已经颇难考证。不过有材料指出一些华人会馆在诞生之初是以"公司"形式存在的。① 同治七年（1868），华工经美国外事部门转呈总理衙门一篇求援禀文，其中有"具禀人中华国远适呲噜咕冈公司、粤东会馆、同升公司众蚁民等，告为骗欺酷刻，投文求援事"等语，反映出在当时一些商业公司承担了凝聚民意和作为代表进行沟通的功能。显然，在当时华工四处分散孤立无援的处境下，组织度较高的公司自然被借用以发挥组织机能。洛桑－埃雷拉认为"同升公司"很可能是1891年成立的同陞会馆的前身②；而正式成立于1880年的古冈州会馆认为自己的历史可以上溯到1867年③，这样就可以与古老的"咕冈公司"联系起来。在这些古老会馆的名称中似乎能够找到一些商人参与的影子。

19世纪80年代见证了华人社团成立的第一个高峰。在太平洋战争中秘鲁南部种植园的华工"里通外国"帮助智利军队占领利马，激起了利马朝野对华人的强烈抵制。面对压力，利马的华人开始考虑建立一个联合各团体并能和当局交涉的社团。但社团的不同取向却造成了利马华人的分裂和双方对华人社会内部权力的争夺。关于这一分裂有很多不同的理解视角：其中一方以天主教组织为后盾，与洪门来往甚密，带有强烈的平等主义色彩，逐渐和反满秘密会社纠缠不清，且其成员多来自客家方言区；另一方则坚持中国古典文化，支持清政府的权威。最终后一派胜出，组织成立了秘鲁中华通惠总局。④

在这一过程中，华商们提出倡议，各社团领导人也多从商人中产生，如中华通惠总局则"于各殷商中公举总理、协理，轮董其事"⑤。最重要的是，社团成立建址，无不靠工商筹款，维系也主要靠商人捐助。然而当时新历战事，商人被抢掠者众多，又要忍受战后经济萧条，生计一般，富

---

① "公司"一词为来自西洋的译词，指企业组织方式。

② 柯裴：《客家人在秘鲁》，第22页。

③ 《纪念特刊》，第222页。

④ Isabelle Lausent-Herrera, "Lo que nos revelan las lapidas chinas del Cementerio Presbítero Maestro," en Centro Cultural de la Pontificia Universidad Católica del Perú, *200 Cientos años del Presbítero Maestro. Primer Cementerio monumental de America latina* (Lima: Mixmade, 2008), p. 93; "Between Catholicism and Evangelism: The Peruvian Chinese Community," in Chee-Beng Tan ed., *After Migration and Religious Affiliation: Religions, Chinese Identities and Transnational Networks* (Singapore: World Scientific, 2013), pp. 185–240.

⑤ 《创设中华通惠总局记》，载《纪念特刊》，第47页。

商大贾也不多，筹款工作往往耗时经年。中华通惠总局自 1881 年开始筹款，至 1886 年才筹足资金购买所需房屋。若是另建会址则开销更大，往往买地需要筹款，建楼又要筹款，前后筹备跨越数年者亦属正常，至有买下地皮后无人问津而搁置数十年者。1888 年筹建南海会馆时，张荫桓正在秘鲁，他回忆同邑人"各捐一月薪工，余亦捐俸一月。闻前数年曾集得七千余金购一地段，此时兴造不易，出脱又太吃亏，只可作为会馆公产，不致湮没可也"①。这是常见现象。

如此经济情况，可以想见各社团建立以后的维持也很成问题。总局所谓通商惠工，提供公共服务和社会救助是非常重要的职能，但是其在很长一段时间内经济上都难以支撑，仅能作为华人代表机构与其他机构交涉。在传统中国的价值体系和政策经验中，办学堂是一件确立中华文化身份的大事。张荫桓上任公使后，曾将兴办中西学堂作为其政纲主要内容。富商捐助的筹建方式在美国、古巴均获成功，但是在秘鲁却难以维持。究其原因，是捐款难以持久。其时中华通惠总局运行经费犹成问题，"秘鲁华商生计逊前，通惠局且拖沓未就，语以作育华童之意，犹北辙而南辕耳"②。两年半之后，1891 年，新任驻秘公使崔国因到达利马，前往中华通惠总局视察，发现此时学堂竟早已停办。崔国因因而追问："中西学堂何以无人就学？"则云："中华四子书，少时无不读者，父兄自可教其子弟。淹博之道，非所敢期，故不须就学。洋文须延洋师，费用太大，无可筹措，请即停办。"因再三开导。众云："勉强允从，非心所愿，岂能持久？不如直言，前此本非所愿，故一年以后，即以解体。今绝不敢应承。"③

看来，筹办学堂的确超出了当时华商的经济支持能力，所谓"自可教其子弟"，"费用太大，无可筹措"，无一言不着眼节俭，满是难以支撑的无奈；众华商看到张荫桓已经卸任，甚至也不惮在新任公使面前说出"前此本非所愿"的实情。

中华通惠总局执行社会救助职能时也受到严重的经济制约。照顾贫苦

① 张荫桓：《三洲日记》，第 410~411 页。
② 张荫桓：《三洲日记》，第 503 页。
③ 崔国因：《出使美日秘国日记》上册，长沙：岳麓书社 2016 年版，第 262~263 页。

老华侨是通惠局最基本的慈善职能之一，总局也在利马市中心设立了华侨安集所，安置年老或生病的华人。而在其成立初期，众华商对筹款很不情愿。张荫桓曾有记载：

> 华人寓秘老疾瞽目无依者，通惠公所为设养济院于嘉里约，以资栖止，近将三百人资遣回籍，无此巨款，此辈亦不愿言旋。公所既乏恒产，月捐众商又不勇（踊）跃，窃虞善举中辍，因为月给三十金，自本年正月始，以期持久。[①]

国家拨款缺乏先例，也并不是所有官员都像张荫桓一样仗义疏财。因此，对于中华通惠总局这种很大程度上依赖富商捐款开展相关活动的社团来说，想要更好地履行职责和扩大影响力，必须存在一个比较景气的经济环境，华商的经济实力都有所增长，乐意出资捐助其相关活动才行。

而在秘鲁，这种有利的经济和社会环境出现在19世纪末。太平洋战争打击了军方的威信，带来了文官统治的稳固和延长。自1895年起，文官民主制短暂而稳定的运作为经济发展提供了良机。外国投资和地方投资增加了，生产规模得以扩大。此外，1889年，英国利益集团免去了秘鲁超过2亿美元的战争债务，同时换取了在秘鲁的铁路、水运、土地、矿产等大量经济特权。虽然依赖外国市场、资本家和贷款的倾向加强了，但秘鲁以初级产品出口为主的宏观经济渐趋恢复。

同时，在19世纪的最后十年，有更多中国商人精英从香港地区和美国携带雄厚的资本前往秘鲁投资，建立连锁商号，经营进出口贸易。这些人具备更良好的教育和一定农商专业知识技能，而且对全球经济体系的运作有深刻的理解。在他们的经营下，一批进出口商庄繁荣起来，进口欧美和中国货品在秘鲁销售。19世纪末，这些华人商庄踊跃投资农业，建立农庄，雇用秘鲁当地劳动力生产棉花、蔗糖出口到制造业发达国家，将业务拓展到土产批发零沽行业。投资农业成为华人商庄的跳板，到一战时

---

① 张荫桓：《三洲日记》，第403～404页。

期，欧洲战争和重建对初级产品的大量需求使得华人农庄的农产品出口空前繁荣，一批进出口公司的负责人迅速成为富商巨子，构成了华人社会内部最为显赫的精英阶层。20 世纪 10 年代到 20 年代，华人社会内部出现了"八大商庄"（见表 2）。

表 2　20 世纪初期秘鲁主要的华人商庄

商庄	创始年份	创始人或代表人物	备注	是否经营田寮
永安昌	1872	陈博生/ Cesáreo Chin Funksan 方灿景/Fon Shan King	香港外派	是
宝隆	1889	谢宝山/Aurelio Powsan Chia		是
合安荣	1893	陈仲佳、陈群/Ezquiel Chan kan	香港外派	是
宝安	1897	邬子才/Escudero Whu	文化水平高	是
正合	1900	何寿康/Jo San Jon	经营奢侈品	
广福	1910	古镜初/Javier Koo、张志仁	张为谢宝山婿	是
广和	1922	邓均亮、邓坤琪*	文化水平高	是
广发隆		古祐		

＊不同资料写法不一，也作"祺"。
资料来源：笔者按照《纪念特刊》相关内容整理。

还有其他商庄，比如合昌等，亦很知名。当时在秘鲁的华侨戴宗汉回忆，八大商庄有六个属于客家人，足见客家人在商业精英内部举足轻重的地位。[1] 这些商庄的业务是全球化的，但经营却沿着宗族和地域纽带展开，也凭借联姻与庇护关系实现商业联盟。客家人陈必大在秘鲁就通过老乡介绍面见谢宝山、加入宝隆工作，又辗转到邬子才的宝安公司谋生。[2] 这具体地体现了华人社会内部以乡亲、宗族为主要形式的庇护关系如何运作于秘鲁。

在这样的背景下，大概从 20 世纪 10 年代开始，尤其是一战以后，以八大商庄经营管理层为代表的巨商走上社会活动的前台。这些人逐渐成为各社团的领导群体，尤其在 20 年代几乎控制了所有重要社团的领导层。随着经济支持和社会投入的增长，华人社团组织经历了以利马为中心、在

[1]　《戴宗汉先生访问记》，载《纪念特刊》，第 87 页。
[2]　柯裴：《客家人在秘鲁》，第 132～133 页。

地域上迅速扩展的过程，其社会职能的履行也被全面提升到新的水平。可以说，20 世纪 20 年代，既是华商在秘鲁经济影响的高峰，也是华人社团网络在广度和强度上的鼎盛时期，而后者是以前者为基础的。进入 30 年代，随着大萧条的影响，华人商庄普遍遭受巨量亏损，巨商时代一去不返，华人社团的离心化和分散化趋向也加强了。直至抗战动员时期华人社会才被重新统合到较高的水平。

至晚在一战后，各主要社团的领导班子已经形成了巨商精英轮流坐庄的局面。此外，还有华商担任秘鲁公职，如邬子才曾任撑佳埠（即钱凯，Chancay）的市长，主持基础设施建设。

表 3　20 世纪初主要华人社团领导班子

职位名称	曾任领导的商人
中华通惠总局主席、副主席	谢宝山、邬子才*、陈博生
中华商会主席	谢宝山、邬子才、何寿康
中华航运公司董事长	谢宝山、邬子才、Tomas Yui Swayne
中华航运公司董事会成员	谢宝山、邬子才、Tomas Yui Swayne、张志仁、古镜初、何寿康、陈博生、陈群
联合保险公司主席	谢宝山、邬子才、Tomas Yui Swayne
中华三民学校筹办会、校董会成员	谢宝山、古镜初
《公言报》创办者、董事会成员	谢宝山、方灿景、古镜初、何寿康
同陞会馆创办人、顾问	谢宝山、张志仁、邓坤祺
鹤山会馆创办人、董事	邓坤祺
南海会馆主席	谢宝山

注：谢宝山和邬子才是秘鲁侨界的两个传奇人物。谢宝山至晚在 1909 年已经担任中华通惠总局主席，而在 20 年代又长期担任该职。邬子才以华人身份在秘鲁担任市长这样的公职，在当时极为罕见。

这一统计是不完全的，除了领导层，来自主要商庄的管理层人员也渗透进社团管理层当中，比如 1924 年时宝安的经理就是中华通惠总局的司库。

资料来源：笔者按照《纪念特刊》、《客家人在秘鲁》、*La colonia china* 相关信息整理。

从表 3 的不完全统计可以看出，20 世纪 20 年代中国商界代表人物或多或少都曾担任过华人社团的领导职务。换个角度来看，这说明 20 年代主要华人社团的领导职务几乎完全由几大商庄的精英小团体所垄断了。

1909~1930 年，在这个团体的领导下，各地方大城市新设立了不少通惠总局的支部，即各埠中华会馆；另外，他们还致力于新地方会馆的建设。1921~1928 年，在利马先后设立了花邑会馆、香山会馆、鹤山会馆三个新会馆，加上于 1909 年设立的秘鲁利马中山隆镇隆善社，反映了华人移民籍贯的新变化。以利马为中心的社团网络加强了。同时，他们致力于建立半商业半公益性质的经济组织，尤为有代表性的就是 1917 年成立的"联合保险公司"和 1920 年成立的"中华航运公司"。值得一提的是，这两个公司都在香港注册，体现了华人经济网络的全球化特点。

全盛时期的社团不仅在分布范围上扩张，更在职能执行上增强。中华通惠总局及其成员会馆作为半官方团体的外交协商职能，作为社会互助组织的社会救助职能和教化职能都得到了更好和更主动的执行，一改二十年前有心无力之象。在经济上繁荣起来的华商逐渐对维护自身利益变得强硬，在 1909 年秘鲁国内爆发的反华暴动中就初见端倪。利马爆发反华活动、秘民打砸华人产业后，谢宝山主持召开通惠总局会议，要求秘鲁政府保护华侨的人身和财产安全，并由中方指派人员调查中国商人蒙受的损失，秘方需照价赔偿。① 随后事态恶化，秘鲁政府立法限制华人移民，华商联名电请驻美使馆请清政府派兵轮到秘鲁镇压叛乱。② 虽然这种表态更多流于一种姿态，但其姿态之强硬前所未有。在 1919 年反华运动时，华人的施压首次取得了成果：政府答应赔偿华人所受损失的一半。无疑这反映了华人在秘鲁实力的增强。

安置老弱的社会救助事业也迅速开展起来。因资金短缺而中辍的资遣贫老无依华侨运动终于在 1909 年正式开启。至 1924 年，五批共 155 名老华侨被送回国内，安置在位于广州的秘鲁华侨安集所，去世则葬在安集所旁的秘鲁归国华侨总墓。1922 年，合安荣香港总号安荣栈主持整修坟墓，又兴置产业以维持总墓的日常开销。③ 送华侨归国的船只，在中华航运公

① *Comercio*, May 11, 1909：1, https：//infoweb. newsbank. com/apps/readex/doc？p＝WHNPX＆docref＝image/v2：125D7AC89B62EEE4@ WHNPX-1275DABDC07979A8@ 2418438-1275DABDC929DB10@ 0, 2020-01-12.
② 伍廷芳：《致外务部电》，一九〇九年五月十八日，载伍廷芳著《伍廷芳集》上册，丁贤俊、喻作风编，北京：中华书局 1993 年版，第 306 页。
③ 《纪念特刊》，第 61 页。

司成立后一律用公司最好的"岭南"号汽轮。该轮是秘鲁华侨拥有的第一艘商轮，投运不久即承担起了运送华侨的任务。中华航运公司分担了慈善事业的成本，当初张荫桓所虑归国旅费甚巨的问题也得到了解决。[①] 因难以维持而停办的中西学堂，终于在 1923 年经谢宝山倡议而重新筹办，于1925 年正式开学，学生就读者四百余人，成为华人社区最主要的学校。

综上所述，19 世纪末秘鲁初级产品出口经济的繁荣，促成了华人进出口商业和农副产品加工业的兴盛。一些具有大量资本和专业人才的进出口商号瞄准时机投入农业生产，终于在一战后迅速膨胀为声名显赫的大商庄。其领导集团也通过扩展同乡关系、担任社团领袖、主持慈善活动获得了华人社会的领导权。在此背景下，华人社团网络在 20 世纪 20 年代臻于极盛，内部慈善事业也以空前的速度发展起来。

然而，这种以自由商人移民为主体的社会改造，必定与上一代华工及其后裔的社会融入之间产生不小的张力；而在华人社会内部的精英领导之下，大量中小规模的华人产业主构成了社区的基层。移民的代际更替和社区领导权的变更如何影响到老华工群体的生活？极少数富商巨子的显赫之下华人社会的阶层结构又呈现出什么形态？这是我们接下来要探讨的问题。

（二）合与分：华人社会的新形态

一项 1887 年的中秘联合调查显示，在秘鲁沿海种植园仍存在大量的契约华工，不少人忍受着非人的折磨。[②] 此时距离苦力贸易废止已经十三年，按理说已经远远超过了最后一批移民八年的合同期，但仍有大量劳工滞留种植园。由于种植园主的盘剥，合同往往成为废纸一张，而华工为了还债或谋生，必须延长其契约。当然也有华工幸运地在完成契约后离开种植园，他们无钱支付回国的路费，只能在异国闯荡。有人深入安第斯山区，或远涉东部雨林谋生。

绝大多数华工没有积蓄开创自己的小产业，他们离开种植园后在陌生的世界里无以谋生，所以许多华工在完成契约后只能续约，或留在种植园做家

---

① 《纪念特刊》，第 87 页。
② 《纪念特刊》，第 69~70 页。

仆、佃客或自由工人。极少数的华工利用在种植园做监工时积累的资本和经验，转而在农村领导和纠集前苦力组成自由雇佣劳动力帮派，自己则成为中介工头。① 以鸦片分销网络为代表的种植园小商业，也往往由监工或幸运积累了一些资本的华工经营。② 这些小商业主要参与供应华工的日常所需。

离开了种植园的华工，绝大多数涌入了沿海大城市，成为手工业者、体力劳动者和小商贩。杨安尧指出，"他们从事的职业有厨师、佣人、洗衣匠、面包师等。很多人浪迹在首都利马，有冒着严寒去零售热水的，有赶着骡车在贫民区挨家挨户掏粪的，有捡拾抛在街头的烟蒂卖给制烟车间的"③。他们凭借极微薄的收入，经年累月积累，最终才能经营贩夫街摊一类的小买卖。如此小本经营，很少有人能负担起店面，其收入基本只够温饱，且不确定性太大，一旦年龄增大或疾病缠身，许多人不能储蓄养老，唯有流落街头或寻求救济。

但是，并非所有华工都留在了沿海区域。有一小部分华工，尤其是通过逃亡或起义方式离开种植园的华工，他们或是除了上山无路可逃，或是希望开拓新的经济空间，从沿海地区东入安第斯山，甚至翻越山脉，最终到达东部雨林区。他们有的在山区落脚，成为大族的佃客或手工业者，或是沿着山路做游商；有的则深入雨林，进行农业拓殖，或是借"橡胶热"的东风，在橡胶种植园旁边经营小商业或务农，供应种植园的日常需要。在内部交通不便的雨林地区，沿着河网贩卖货品的游商也不少，后来也有自由移民经营。陈必大早年在亚马孙地区做过游商：

> 这种商店其实就是在一支独木舟上装满商品，给河上人家送人家需要的东西。我记得有一次特别危险——河水的一个漩涡差点把所有的东西全都卷走。④

---

① 胡其瑜：《自由劳动力抑或新型奴隶制——19世纪古巴和秘鲁的中国苦力》，载《何以为家》，第79~114页。
② 胡其瑜：《鸦片与社会控制——秘鲁和古巴种植园的苦力》，载《何以为家》，第115~125页。
③ 杨安尧：《秘鲁华人华侨经济的变化与发展》，《八桂侨刊》1994年第1期，第43页。
④ 柯裴：《客家人在秘鲁》，第132页。

陈必大经营流动商店时已经是 20 世纪 10 年代，其境遇尚且如此，可以设想当时华工生存环境之恶劣。山区和雨林的华工，不仅要面对恶劣的自然环境，还要忍受当地人的歧视和蛮荒之地的治安问题，生命财产安全处于极大的不确定性之中。但是，华人游商在山区和雨林地区的商品供应和运输网络中发挥着极其重要的作用，对于秘鲁东部的资源开发做出了巨大的贡献和牺牲。

与此同时，华人的分散和孤立也促使他们寻找方法更快融入秘鲁社会。其中最重要的就是皈依天主教。[①] 皈依天主教是华工提升社会地位的前提。在 19 世纪的秘鲁农村社会，天主教几乎是一切社会关系的支柱和依托。受洗不仅是灵魂的注册，也意味着对人社会性的认证；在本地教堂记录人生的里程碑（出生、成人、结婚、死亡），是被吸纳进本地社会的标志和特权。

对许多华工而言，入教是一种现实的利益驱动，而最为关系切身利益的是婚配和教父两大体系。秘鲁苦力华工多为单身男性，当他们完成契约，希望与当地女性结婚生子时，必须要在当地社区教堂受洗才能完成婚姻，因为教会是唯一能授权婚姻关系合法性的机构。许多华工因而在结婚前突击入教。此外，华工受洗后与其教父结下的关系（padrinazgo），或者是华工的子女受洗后，孩子生父与教父之间的关系（compadrazgo），其实都是华工在本地重要的庇护关系。在种植园入教的华工往往以其东家为教父，以东家的名字为自己的教名和西语名；离开了种植园的华人，也借此依靠于当地的权势家庭以求立足。王保华对秘鲁的 Compadrazgo 现象有过专门的研究，认为 Compadrazgo 不强调教父—教子关系，而是重视教子的父亲与教父双方的关系。秘鲁教父们作为恩主和保护人在经济和文化层面都是华人沟通当地社群和秘鲁社会的桥梁。[②]

需要指出的是，教父体制对于任何在秘鲁皈依天主教的华人来说都是

---

① 对于早期华工改宗天主教的原因和细节，周艳已经有比较全面的总结和描述。参见周艳《华人成功融入秘鲁社会的原因》，北京大学国际关系学院硕士学位论文，2006 年。

② Bernard Wong, "A Comparative Study of the Assimilation of the Chinese in New York City and Lima, Peru," *Comparative Studies in Society and History*, Vol. 20, No. 3, 1978, pp. 343-344.

选择庇护人的机会，不仅限于华工。然而，与后来自由移民的皈依现象相比，华工皈依的不同之处在于，由于其被分散在秘鲁广大的农村社会里，在既有的社会权力结构下，他们选择的余地十分有限，只能臣服在当地的世家大族脚下。而当中国商人——往往与被皈依者是同乡、同宗——成为同样显赫的群体时，华人选择的倾向性就显而易见了。

分散，孤立，经济上的依附，普遍的通婚，宗教的皈依，名字的更改，语言的同化，这一切都抹去了皈依华工的中国文化身份。传统的同乡关系和宗族纽带，曾经崇信的民间宗教，沿用多年的母语和汉语名，对清帝国的政治忠诚和汉族的自我认同，这些作为华人的文化特质仿佛都"冻结"了。"戴贺廷先生曾见过一名猪仔客，由于二三十年都没有讲过中国话，连发音都忘记了。"①

当这一部分在秘鲁社会内部同化程度比较高的华工和新到秘鲁的自由移民相遇，两者之间会产生什么样的碰撞？进入 20 世纪以后新华人社会纽带和组织结构的加强又能否在这些老一辈华工群体中产生共振？对于这个问题，法国学者伊莎贝尔·洛桑－埃雷拉做了权威性的研究，为我们提供了一个非常有说服力的切面。

她在一个叫亚哥斯②的安第斯山庄实地考察数年，发现早在 1877 年就有中国人到达这里并且与当地人通婚、共居。她认为，从 1877 年到 1890 年是中国侨社形成的时期，这一阶段没有社会角度的结构，也没有经济角度的组织，仅仅是人的存在和增加。而第二个阶段从 1890 年开始，一批新到的中国人来到亚哥斯定居做生意。他们重新组合，形成真正的社团结构。内部条例和等级分明的制度，使中国人在 19 世纪末几乎控制了这个山庄的全部商业活动。③

不仅如此，新移民的到来几乎立刻在老华人群体当中激起了文化上的反应，造成了这个小山村华人社区中国文化身份的全面回暖。在法律文件

---

① 《戴宗汉先生访问记》，载《纪念特刊》，第 89 页。

② 位于秘鲁中部钱凯谷地（Valle de Chancay）。

③ 参见 Isabelle Lausent-Herrera, *Pequeña propiedad, poder y economía de mercado: Acos, Valle de Chancay*, Instituto de Estudios Peruanos, 1983, https://books. openedition. org/ifea/1555, 2020-1-12；《纪念特刊》，第 75 页。

中出现的中国人名开始使用中文姓和西班牙语名相组合的形式①，与之相伴的是宗族意识的回归和祖宗祭祀的重新出现。与此同时，中国人在婚姻问题上变得更谨慎了，鳏夫再婚或第一代华人的子弟结婚时，他们往往选择有中国父亲的女人。最重要的是教父体制的变革。正如我们在上文所提及的，随着华商权势的扩展，华人往往为自己的子女选择一个中国的教父，而非在本地大族中选择。此时，教父—教子关系很可能和同乡、同姓关系糅合在一起，在天主教的形式下同时从东方和西方文明要素中借用庇护关系的合法性来源。

亚哥斯的例子反映出，新移民的到来不仅壮大了华人群体，也使其与故国的联系更加紧密。在之前不存在华人社群的地区，华人社会逐渐具有了一定的结构。伴随着中国文化身份认知的回暖，老华工的社会关系在一定程度上被抽离出秘鲁下层社会，更多地融进由华商主导的关系网络中。

当新移民的到来刺激老一代华人移民找回中国认同之时，华人社会的内部分化也加深了。无论是贫富差距还是民系之争，华人内部的争论逐渐浮现。随着自由商人的崛起，集中在利马市内的华商和沿海种植园内的华工之间发生了冲突；而随着富商巨贾的出现，自由移民之间的贫富差距也在扩大。一方面，统一的"中国"身份越来越赋予华侨以自豪感和安全感；另一方面，贫富差距又刺激着华人社会的分化。庇护关系和慈善活动不断向底层增大利益输送，但依旧改变不了不同阶层的不同生活逻辑。

早在 1881 年太平洋战争时期，种植园起义劳工和利马华商之间就存在着明显的利益分野。"劳工们清楚地看到秘鲁精英阶层的持续稳定统治损害了他们的利益……而利马的中国商人估计支持秘鲁政府才符合他们的

---

① 举个例子。如果一位华工名叫梁福，按广东方言区习惯称之为"阿福"（Afu），而他在种植园中受洗时用的教名是 Espinoza，那么他在秘鲁的本地社区里使用的名字就是 Espinoza Afu。但是，如今新移民的到来重新激起了他在中国人群体中以姓氏进行身份定位的意识，现在他在本地人社区里使用的名字就变成了 Espinoza Afu Leon，或者 Espinoza Leon。姓名形式的演变和区别并非局限于亚哥斯这个小山村。如果我们对比历史档案，就会发现华工时代绝大多数华工的名字是以昵称或者姓名组合起来的随意音译，但是自由移民则多不同，他们会有西班牙语名字，却会在西语名前冠上中文姓。这一规律甚至能帮助我们推测该名字拥有者的身份，或者来到秘鲁的年代。这是一个非常有趣的文化现象，反映了在秘鲁华人中国文化身份的重建进程，以及自由移民在其中起的作用。

长期利益，为此他们给国家的战争基金贡献了仅次于银行业的第二大份额，甚至自发组建了一支卫城武装。"① 而利马陷落后，支持智利的起义劳工大肆抢掠华人同胞的商店，令观察者非常不解。柯裴认为，劳工们对利马商店的掠夺很可能是客家人对台山籍广府商人的一次敌对行动。② 职业分野、贫富差距和民系冲突都已在华人群体中若隐若现。

到了 20 世纪初，华人富商势力大幅增长，开始逐步接管各社团组织的控制权。然而，在这一过渡性的时期，商界对是否应该积极承担起主持社会慈善的责任并未达成共识，上层和下层之间闹出了一些不愉快。1904 年，特鲁希略暴发鼠疫。市政府担心流落街头的华人乞丐（大多数是老华工或赤贫自由移民）成为传染源，要求该埠中华会馆暂时收容中国乞丐。富商们对此非常不满，几天后以中国商人代表而非中华通惠总局地方领导人的身份给市政府写信，严词拒绝其要求：

> 当局提议要亚裔移民社区承担这些乞丐为期三个月的安置成本，但似乎没有考虑到移民社区不是一个慈善团体……如果人们有权享有完全的独立自主，且应当通过个人奋斗供养自己的家庭，那么由我们来安置这些乞丐就是错误的做法，因为无论以个人还是以集体的形式去履行这些法外强加的义务不符合其他亚裔移民的利益。③

富商们熟练地使用个人主义的语汇为自己拒绝承担慈善责任辩护，其字里行间对同胞互助原则的回避不仅同中华通惠总局的宗旨背道而驰，甚至和同时期利马华侨领袖的主张也完全不同。透过这个事例我们不仅可以看到在特鲁希略华人内部认同因贫富分裂而在涉及切身利益时表现出脆弱性，也不难看出，在首都与外省之间，华人社区内部恩惠关系的运作或存在很大不同。

那么，绝大多数中国移民的生存状况到底如何呢？1908 年利马省人

---

① Mckeown, *Chinese Migrant Network*, p. 141.

② 柯裴：《客家人在秘鲁》，第 37~38 页。

③ Mckeown, *Chinese Migrant Network*, p. 159.

口普查对 5049 名在利马的华人进行了职业统计，发现城市雇佣劳动者和小商人已经在数量上占据主体。

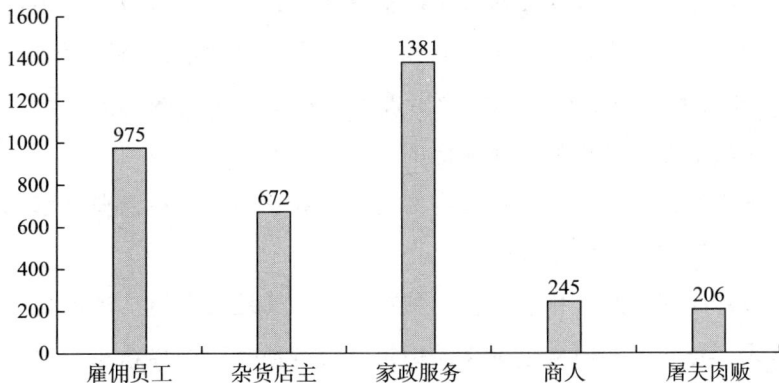

图 1　1908 年利马华人分布最集中的职业数量统计

资料来源：Mckeown, "Inmigración china al Perú", pp. 61-62. 其中，从事家政服务的华人中有 557 人做厨师的工作。

诉诸回忆史料，我们可以大概还原 20 世纪 10 年代普通华人的生活状态。1909 年到秘鲁的黄志强回忆，当时"一条小巷内，有占卦算命，字花、白鸽票等，有些老侨担着芝麻糊、红豆粥，随街叫卖。晚上有的用一个麻包袋，袋里装满小包花生，在唐人街附近喊卖……有的华侨开设小型餐室，叫 Chingana……只不过是打开一个小窗口，以卖茶水面包为主，二个钱一兜茶和加些糖，面包一个钱一个，华侨当清道夫（扫街）的也有，每日二十钱。"[①] 除了开设小食摊，典型的华人商业还有开设洗衣馆，卖炭等。所谓洗衣馆，很多都是"收了客人脏衣服拿到秘鲁人家里，或者拿到秘鲁洗衣公司去洗，用这种方式赚钱"[②]，更缺乏资本的就卖炭，卖茶，卖面包。这些商业，仍然带有和华工进入利马后所经营的流动商业一致的特点。

另一种常见的小本经营形式是以零售为主，兼涉批发的杂货店。在 20 世纪 30 年代，华人杂货店达到鼎盛，在唐人街附近几乎每条街都有，因

---

① 《黄志强先生访问记》，载《纪念特刊》，第 86 页。

② 《戴宗汉先生访问记》，载《纪念特刊》，第 87 页。

为杂货店大多数开在街角等易被发现的位置，中国人也被称为"街角的中国人"（chino de la esquina）。在 1900～1920 年，小本微利的流动商业在城市里仍然广泛存在，较晚才消失于历史舞台。并且，大多数华人杂货店主也仅仅拥有一笔小产业，其经营同样需要克勤克俭才能维持。可以说，在 20 世纪 10 年代的华人社会，尽管出现了一批做大生意的商人，但是绝大多数华人的生活水平仍然是非常低的。

在这样的情况下，华人社会内部的上层和下层势必在商业经营、社会活动等方面拥有不同的生存逻辑。

一些富商开始跻身秘鲁社会的精英阶层，其社会和经济活动也开始走上层路线。有商人专门从事奢侈品销售，交游秘鲁政商界精英。他们自己的生活方式也和秘鲁资产阶级越来越相似。[①] 从 20 世纪第一个十年开始，华人巨商逐渐展露出越来越强的通过私人关系影响政府政策的能力，甚至自己出面担任公职。

精英生活的另一侧面则是积极担任华人社区领袖。他们加强社团组织，牵头慈善事业，组织社会活动，强化中国身份和同胞情感，利用在中国大陆和香港的联系建立移民通道，引进新的华人移民。他们以传统的同乡和宗族关系为依托为许多新移民提供帮助和庇护。

商业精英的产业扩张得益于秘鲁初级产品出口经济的繁荣，其经营模式也有强烈的全球化色彩。大多数富商依靠进出口贸易起家，在中国大陆与香港以及美国、欧洲各地之间建立起了人员、资本和货物的流通网络；许多富商在城市的贸易公司中只雇用中国员工，而在农庄中则大量雇用秘鲁工人，形成了很有特点的职工结构。

中下层华人面对的生存环境不同。庇护关系逐渐被收缩到华人社会内部来，在形式和内容上都带有更明显的中国化特点。自由移民时代华人的经济地位已经较种植园华工有了极大的改善，但是大多数华人的生活仍然处于非常艰苦的状态。薄利多销的平民商业依然是华人经济最普遍的形

[①] 比如在 1917 年，中国商人买了一块地以便在其海滨度假村旁建设网球场，这被舆论理解为中国人在运动方面模仿白人上层精英的努力。参见 I. Lausent-Herrera，"Tusans and the Changing Chinese Community，" p. 155。

式，而华人在经济上的生存和发展仍然高度依赖勤俭节约的传统。这反映了中华民族吃苦耐劳的传统美德，但同时也是一种严苛的自我剥削形式。由于不少雇佣关系建立在私人关系基础上，华人小产业者对本人、自己的子女和同乡同族的新移民都具有超常的工作要求，要求通过更大的劳动强度和更长的劳动时间降低劳动力再生产成本以增加积累。非常多的华人回忆资料和文学作品对这一点都极为强调，因为它对华人的日常生活方式、思维方式和代际关系都有十分内在的影响。①

三　华人形象的再建构

我们已经看到，精英阶层统合华人的努力取得了前所未有的成功，而贫富、代际分野则潜藏在成功的背面，构成了 20 世纪初华人社会内部的一对基本张力。与此同时，华人影响力的增长激起了秘鲁社会其他群体的异议。社会敌意的加剧迫使华人寻求改善在秘鲁的形象，而华人经济实力的增强则为宣传工作提供了有力支持。这样，从 20 世纪 10 年代开始，尤其是在 20 世纪 20 年代初期，华人社会一改之前的低调姿态，主动利用各种方式向秘鲁社会发出自己的声音，重新打造华人形象。精英的经济统治力使其自然而然成为形象再建构运动的不二领导者，但底层声音的缺失又使得华人的新形象在某种程度上产生了扭曲和失真，社会实际存在的分化在一些言论中反映出来。这就是我们在引言中所提出的问题的背景。

秘鲁社会内部对华敌意的增长是华人影响力扩大的结果。随着更多移民涌入秘鲁，秘鲁方面的反华声浪也逐渐积蓄力量。这是为劳工、知识分子和官员所共享的舆论武器。相比之下，劳工强调亚裔对低劣条件和低工资的忍受带来的经济竞争，知识分子倾向于使用实证主义的种族主义言论论证黄种人血统素质低下给秘鲁民族带来了污染，而行政部门则屡屡出台

---

① 比如萧金荣的小说和柯裴收集的不少回忆资料都反映了相关的主题。参见 Ignacio López-Calvo, "Sino-Peruvian Identity and Community as Prison: Siu Kam Wens Rendering of Self-Exploitation and Other Survival Strategies," *Afro-Hispanic Review*, Vol. 27, No. 3, 2008, pp. 73-90, 以及《客家人在秘鲁》。

限制移民规定并进行选择性执法。在具体议题上，对华人的反感主要集中在卫生、种族和经济领域。

华人在秘鲁不讲卫生的名声很大，因为华人经营场所的卫生状况确实比较差，报纸上时常可见抨击华人店铺卫生条件差的报道，如华人中餐馆以次充好、使用变质食物的报道屡见不鲜。有关于中餐馆的报道称，"人们一踏进这家饭馆就先被一阵恶臭所袭倒。……他们吃的是什么呢？切碎的蔬菜、布满灰尘的中式米饭和腐烂的肉——当然了，那肯定是马肉或狗肉，所有的菜都是用大锅来煮的，他们还加入了一些调料掩盖了食物变质的味道"①。一份调查华人聚居区奥太沙巷的政府报告长篇累牍地写道，华人社区地面上满是脏东西；华人糖果店颓圮破烂、暗无天日；在家里，华人把肉随意挂在墙上，上面积满灰尘，附生蚊蝇；华人街区的房子随意隔断搭建，人群流动寄生犹如蜗居蚁穴，居住人数难以统计。② 因此，政府制定了不少经营卫生规范，并且在执法过程中针对华人执法，引起了执法部门和华人社区间大量的法律争端。1909 年利马市政府强制拆除唐人街核心街道奥太沙巷，造成大量华人流离失所，各方舆论反而一致叫好。

华人被认为是病毒和瘟疫的携带者。1904 年夏季，在秘鲁沿海地带暴发了严重的鼠疫，当时很多秘鲁人认为是华人带来了这种瘟疫。10 月，适值运载华人的蒸汽船"肯辛顿"（Kensington）号抵达卡亚俄港，余怒未消的秘鲁人自发在港口聚集阻止船只靠岸，直到一个医生组成的委员会对船只进行彻底消毒之后问题才得到解决。③

卫生加以延伸自然可以上升到道德卫生，华人的恶习成为种族主义言论的抓手。同一份调研报告写道，在华人社区当中鸦片馆到处都是，"在

---

① Mariella Balbi, *Los Chifas en el Perú: Historia y Recetas*, *La Escuela de Turismo y Hotelería de la Universidad San Martín de Porres*, 1999, p. 45，转引自周艳《华人成功融入秘鲁社会的原因》。

② *Comercio*, May 12, 1909：1, https://infoweb. newsbank. com/apps/readex/doc? p＝WHNPX& docref＝image/v2：125D7AC89B62EEE4@ WHNPX－1275DABF1A8834B0@ 2418439－1275D ABF2ADEB758@ 0，2020－01－12.

③ *Comercio*, October 21, 1904：3, https://infoweb. newsbank. com/apps/readex/doc? p＝WHNP X&docref＝image/v2：125D7AC89B62EEE4@ WHNPX－1457B0B96AEB0F80@ 2416775－ 144D8B5849CF4AA0@ 2，2020－01－12.

这条街上每天至少有六百个烟鬼吞云吐雾，然后涌入亚洲移民当中……他们沉溺于那些堕落民族所独有的最伤风败俗的举动——鸦片把这个民族弄得粗鄙不堪了"①。华人开设赌场也遭到抨击，有知识分子认为赌场"磨炼了我们土生白人偷鸡摸狗的才智"②。

这样的批判上升到"科学"和"实证"的高度，就演变成了不少知识分子的奇异腔调。一篇大学论文将中国人和原住民并提，提出了如下的论证：

> 在他们的血脉深处骚动着卑劣民族的意识观念……他们集中了自己所有不多的智力，只为了掩藏那被强忍着的、不断折磨着他们的仇恨……仇恨把他们吞噬，将他们导向如下的结局：逃亡或者破坏。③

劳工们在种族主义言论的使用上也不落下风，他们往往更具攻击性：

> 亚洲人仅仅只是一种温顺的动物，他们不能运用法律保护自己，因为这些法律是用以规范人类之社会政治秩序的。由此来看，根本没有理由把他们从监禁营里解放出来，因为在那里他们才能充当好农业佣工的角色，而这也是他们唯一适合干的事了。④

在经济上，反对华人的观点主要有两派。人们认为亚洲劳工的到来加剧了劳动力市场的竞争，使得秘鲁本国的劳动力越来越不值钱了。具体而言，亚洲劳工涌入种植园使得本地劳动者需要以更低的工资提高竞争力，

---

① *Comercio* May 12, 1909: 1, https://infoweb. newsbank. com/apps/readex/doc? p=WHNPX& docref=image/v2% 3A125D7AC89B62EEE4% 40WHNPX－1275DABF1A8834B0% 402418439－1275DABF2ADEB758%400, 2020-01-12.

② McKeown, *Chinese Migrant Networks*, 143.

③ Clemente Palma, "El porvenir de las razas en el Perú", Tesis para optar el grado de Bachiller. Universidad Nacional Mayor de San Marcos, pp. 7-8, http://cybertesis. unmsm. edu. pe/bitstream/handle/cybertesis/338/Palma_c（1）. pdf; jsessionid=7143472612258DE8B75CC8734CCF9C26? sequence=1, 2020-01-12.

④ Peter Blanchard, "Asian Immigrants in Perú, 1899-1923," *North-South Canadian Journal of Latin American Studies*, Vol. 4, No. 7, 1979, p. 66.

而因此失去工作的工人们则涌入城市，加剧了城市的就业竞争。① 另外，中国商人被指责垄断了小商品和杂货的供应以及操纵市场。②

我们看到，秘鲁人对华人的大多数负面印象，比如鸦片、卫生问题、抢占农业劳动力市场的问题，其实都是他们从华工身上提炼出的形象要素。这些陈腔滥调放在华工年代尚且充斥着偏见，用于形容20世纪的华商则更难以成立。后者的文化水平普遍更高，多数也讲究社会公德，注重经营卫生，更不会吸食鸦片。秘鲁人将控诉当年华工的罪名强加在新移民头上，不仅会激起新移民的抵触和不满，而且会强化他们在界定自身时将自己与当年的华工划清界限的愿望。这一愿望清晰地反映在新移民的日常生活以及华人社群的官方宣传中。

反华运动严重威胁了华人小商人的生命和财产安全，而华人精英尽管"并不像贫穷的华人所遭受的那样直接受到反亚裔情绪及暴力行为的影响；然而，作为华裔小商贩的商品供应者，他们的生意也遭到了反亚裔运动的重创，并且作为华人领袖，他们不得不面对并通过自己的宣传活动来挑战秘鲁报界所散布的负面形象"③。早在1910年，秘鲁华人就创办报纸《兴华报》，后更名为《救国报》，以"反映华侨的心声和要求，在舆论上维护本身利益，促进国家繁荣富强"④。

在1910~1930年，尤其是借1921年秘鲁独立一百周年纪念之契机，华人频繁主动发声。他们或给秘鲁报刊撰写读者来信和通告，或在香港的报刊上登载文章批驳秘鲁国内的反华势力，还发行了不少出版物说明华人及其产业在秘鲁经济社会发展中所起的重要作用。在1921年，华人集资在利马修建纪念喷水池，作为给秘鲁的独立百周年献礼，构成了一系列相

---

① Blanchard,"Asian Immigrants,"p. 67. 为了帮助我们更准确地理解这一经济现象，还有一点要纳入考量。上文中同时指出，亚裔劳工（20世纪初主要是日本农业工人）的经济待遇要好于一般的农业工人（很多是原住民）。他们的居住条件更好，工资更高，医疗、卫生、教育等服务质量也远远好于原住民。这就可以看出，当时日本劳工的竞争力并不是集中在对低劣待遇的忍耐力上。

② Blanchard,"Asian Immigrants,"p. 65.

③〔美〕甘安娜：《扬子江邂逅亚马逊：重温1930年代秘鲁华人民族主义——1929年西湖博览会》，寇少丽译，《美术馆》2010年第1期，第252页。

④《秘鲁公言报简史》，载《纪念特刊》，第253页。

关活动的高潮。

这场运动一方面努力尝试和旧华工不光彩的过去划清界限，另一方面又以商业精英为原型来打造秘鲁华人的代表性形象。商人们倡导以法制和发展为中心的现代价值理念，将自己定义为现代化的新人，从而将华工及其"丑恶"的形象作为一种历史的陈迹加以否定。这种先进性的定义明显受到现代的价值观念影响，以落后—先进的模式来阐释华人移民社区的演变历程。

与之相互呼应的是，华商们非常强调自己的产业对秘鲁现代化进程的积极推动作用。"没有一项活动中不存在组织良好的中资行为，其不在于控制，而是本着无私的目的报答这个美丽国家和其民众所给予的热情和慷慨。"① 在 20 世纪 20 年代的华人出版物中，充斥着对华人大产业和对华人精英阶层生活方式的赞誉。精心选择的图片和配文往往紧紧围绕着"现代""先进""高雅"的主题。

当然，我们必须看到，新华人移民在形象上极力试图将自己与华工区分开来，但是同时对华工的社会救济工作仍然在同胞互助的理念指导下越来越完备地开展起来。这两者之间的反差也是一个耐人寻味的历史现象。

现代化和民族主义构成了中国近代史的两大历史主题，而秘鲁华人的形象建构运动同时运用了两大话语体系的有力语汇。精英既要将自己作为国际商业中介和现代化的引路人，因而他们讨论现代化、法制、自由贸易，又要突出华人群体和母国的联系以显示其在政治上的后盾，因而他们强调祖国富强、内部团结和民族独立。在对日本的态度上，秘鲁华人的民族主义情绪得到了最充分的体现；但是面对秘鲁大众，他们则会谨慎地采用跨民族身份的表述，以照顾数量庞大的土生或混血华人。这折射出秘鲁华人的母国情结与在地化之间存在的张力。

华人总是以中国在外交上的强硬态度证明其国家实力的增长。他们对日本具有特别的兴趣，无论是在中国国家和日本国家的关系上还是在中国移民和日本移民的区别上。他们会在出版物中强调中国与海外华人群体之

---

① 〔美〕甘安娜：《扬子江邂逅亚马逊》，第 254 页。

间日益密切的政治和经济联系：

> 从前，中国政府很少为了其海外子民的命运而费心。移民们需自冒风险，作为弃民独自在异域探索。现在这一态度转变了。1923年9月，针对在日本地震受灾期间暴徒杀害华侨一事，中方采取了强硬的态度。中国暗示，如果日本当局再对这种罪行不闻不问，中国将会采取报复行动。[①]

也会给《商报》写信批评日本人日益在秘鲁展现出的霸权主义倾向：

> 对（秘鲁）共和国来说，日本人并非勤劳的群体，在他们觉得身后有本国的炮舰撑腰之时，日本人就变成了一个叛逆和危险的因素。[②]

在秘鲁人面前呈现自身时，这种强调差异和对立的民族主义话语就会收敛，而让位于民族融合和跨民族身份的表述。1921年，在谢宝山、邹子才主持下，旅秘侨胞成立筹贺秘鲁独立百年庆典委员会，发动全秘华人社区筹款，最终决定在利马市中心捐赠一座纪念建筑喷水池。该水池"两旁各有不同塑像，一边是男性塑像，另一边是慈祥的母亲和小孩的塑像，每个塑像都有一个喷水管，把水喷到一个颇大的云石池……两股水流汇合在一处"。

> 据解释说，一股水是代表秘鲁亚马孙拿河[③]流的水，一股水是代表广东珠江的水，两股水汇合成为一股河流，代表中秘人民的亲密友谊。[④]

以两股水的结合、男性和女性的结合来暗喻中国人和秘鲁人的民族融合，通过类似意象，邹子才表示"由于中秘两国长期友好合作的结果，我

---

① Dora Mayor de Zulen, *La china elocuente y silenciosa*, p. 50.
② Mckeown, *Chinese Migrant Networks*, p. 168.
③ 即亚马孙河。——引者注
④ 《秘鲁独立百年大庆华人捐赠喷水池追记》，载《纪念特刊》，第272页。

们旅秘华侨获得了秘鲁政府诚恳而亲切的礼遇……祝愿秘鲁社会日益进步，两国人民友好往来不断发展"[1]。与之相应，1924 年华人社区出版的一本图册收录了当时华人大企业和商业精英的简介，其中对邬子才的介绍特地说明他在秘鲁结婚生子。在赞美了邬家儿女于欧洲接受高等教育、前途无量之后，又转而强调其秘鲁国籍以及他们学成归来并"服务于祖国"的迫切愿望。[2]

综观整个华人形象的建构运动可以发现，这一系列活动是由华人商业精英所主导的，而话语权也由他们掌握。他们形象再建构的努力包含着的特点，几乎都反映了他们的利益诉求。商业精英"试图抹除底层华人形象，从整体上重新塑造与欧洲文化同源的，反映秘鲁华人精英四海为家自我形象的中国文化，以打消社会对华人的负面印象和偏见"[3]；同时试图脱离历史上的华人形象，从整体上塑造具有现代观念和完善道德的新华人群体形象，在实现了经济地位上升之后悄悄抹去和华工的历史勾连，从而在观念上完成秘鲁华人的代际嬗递。最后，通过对"中国身份"的强调，华人被整合为一个整体，摆在一个对商业精英有利的位置。

再建构运动是 19 世纪末开始的华人社会代际嬗递、结构改造和中国文化身份回暖的必然结果，反映了华人社区改善形象的诉求。华人社会内聚力的增强也赋予中国移民更多的存在感与话语权。然而，与华工的割席在某种程度上使精英们基于中国特性的陈述显得讽刺；而且，对大多数中下层华人来说，它同时又是虚幻的。全球化与自由贸易的华丽辞藻尚需由他们艰辛的经营来兑现，而寻常年头的民族主义整合又未免空虚。"华人精英抹除了阶级和其他社会分层，常常给底层施加压力来实现这样的陈述，并将其作为博取认可和接受的途径，克服和扭转其栖身于主流社会所带来的压抑和边缘化趋势"[4]，是对这场运动的精准总结。

---

[1] 《纪念特刊》，第 272 页。

[2] Anon, *La colonia china* en el Perú. *Instituciones y hombre representativos*, Lima: Sociedad Editorial Panamericana, p. 44, 1924, https://www.flickr.com/photos/143924684@N02/27042611453/in/photostream/, 2020-01-12.

[3] 〔美〕甘安娜：《扬子江邂逅亚马逊》第 252 页。

[4] 〔美〕甘安娜：《扬子江邂逅亚马逊》，第 256 页。

结 论

在 19 与 20 世纪之交，秘鲁华人移民实现了由华工为主到华商为主的代际过渡，秘鲁华人的经济实力也显著增强。以新客家巨商为核心的华人社团大量涌现，新的、组织结构更紧密的华人社区趋于形成。在上述基础上，精英主导下对"中国"特性的重新强调，有助于早日结束中国传统历史与文化认同的流失，使华人成为秘鲁社会中一"少数族裔"。华人不再是以分散个体的形式"湮没"在秘鲁社会中，而是以一少数民族的形式进行民族的"融合"，因而有能力在秘鲁主流社会文化当中留下深深的印迹。

母国化与在地化两种倾向间的紧张也深刻影响了华人呈现给秘鲁社会的姿态，使他们采用更为灵活的话语策略来定义自身。不过，这种灵活性或许恰恰反映了精英的主导性。在华人形象重新得到塑造的过程中，华商精英对现代化、全球化与民族主义的拥抱并不能完全反映中小产业主的生存逻辑。如何理解保持本民族特性与融入所在国社会之间的张力，如何理解这种张力在不同阶层的移民间产生的不同表达，或是把握移民认同的一个关键问题。

（本文作者系北京大学历史学系博士研究生）

Generational Transition and Reconstruction of Image of the Peruvian Chinese Immigrants: 1874–1930

Luo Yizong

Abstract: Since the establishment of diplomatic ties between China and Peru and the consequent abolishment of coolie trade in 1874, free merchants gradually became the majority of Chinese immigrants in Peru. The arrival of free immigrants brought to the Chinese community a more self-contained structure. With the parallel expansion of Chinese social and economic connections, Peruvian Chinese made their community organic and united to a degree as never seen before, overcoming a long-standing atomization. Based on the latest changes, Chinese elites launched an unprecedented publicity campaign in order to improve the image of Chinese community in Peruvian society, while on the other hand, the ongoing social stratification process was increasing tensions inside the Chinese identity. Out of the harmony and unity advocated by Chinese elites loomed the chasm between classes and also between generations.

Keywords: Chinese Immigrants in Peru; generational transition; social stratification; cultural identity; image construction

关系型援助：以中国对非援助为例[*]

金　磊

内容提要： 在南南合作框架下，中国已成为对非援助日益重要的援助国，表现出与传统援助国不一样的属性。中国与传统援助国之间的差异是如何产生的？本文试图从关系理论视角对支配型援助和关系型援助进行比较分析，得出中间变量——受援国需求，然后通过诠释受援国需求层次的内部属性，探索两者的差异如何形成。中国对非援助为基于跨期因素的关系型援助，时间效用、情理导向、角色定位、选择自由这四个因素导致了关系型援助和支配型援助的差异。历史记忆可能是关系型援助和支配型援助差异化的一个原因。在国际关系理论研究的西方中心主义背景下，从东方的国际关系视角进行研究对于理解南南合作的历史与现状具有积极意义。

关键词： 对外援助　新兴援助国　南南合作　关系理论　历史记忆

传统援助同非洲政治、经济和社会发展之间存在结构性张力。国际援助一般以项目形式零散分布于不同的领域和地区，援助国因本国政治利益，常常对绩效评价作片面单维度追求，要求有立竿见影的成果。然而，这与受援国社会经济的健康发展相悖——其应该是全面和可持续的。这是国际援助同非洲发展之间的内在矛盾。不仅如此，外援大量涌入，负责管理和协调援助项目的国际机构进驻，还会加重非洲一些国家经济发展中人力资源的稀缺。国际援助机构的高薪职位常常更能吸引人，一些人才因此而离开教师、医生、工程师等薪酬不高但对社会发展

* 感谢《亚太研究论丛》匿名审读专家的意见和建议，文章错漏概由笔者负责。

至关重要的职业，转而从事国际援助机构和项目的语言翻译、司机、中介等职业，形成一种国家内部的人才流失。同时，当地政府部门也不得不花费大量的时间和精力处理外援相关事务、完成援助项目，没有时间和空间去探索适合自身的发展道路。就此而言，国际援助反而造成了受援国的发展瓶颈，受援国不得不挣扎于"渴望发展需要外援—国际外援机构吸走稀缺人力资源—落实援助项目成为政府中心工作—经济更加疲弱更加严重依赖外援"的怪圈，难以摆脱严重依赖外援的畸形经济。因此，有学者断言：援助已经死亡。① 然而，从现实来看，对非洲的国际援助仍然维持在很高的水平，特别是中国等发展中国家在南南合作框架下对非洲的援助表现出与传统援助者截然不同的特色，不少研究都证明了这种类型的援助对受援国自身发展的促进作用。② 本文把中国对非洲的这种援助称为关系型援助。本文要探究的问题是关系型援助与传统援助的差异为何产生。

一　理论视角和文献综述

政治学的对外援助研究更多凸显出现实主义的特征。对外援助的现实主义范式把对外援助视为援助国扩张自己权力的工具，强调对外援助的动机是援助国的利益驱动的，首先获取战略和政治利益，如强化地缘控制、军事基地的使用权、加强对方友好度、分流难民避免其流入本国、获取国际组织中的选票等；其次是为了获取经济利益，如掠夺受援国的自然资源、扩大本国的投资、开拓受援国市场等；最后是价值观和软实力输出，如扩大本国语言和文化的影响力、推行西方价值观念等。也就是说，在现实主义者看来，援助国根本不用考虑受援国的需求，只需要达成自身的目

---

① Dambisa Moyo, *Dead Aid: Why Aid Is Not Working and How There Is Another Way for Africa* (London: Penguin, 2010).

② Dambisa Moyo, *Dead Aid: Why Aid Is Not Working and How There Is Another Way for Africa*; Deborah Brautigam, *The Dragon's Gift: The Real Story of China in Africa* (Oxford: Oxford University Press, 2011).

标和利益需求，即使牺牲了受援国的利益也在所不惜。^① 因此，可以将研究大致归纳为两个倾向：一个倾向是强调援助国国内政治与对外援助的关系，即援助行为是本国政治的外延，援助政策是为本国政治利益服务的；另一个倾向是关注援助与受援国国内政治的关系，即通过援助达到影响受援国政治倾向，进而让受援国在价值观、经济依赖、社会文化等方面向着援助国所期待的方向变化。尽管第二种倾向不一定是出于现实主义的考虑，而可能具有理想主义的色彩，但无论是现实主义的还是理想主义的研究视角，大多将对外援助视作一种单向的行为。而社会交换论为看待援助关系提供了新视角，即援助不仅是单向的，而且是双向的、互惠性的关系。

表 1　对外援助理论视角之间的区别与联系

对外援助理论	援助国动机	受援国地位	援助—受援关系特点
现实主义	援助国利益	权力的对象、工具	单向、私利性
理想主义	受援国需求	贫弱者、目的	单向、正义性
结构主义	援助国利益	依附、工具	单向、剥削性
社会交换论	援助国利益	与援助国相互依赖、有讨价还价权力	双向、互惠性
关系理论	受援国需求、援助国利益	与援助国相互依赖、有讨价还价权力	双向、互惠性

资料来源：丁韶彬：《大国对外援助——社会交换论的视角》，北京：社会科学文献出版社2010 年版，第 95 页。其中关系理论为笔者添加。

　　社会交换论在国际关系领域应用广泛。学者丁韶彬认为，交换论视角

---

① Hans Morgenthau, "A Political Theory of Foreign Aid," *The American Political Science Review*, Vol. 56, No. 2, 1962, pp. 301-309; George F. Kennan, "Foreign Aid as a National Policy," *Proceedings of the Academy of Political Science*, Vol. 30, No. 3, 1971, pp. 175-183; Samuel P. Huntington, "Foreign Aid for What and for Whom," *Foreign Policy*, No. 1, 1970, pp. 161-189; Samuel P. Huntington, "Foreign Aid for What and for Whom（Ⅱ）," *Foreign Policy*, No. 2, 1971, pp. 114-134; David Wall, *The Charity of Nations: The Political Economy of Foreign Aid* (New York: Basic Books, Inc., 1973); David A. Baldwin, *Economy Statecraft* (Princeton: Princeton University Press, 1985); Steven W. Hook, *National Interest and Foreign Aid* (Colorado: Lynne Rienner Publishers, Inc., 1995); Alberto F. Alesina and David Dollar, "Who Gives Foreign Aid to Whom and Why," *Journal of Economic Growth*, Vol. 5, No. 1, 1998, pp. 33-63.

下，援助国的动机仍是为了援助国的利益，但受援国地位有所提升，有了讨价还价的权力，同时，在援助—受援关系特点上显示出双向、互惠的特点。[①] 但是，其研究仍属于现实主义视角的范畴，即认为援助都应该从援助国的利益出发。国际关系的交换行为广泛存在并延伸至国际贸易、外交谈判、集体安全等领域。戴维·鲍德温（David Baldwin）认为，几乎所有的国际关系权力现象都可以运用交换论加以表述。[②] 德博拉·拉森（Deborah Larson）则以国际援助为例，论述了交换论与国际关系的相关性。[③] 在交换论视角中，援助国与受援国都希望在交换过程中获得回报，维持或强化某种连续互动关系。学者刘毅在《关系取向、礼物交换与对外援助的类型学》一文中将社会交换论、对外援助与关系理论加以结合，将援助的类型分为支配型援助和关系型援助。与之前的对外援助理论相比，关系型援助的援助国动机转为关系本位，满足受援国和援助国双方的需求；受援国地位大为提升，援助关系双方建立了特殊的关系；援助关系也成为双向的。同时，因为加入了跨期因素，双方的关系成为长时效用和关系营建的。[④]

非洲政治经济和社会发展之间的结构性张力会成为其国内暴力冲突、贫穷落后、难民移民等问题的温床，而国际正面溢出可造成共同发展，负面溢出则可造成连带伤害甚至破坏。帮助消弭这些国家的冲突战乱和贫穷落后是其他国家的利益和责任，也是国际社会的共同利益和责任。全球疫情传播、环境危机频现、难民危机汹涌等全球性问题足以证明这种关系性和共生性。任晓和刘慧华指出，在全球化时代，各国不是孤立存在的，而是相互联系的，当今世界各国无法独善其身，发展中国家如此，发达国家

---

① 丁韶彬：《大国对外援助——社会交换论的视角》，北京：社会科学文献出版社 2010 年版，第 95 页。

② David Baldwin, "Exchange Theory and International Relations," *International Negotiation*, Vol. 3, No. 2, 1998, pp. 139-149.

③ Deborah Larson, "Exchange and Reciprocity in International Negotiations," *International Negotiation*, Vol. 3, No. 2, 1998, pp. 121-138.

④ 刘毅：《关系取向、礼物交换与对外援助的类型学》，《世界经济与政治》2014 年第 12 期，第 71~94 页；秦亚青：《关系与过程——中国国际关系理论的文化建构》，上海：上海人民出版社 2012 年版，第 61~70 页；秦亚青：《关系本位与过程建构——将中国理念植入国际关系理论》，《中国社会科学》2009 年第 3 期，第 69~86 页。

也是如此。中国还没有形成一套较为完整、有中国特色、适合中国国情和经济发展水平的对外援助理论体系，这一状况呼唤中国提出自己的对外援助理论和发展理论，他们进而提出了从发展到共生的对外援助理念。① 在笔者看来，共生理念和关系型援助是有共通之处的，这些研究将基于中国话语的国际关系理论与对外援助关系进行了结合，对探索中国的援助理论做出了贡献。

与中国学界积极探寻平等、合作与共赢的援助理论不同，西方在加强其援助管理和制度构建、推行其国际发展理念的过程中，其次生性的发展知识和方案往往偏离受援国的实际情况，其援助附带的各种附加条件条款和繁杂的监督评估反馈机制反而削弱了发展中国家自主发展的动机，造成了援助资源的无谓消耗，增加了援助的管理和实施成本，最终导致西方发展援助体系陷入困境。② 对西方中心论进行批判，对中国和其他新兴援助国的同质化倾向及其在国际援助体系中的独特性进行探索具有重要意义。中国和其他新兴国家在国际发展援助中的贡献日益增大且意愿强烈，开始在全球舞台上发挥更大作用。南南合作模式、以援助带动贸易和投资、强调国家间双向的平等合作顺应了国际潮流，也更加符合经济发展的现实环境。但是，新兴国家的援助合作模式需要更多的理论支持。③ 在外交联系、身份认知、历史记忆与社会关系等方面，东方的国际关系经验都可以提供更多的地方性知识，忽视来自东方的案例和理论可能导致无法解释亚洲的现实。因此，需要包括亚洲学者在内所有学者共同努力，"把亚洲引进来"不仅是亚洲学者的责任，更是整个学界的责任。④

秦亚青和石之瑜都从儒家文化中汲取养分，将"关系"纳入中国国际关系理论的分析范畴，走出了两种风格的关系研究路径。沿此方向，学者

---

① 任晓、刘慧华：《中国对外援助：理论与实践》，上海：格致出版社 2017 年版。
② 李小云：《发展援助的未来：西方模式的困境和中国的新角色》，北京：中信出版社 2019 年版。
③ 郑宇：《援助有效性与新型发展合作模式构想》，《世界经济与政治》2017 年第 8 期，第 135～155 页。
④ A. I. Johnston, "What (if Anything) Does East Asia Tell Us about International Relations Theory?" *Annual Review of Political Science*, Vol. 15, No. 1, 2012, pp. 53-78.

们延伸了关系与对外援助的研究议程。其中以石之瑜的"关系均衡"
（balance of relations）理论为代表，黄琼萩、刘毅、莫盛凯等学者通过借
鉴社会交换等理论，进一步丰富了理论论证。① 尽管中国国际政治的关系
主义获得了相当大的关注，但关系主义的研究也有难点，即理论假设还有
待更丰富的经验材料予以支撑。② 而且，现有研究更多关注的是关系本身，
而对施动者的关注不足。

综上所述，关于关系型援助的研究还有很大的扩展空间，尤其在对施
动者的研究方面。本文试图通过对关系型援助和传统援助的比较，分析作
为施动者一方受援国的需求层次，进而探讨关系型援助与传统援助的差异
是如何产生的。

二　两种类型的援助：支配型援助和关系型援助

关系理论的分析基于以下假定：①国际政治的本质状态不是无政府
的，而是处在关系网络中；②对外援助在本质上是一种"礼物交换"行
为；③对外援助的动机并不止于追求本国即时利益，通过加入跨期因素，
对外援助成为长时效用的交换行为和过程；④关系型援助是基于关系主导

---

① 参见 Chih-yu Shih, "Relations and Balances: Self-Restraint and Democratic Governability under Confucianism," *Pacific Focus*, Vol. 29, No. 3, 2014, pp. 351–372; Chiung-chiu Huang and Chih-yu Shih, *Harmonious Intervention: China's Quest for Relational Security* (Farnham: Ashgate, 2014); Chih-yu Shih and Chiung-chiu Huang, "China's Quest for Grand Strategy: Power, National Interest, or Relational Security?" *Chinese Journal of International Politics*, Vol. 8, No. 1, 2015, pp. 1–26; Chih-yu Shih, "Affirmative Balance of the Singapore-Taiwan Relationship: A Bilateral Perspective on the Relational Turn in International Relations," *International Studies Review*, Vol. 18, No. 4, 2016, pp. 681–701; Chih-yu Shih and Chih-yun Chang, "The Rise of China Between Cultural and Civilizational Relationalities: Lessons from Four Qing Cases," *International Journal of Asian Studies*, Vol. 14, No. 1, 2017, pp. 1–25; Chiung-chiu Huang, "Balance of Relationship: The Essence of Myanmar's China Policy," *The Pacific Review*, Vol. 28, No. 2, 2015, pp. 189–210; 刘毅：《关系取向、礼物交换与对外援助的类型学》，《世界经济与政治》2014 年第 12 期，第 71~94 页；莫盛凯：《权力转移与预防性合作》，《世界经济与政治》2015 年第 2 期，第 16~40 页；曹德军：《关系性契约与中美信任维持》，《世界经济与政治》2015 年第 9 期，第 82~103 页。

② Yaqing Qin, "Cooperation in a World of Relations," Paper presented at the Conference on International Relations Theory and Practice in Asia, Seoul, August 27, 2016.

的特定交换。需要明确的是，本文有关对外援助的讨论主要针对国家行为体，暂未考虑非国家行为体，比如国际组织、跨国公司、个人等的国际援助行为。基于关系理论，可将对外援助分为两种类型：支配型援助和关系型援助。①

支配型援助的性质是权力支配、援助的单方面给予和报酬索取。传统援助国普遍突出自我身份的优越性，在施援过程中将自身定位为"救赎者"或"价值导师"，反映出一种以西方为中心的认知建构框架。这种理念助长了"我认为好的政策和制度，对你肯定好"的政策取向，从而成为给对外援助附加政治条件的合理性依据。② 在西方国家主导的传统对外援助关系中，援助关系的两方实力差异巨大，援助国是理所当然的援助主体，具有绝对的话语权和索取权，无论从什么角度来看都是占有优势的一方。同时，支配型援助相当现实，援助行为是建立在主从关系基础上对不平等交换的再生产，援助通常是单方面的施与，也缺乏后期的反馈和互动机制。作为发展中国家之间的援助关系，中国对非援助毫无疑问应该被置于南南合作的框架中进行讨论。更重要的是，新兴经济体挑战了以西方传统援助理念为中心的发展话语体系，促使国际社会愈加重视以构建平等发展合作伙伴关系为要旨的新型国际发展合作理念。③

关系型援助是一种以关系为目的的援助行为，重视交换过程的情感意义与关系营建。关系型援助并非单方面的赐予，而是强调双向互动和援他助己的过程。在关系论意义上，交换具有外溢性质与延时特征。交换行为具有权变性，交换的一方向另一方的利益给付会出现时间差。④ 对外援助因此具有弥散性。对外援助的弥散性是指，援助双方交换的实现并非当下的，而是一个长期而又弥散的过程。弥散具有两个维度的含义：时间和礼

---

① 刘毅：《关系取向、礼物交换与对外援助的类型学》。
② 徐佳君：《新兴援助国对国际发展援助理念的影响》，载左常升主编《国际发展援助理论与实践》，北京：社会科学文献出版社 2015 年版，第 60 页。
③ 胡勇：《国际发展援助转型与印度对非发展合作》，《外交评论（外交学院学报）》2016 年第 6 期，第 133 页。
④ Joseph Lepgold and George Shambaugh, "Rethinking the Notion of Reciprocal Exchange in International Negotiation: Sino-American Relations, 1969–1997," *International Negotiation*, Vol. 3, No. 2, 1998, pp. 227–252.

物。在时间维度，援助双方签订协议时，大多是基于远期考虑而非短期利益。双方的利益无法同时实现，援助关系的一方必须先做出一定的牺牲，在远期再获得另一方给予的回报，这其中就涉及利益给付顺序和能否得偿的问题。① 而礼物维度则更为复杂，涉及礼物的供需和认知。关系型援助并不回避经济利益，而是通过强调互利互助，以援助加合作的形式实现可持续的关系进展。即使是无条件援助，在关系型援助中援助方也会预期对方将提供适时而得当的"礼物"回报。这表明在关系网络中，对外援助就其实质而言属于"国家间的礼物"，对外援助属于特殊的国际公共物品，是遵循某种交换逻辑的礼物交换。②

（一）时间效用

假设一：越不考虑时间效用，越考虑受援国的远程需求，越可能缓解援助与非洲发展之间的结构性张力。

支配型援助的目标特征是近程效用，关系型援助则重视长时效用。针对回报的缓冲区间与内容的模糊状态，近程效用的交换方式倾向于将关系作为手段，而长时效用力图将关系本身作为目的。基欧汉也认为，很多互惠交换具有延时性，回报物可能是非物质的、预期的、情境相关的，但最终将出现"对等的资源回流"。③ 无论是二战后美国的"马歇尔计划"，还是近几十年来西方国家对原殖民地的各类援助计划和协议，短期或当下的经济与战略利益都是援助国的主要目标。传统援助国试图借助支配型援助获取受援国的资源、推广本国理念（西方价值观）与技术标准（知识产权）、有利于本国企业的市场竞争优势（更宽松的政府管制）等。针对 G7 国家在 1975 年到 2010 年期间的双边援助的研究表明，当援助国自身经济面临负面溢出效应或者受援国在地缘战略、军事或政治上具有重要性时，援助国的政客们会更倾向于提供援助，但同时国内因素也限制了援助他国

---

① 林旷达：《前景理论视角下对外援助》，外交学院博士学位论文，2018 年，第 58~59 页。
② 关于礼物交换，参见刘毅的《关系取向、礼物交换与对外援助的类型学》。
③ Robert O. Keohane, "Reciprocity in International Relations," *International Organization*, Vol. 40, No. 1, 1986, pp. 1-27.

的能力。① 传统援助国政府在考虑是否救助陷入金融危机的国家时会权衡各种利益，但这些利益往往相互矛盾，一个长远的、不考虑短期回报的援助策略往往受制于国内的选举政治。尽管援助国有提供双边救助的动机，通过提供紧急财政援助，可以缓解受援国金融危机可能给援助国本身带来的负面溢出影响，但国内政治制约因素强化了放弃双边救助的动机。即使只考虑狭隘的经济因素，提供双边援助可能需要花费的财政成本也发挥着重要的制约作用，而且往往占主导地位，进而导致援助国偏好近程效用而非长时效用。传统援助国的援助通常将非生产部门作为重点投入方向，虽然能够有效缓解受援国家当时的困境，但很可能导致其通货膨胀与"荷兰病"，严重损害出口与经济稳定，加剧非洲政治经济和社会发展之间的结构性张力。有观点认为，即使是旨在减少冲突伤害的人道主义援助，也可能诱使冲突各方为争夺资源而袭击平民，从而加剧冲突。② 基于 2000~2014 年中国对外援助数据的研究显示，伴随中国援助的增加，受援国武装冲突的爆发概率和规模均显著下降，同时也促进了地区的和平与稳定；欧美以及世界银行等传统援助对武装冲突的抑制作用则并不显著。中国模式的援助不仅为受援国带来显著的经济增长效应、提升了其财政能力，而且通过资源配置效应重塑了受援国国内经济格局、增强了经济发展的包容性；同时中国的援助还会给受援国带来积极的国内政治效应，国内民众支持率和政治凝聚力会得到提升，而地区分裂倾向和国家整体脆弱性则显著降低，最终使武装冲突风险得到有效缓解。③

关系型援助将目标放在短期内可能受益很小甚至没有受益的项目上。最好的例子莫过于基础设施建设。在援助的行业分布上，中国等南方国家

---

① Christina J. Schneider and Jennifer L. Tobin, "The Political Economy of Bilateral Bailouts," *International Organization*, Vol. 74, No. 1, 2020, pp. 1-29.

② Reed M. Wood and Christopher Sullivan, "Doing Harm by Doing Good? The Negative Externalities of Humanitarian Aid Provision during Civil Conflict," *The Journal of Politics*, Vol. 77, No. 3, 2015, pp. 736-748.

③ 杨攻研、刘洪钟、范琳琳：《援以止战：国际援助与国内武装冲突——来自中国对外援助的证据》，《世界经济与政治》2019 年第 11 期，第 129~156 页。

的援助主要集中于基础设施以及技术合作和培训。① 基础设施建设项目是中国战略援非的优势领域，体现出长时效用的战略考虑。对非洲经济发展而言，基础设施落后已然成为最严重的制约因素，然而由于基建项目前期投入巨大、获利缓慢，很难说服传统援助者进行投资。对中国而言，基建类项目正是本国的一大优势，对非洲进行基础设施建设援助，不仅可以带动相关产业走出国门，同时也可以满足非洲国家对基础设施的迫切需求。研究表明，距离中国援助项目越近的非洲民众，越可能认为国家的经济状况得到改善且自身的生活水平获得提升。② 此外，关系型援助同样致力于"促进农业发展，提高教育水平，改善医疗服务，建设社会公益设施，及时提供人道主义支援"，对民生领域、社会领域的重视程度正在得到更有力的体现。③ 时间效用反映的现实是，援助不仅需要考虑满足受援国近程效用的生理和安全需求，还需要考虑得更长远。

（二）角色定位

假设二：角色定位越尊重对方，越重视受援国的尊重需求，越可能缓解援助与非洲发展之间的结构性张力。

支配型援助的目标特征是事本主义，与之不同，关系型援助更加重视特殊主义。以关系为基点的交换呈现出具体情境具体分析的思路，具有"对人不对事"的先赋意味，更符合单独发展特殊关系的需要，从而有别于事本主义交换一般化的倾向。在支配型援助中，以权力为目标的事本主义始终作为主线与核心。这体现在援助国并不支持受援国取得真正的独立，而是寻求某种长期控制策略上。其造成的后果是，在 1970 年至 1998 年非洲接受官方发展援助的高峰时期，作为发展中国家最密集的大陆，非

---

① Peter Kragelund, "The Return of Non-DAC Donors to Africa: New Prospects for African Development," *Development Policy Review*, Vol. 26, No. 5, 2008, pp. 555-584.

② 黄振乾：《中国援助项目对当地经济发展的影响——以坦桑尼亚为个案的考察》，《世界经济与政治》2019 年第 8 期，第 127~153 页。

③ 《中国的对外援助（2014）》，http://yws.mofcom.gov.cn/article/m/policies/201412/20141200822172.shtml，检索时间：2020 年 10 月 28 日。

洲的贫困率不降反增——由11%激增至66%。^① 非洲不仅没有走上发展的道路，反而陷入贫困的泥沼，支配型援助的"效果"可见一斑。丹尼·罗德里格（Dani Rodrik）认为，发展中国家真正需要的是各国根据自身情况进行成本较小、目的明确的"次优制度"改革。考虑到特定市场环境和政府失灵的情况，次优制度往往与西方推崇的最佳做法大相径庭，而在国家能力参差不齐的情况下，不可能有适用于所有国家的标准发展模式。^②

中国在称谓上的特殊化。比起"援助者"，中国更倾向于"合作伙伴"的称谓。布罗蒂加姆（Deborah Brautigam）曾指出，中国的外援之所以与传统援助迥异，是因为中国对一些相关核心概念的定义和理解自有特色，大部分中国外援不符合发展援助委员会（Development Assistance Committee，DAC）的官方援助定义。^③

中国援非是南方国家合作自强的特殊化。随着中国等新兴援助者与非洲国家的合作关系逐渐加强，非洲国家的发展逐渐体现出了南方国家联合自强的特色。中国处于产业升级进程之中，非洲国家整体发展水平还比较低，所以中国与非洲在农业、自然资源、人力、技术等领域拥有广阔的合作空间。中国和非洲的大多数国家均为发展中国家，发展中国家之间的援助关系有别于传统上发达国家对发展中国家的援助，超出了传统的援助意义而具有了新的意义——"合作"这个词也逐渐取代了"援助"。^④ 中国援非的过程，既是帮助非洲国家发展的过程，也是中国实现自我发展的过程。中国援助非洲不是单方面的受益，也不是单方面的施舍，而是帮助受援国逐步走上自力更生、独立发展的道路，强调援助方和受援方的共赢，实现共同发展。

中国援非同时也是特殊对话机制的发展过程。中国目前的对非援助主

---

① 李安山：《国际援助的历史与现实：理论批判与效益评析》，载李安山主编《中国非洲研究评论》（2014），北京：社会科学文献出版社2015年版，第132页。

② Dani Rodrik, "Second-Best Institutions," *The American Economic Review*, Vol. 98, No. 2, 2008, pp. 100-104.

③ Deborah Brautigam, *The Dragon's Gift: The Real Story of China in Africa* (New York: Oxford University Press, 2011).

④ 胡美：《新兴援助者与非洲发展》，《现代国际关系》2011年第4期，第24~26页。

体主要是政府机构。从整个援助体系来看，中国的援外机构及其管理官方特色突出。援助渠道主要是政府部门所构成的不同机制和统筹体系，民间团体除红十字会等组织外，很少涉及对非援助。中非合作论坛是中国与非洲国家于 2000 年共同创建的，它是中非务实合作和对话的重要平台与有效机制。由于中非合作论坛的存在，中非合作关系取得了全面、长足的发展。中国对非援助重视双边援助而非多边援助。双边援助成为中国至今采取的援非基本方式是有原因的，中非关系的良好发展基于双边关系，并且到目前为止已经积累了丰富的且富有成效的双边外交经验。事实证明，多边模式援助的实施效率要弱于双边模式。[①]

总之，中国援助非洲，并不认为非洲仅仅是一个被援助的对象，而是认为非洲是双方经济发展的一个机遇，可以通过对非援助来促进与非合作，实现共同发展。中国对非援助的特殊之处就在于：希望能够做到在给非洲外部"输血"的同时，也教会非洲自己"造血"。在关系型援助中，援助关系是平等的，双方通常将角色定位为合作伙伴或发展伙伴，体现出一种互相尊重的关系建构。

（三）情理导向

假设三：情理导向程度越高，越能满足受援国的情感需求，越可能缓解援助与非洲发展之间的结构性张力。

关系型援助的过程特征是情理导向的，而支配型援助的过程特征则是规则导向的。传统援助国在提供援助时，限制条件相对刚性，更强调对受援国的制度干预。各类传统援助行为的附加性条件主要包括政治条件（民主、法治、良治、人权等）与经济条件（自由主义经济政策、减少政府管控与投资限制、开放市场等）。援助方经常利用本国的既有优势，通过市场运作、债务工具、分而治之、直接干涉或威胁减少援助等方式实现支配目标，促使受援国形成援助依赖。其中"援助制裁"能够以较小成本获取更多收益，被传统援助国频繁运用。"制裁"有"积极制裁"和"消极制

---

① 贺文萍：《中国援助非洲发展特点：作用及面临的挑战》，《西亚非洲》2010 年第 7 期，第 13～14 页。

裁"之分，前者主要指通过激励改变目标的某种政策或行为，而后者则主要指通过惩罚手段来实现其政策目标。[①] 本文的援助制裁可界定为消极制裁，指的是援助国通过威胁、延后交付、减少乃至终止援助的措施对受援国进行惩罚进而达成自身政策目标的行为。[②] 为了取得更好的制裁有效度，援助制裁往往寻求多边支持和参与。在对 1990 年至 1996 年间英、美、瑞典和欧盟的对外援助制裁的案例比较研究中，美国和欧盟在 20 个（占 69%）案例中表现出一致性，表明援助制裁中主要援助国之间存在明显的政策一致性，援助制裁的使用频次与国际角色密切相关。[③] 传统援助国之间存在的各类援助协调行动，被受援国反感与抵制。在欧盟《洛美协定》、美国的"千年挑战账户"（MCA）以及相关的"民主援助"中，援助国对受援国的"规则准入"也表现得愈加明显和严格化。[④] 实证研究表明，传统援助国通常将商业动机、工具化、战略利益作为更重要的因素加以考虑，而非被援助国家的治理水平。[⑤] 历史证明传统援助国的这种援助模式并不能让受援国发展得更好，根据联合国开发计划署发布的《2018 年人类发展报告》，世界上人类发展指数最低的 20 个国家中，有 19 个是非洲国家。[⑥]

　　情理导向意味着中国的援助行为致力于延伸至情感层面，在援助过程中坚持平等交换与共同合作，通过改变支配型援助中单向的援助形式，与对方形成长期、可持续的国家间友谊。中国采取这种对非援助政策是因为拥有同为被压迫的殖民地和半殖民地国家的历史记忆。历史记忆属于社会

[①] 娄亚萍：《美国外交中的援助制裁行为》，《太平洋学报》2010 年第 7 期，第 40~47 页。

[②] 丁韶彬、杨蔚林：《西方国家的对外援助：政策目标及其实现》，《世界经济与政治》2008 年第 6 期，第 59~65 页。

[③] Gordon Crawford, *Foreign Aid and Political Reform*: *A Comparative Analysis of Democracy Assistance and Political Conditionality* (New York: Palgrave Macmillan, 2001).

[④] 刘国柱：《当代美国"民主援助"解析》，《美国研究》2010 年第 3 期，第 24~38 页。

[⑤] Axel Drehet, "Are New Donors Different? Comparing the Allocation of Bilateral Aid Between Non-DAC and DAC Donor Countries," *World Development*, Vol. 39, No. 11, 2011, pp. 1950-1968.

[⑥] UNDP, Human Development Index and Its Components, http://hdr.undp.org/sites/default/files/hdi_table.pdf, 2020-10-28.

建构的产物，它既是客观事实，也是观念产物。① 米勒认为历史记忆，特别是殖民主义的创伤，对中国的外交政策取向具有同构效应（isomorphic effect），具体来说，体现在对受害者身份的强调、对主权的敏感以及对领土问题的态度强硬之上。她同时指出，这也是其他大部分欧洲殖民主义的受害者所共有的外交政策特质。② 不仅是共同的被殖民的历史记忆，由于中国与非洲大部分国家都是发展中国家，在双边关系和多边关系中南南合作的历史记忆也对援助关系影响深远。在 20 世纪 60 年代，尽管自己的经济状况和物质条件并不富足，甚至可以说是贫穷落后，但中国仍然为一些非洲国家提供了物质援助。显然，中国期望的不是对等的物质回报，而是希望通过团结第三世界国家获得作为朋友的声誉，建立长久的情感关系。因此，20 世纪 70 年代中国恢复在联合国的合法权利，一个非常重要的原因就是得到了这些朋友的支持。③

中国出于自身经历，对援助关系有较强烈的平等和互相尊重意识。传统援助关系中援助者单向付出、被援助者单向接受馈赠的模式得以转变，成为双向的互动行为，双方的施动者和反馈者身份出现了互相转换的可能，也实现了援助关系中双方的互惠互利，合作共赢。因此，关系型援助有助于发展情感联系，基于历史记忆，援助关系双方形成了某种程度的同构效应。

（四）选择自由

假设四：援助的可选择性越高，越有助于受援国自我探索，越可能缓

① 张小明：《地缘政治、历史记忆与有关朝鲜半岛的想象》，《世界经济与政治》2019 年第 12 期，第 4~20 页；王明珂：《历史事实、历史记忆与历史心性》，《历史研究》2001 年第 5 期，第 136~147 页；张荣明：《历史真实与历史记忆》，《学术研究》2010 年第 10 期，第 108~112 页；邓京力：《历史知识、历史记忆与民族创伤》，《近代史研究》2011 年第 3 期，第 139~143 页；〔法〕雅克·勒高夫：《历史与记忆》，方仁杰、倪复生译，北京：中国人民大学出版社 2010 年版。

② M. C. Miller, *Wronged by Empire*: *Post-Imperial Ideology and Foreign Policy in India and China* (California: Stanford University Press, 2013).

③ Yaqing Qin, "A Relational Theory of World Politics," *International Studies Review*, Vol. 18, No. 1, 2016, pp. 33-47.

解外来援助与非洲发展之间的结构性张力。

在支配型援助下，受援国的行动自由和选择自由受到广泛限制，国内经济政治状况难以自主变革或取得预期改善，而很有可能陷入腐败、债务、内战、贫困等消极状态。在支配型援助关系中，受援国是援助客体，只能任由援助国支配而无力反抗，也无法获得自主选择的权力。对传统援助国来说，不附加任何条件的援助无法构成对受援国的压力，促使其进行国内改革，提高效率。因此，传统援助国并不回避附加条件的干涉性质，将附加条件看作必要且重要的手段，用以保证援助资金和物资得到有效使用。传统援助国对附加条件进行的反思主要集中在如何制定和落实附加条件以达成预期目标上，而不是对附加条件本身的干涉性质进行反思。① 然而，事实是这些附加条件在现实中很少能付诸行动并行之有效，反而削弱了传统援助国的可信度。援助应该设定更适度的目标，而不是试图成为整个社会转型的催化剂。② 对受援国来说，传统援助国的援助条件只从援助国自身利益和价值观出发，剥夺了受援国的选择自主权，也不考虑受援国政府的执行能力和受援国内部的治理能力或消化援助的能力，因此往往适得其反。受援国受到附加条件的限制，无法以主人翁的身份去探索本国发展的道路，因此失去了发展经济的内生动力。

在美欧等西方大国将援助制裁作为政策工具时，新兴援助国家如中国等则以其援助方式的独特性，与前者构成差异化竞争，在实质意义上扩大了受援国的可选范围。在总结自身发展经验的基础上，中国主张尊重非洲国家在援助关系中的主体地位，这也是其对非援助的前提。与西方传统援助不同的是，中国认为非洲国家发展的动力在于其自身。由此，作为被援助对象的非洲国家的地位发生转变，由被支配者转变为拥有自主选择权的主体。

在规则层面，关系型援助相信各国发展道路的开放性，坚持不附带任

---

① 庞珣：《新兴援助国的"兴"与"新"——垂直范式与水平范式的实证比较研究》，《世界经济与政治》2013 年第 5 期，第 31~54 页。

② William Easterly, "Can Foreign Aid Buy Growth," *Journal of Economic Perspectives*, Vol. 17, No. 3, 2003, pp. 23-48.

何政治条件，不干涉内政，充分尊重各国自主选择发展道路和模式的权利。在很大程度上打破了良治与发展的思维怪圈，更加符合受援国的发展需求，符合以对象国为中心推进经济发展与治理能力的协调发展机制，受到对象国的广泛欢迎。与冷战后西方以援助作为条件来对受援国提政治要求不同，中国作为新兴援助国，对非洲援助强调"不附带政治条件"原则，"不附带政治条件"原则可以解释为：不干涉非洲内政并且尊重受援国自主选择发展道路的自由。① 不附带政治条件是中国对外援助政策的基本原则，是中国与西方传统援非国的根本区别，也是中国对非援助的核心特点。

在方式层面，关系型援助的运作弹性较高，灵活性较强。关系型援助形式多样，开放程度高；论坛类合作机制和互动反馈机制也相对灵活，确保拥有更大的协调空间。比如，中国对非优惠贷款在保证基本偿还能力的条件下通常会给予较长宽限期，对无息债务并不施加压力，而是采取灵活方式协商甚至减免。值得注意的是，此类弹性措施并不意味着援助国不计代价的利他行为，而应该被视为一种基于特定交换思路的行为选择。正如前文所提到的，在关系型援助中，援助具有弥散性，援助方总会预期对方在未来会提供适当的回报。

阿克塞尔·德雷赫尔（Axel Dreher）和安德烈亚斯·富克斯（Andreas Fuchs）的实证研究表明，尽管中国的外援在考虑受援国需求的同时具有明显的商业动机，但没有任何证据显示中国的援助分配是由自然资源禀赋支配的，中国的援助倾向于更多地分配给在联合国大会与中国投票一致性高的国家，且不受该国制度和治理特征的影响，"看上去证实了（中国）不干涉内政的原则"，更加证明了中国提供援助不受具有干涉性质动机的影响。② 他们的实证结果证明了中国的援助最接近"水平范式"，而"水平范式"是最接近关系型援助的援助模式。

正如安格斯·迪顿（Angus Deaton）所言，当一个贫穷国家具备经济

---

① 《中国的对外援助（2014）》。

② Axel Dreher and Andrews Fuchs, "Rogue Aid? The Determinants of China's Aid Allocation," Courant Research Centre Discussion Paper No. 93, September 6, 2011.

发展的条件时，它其实并不需要援助。而对于不具备发展条件的国家，国际援助是无效的，甚至可能是有害的。[①] 关系型援助为援助提供了一种新的解释：援助的目的不是直接推动受援国的经济发展，而是为受援国提供发展条件，满足受援国自我发展的需求，让其可以探索更适合自身的发展道路。

因此，关系型援助与支配型援助在时间效用、情理导向、角色定位、选择自由等方面产生了在受援国需求上的差异，进而影响了援助与非洲政治、经济和社会发展之间的结构性张力。简言之，受援国需求就是中间变量。

三　受援国需求层次与中国对非援助

马斯洛需求层次理论（Maslow's Hierarchy of Needs）将人类的需求划分为五个层次，即生理需求（Physiological Needs）、安全需求（Safety Needs）、情感需求（Love and Belonging Needs）、尊重需求（Esteem Needs）和自我实现需求（Self-actualization Needs）。[②] 随着马斯洛需求层次理论被广泛应用于各领域，需求层次理论也被不断完善和发展。借助马斯洛的需求层次理论，可以推导出受援国的需求层次模型。

针对关系的研究，实质上就是回归人的研究。把人带回到国际关系理论中来并把人的意义作为国际关系的核心研究议题是建构主义的一项议程。[③] 个人是一个一体化的、有组织的整体，社会是一个由无数个人组成的一个一体化、有组织的整体。当一个人感到饥饿时，不是仅肠胃功能方面有所变化，而是在很多方面，甚至他所具有的大部分功能都有所变化，他的感知、记忆、情绪、思想都发生了变化。此时，这些变化可能影响其

---

① Anus Deaton, *The Great Escape: Health, Wealth, and the Origins of Inequality* (Princeton: Princeton University Press, 2013), p. 273.

② A. H. Maslow, "A Theory of Human Motivation," *Psychological Review*, Vol. 50, No. 4, 1943, pp. 370~396.

③ 秦亚青：《建构主义：思想渊源、理论流派与学术理念》，《国际政治研究》2006 年第 3 期，第 1~23 页。

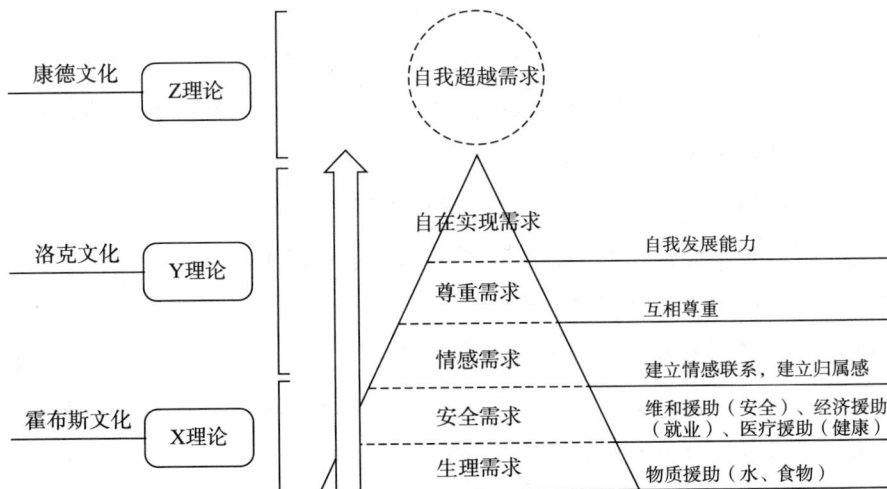

图 1　受援国需求层次模型

资料来源：笔者自制。

生理和心理方面的其他感官、功能和能力。换言之，当一个人被饥饿所主宰，他是一个不同于其他时刻的人。当一个社会被饥饿的需求所主宰，这个社会就具有了一个共同的动机和需求属性。如果说个体需求层次存在差异性因而导致马斯洛需求层次不具有完的普适性，那么，马斯洛需求层次理论以群体需求作为研究单位比以个人需求作为研究单位会更有普适性，而且这个群体的样本越大，它的解释力就越强。

　　高级需求与低级需求有着不同的特性，但有一点是相同的：两者都必须基于最基本的天性。人的天性是寻求生存，国家的天性也是生存。饥饿驱动是特殊而不是一般的动机，它比其他动机更孤立。[①] 更重要的是，它与其他动机的不同还在于它有一个已知的躯体基础。典型的驱力、需求或欲望会是整个人的需求，选择这类冲动作为研究的范式是合理的。无论是动物还是人，都需要满足最基本的生理需求，需要水和食物以维持生命体征。因此，选择生理需求所必需的物质援助（水和食物）作为基准建立受援国需求层次，而安全对于国家来说也是寻求生存的保障，对于受援国来

---

① 〔美〕亚伯拉罕·马斯洛：《动机与人格》，许金声等译，北京：中国人民大学出版社2012年版，第4页。

说，生存也是最重要的。

如果对不同学科的研究进行比较，很容易会发现不同学科对对外援助的手段也许会达成一致，但对目的的认知却天差地别，比如经济学和政治学，甚至是在国际政治学科内部对援助目标的认知都有很大的差异。那么，对外援助的终极目标是什么？这种更深入的分析有个特点，它最终总是会导致一些不能再追究的目标或者需求，这些需求的满足似乎本身就是目的，不必再进一步证明或者辨析。在一个社会里，这些需求表现出一个特性：通常不会被直接表现出来，而表现为个人的有意识的特定需求。也就是说，动机研究在某种程度上必须是人类的终极目的、欲望或需求。如果加入国际道德的讨论，自我实现需求，即具有自我发展的能力作为受援国需求层次模型的高级需求会更有说服力，因为大多数国家都会声称其援助是为了让受援国变得更好。

马斯洛的需求层次理论被引入管理学而提出了著名的 X 理论和 Y 理论。X 理论涵盖生理需求和安全需求，属于威权主义的管理理论，认为人们具有消极的工作源动力，工作只是谋生的手段，需靠强制、威胁、引诱等手段激发员工的积极性。Y 理论则包括情感、尊重和自我实现需求，认为人们有积极的工作源动力；工作是满足自我需求、实现自我价值的方式；人是积极的生命个体，应该得到尊重；员工会逐渐建立对公司的归属感，并可以被鼓励通过积极工作实现自我价值。[①] 马斯洛在晚年认识到，原本的需求层次理论可以继续完善，他提出了另外两种需求——求知需求和审美需求，认为这二者应居于尊重需求和自我实现需求之间。他还认为不能以自我实现需求作为人的终极目标，在自我实现需求之上增加了自我超越需求。[②] 威廉·大内（William Ouchi）在 X 理论和 Y 理论的基础上，提出了 Z 理论，强调组织管理的文化因素，如果说 X 理论和 Y 理论体现了西方的管理原则，那么 Z 理论则在组织管理中加入了东方的人性化

[①] Douglas McGregor and Joel Cutcher-Gershenfeld, *The Human Side of Enterprise*（New York：McGraw-Hill, 1960）.

[②] 〔美〕亚伯拉罕·马斯洛：《人性能达到的境界》，曹晓慧等译，北京：世界图书出版公司 2014 年版。

因素。①

将 X 理论、Y 理论和 Z 理论引入国际关系领域，我们可以将 X 理论理解为是权力取向的，受援国为了获得援助而做被分派的工作；Y 理论则是关系取向的，有机会形成援助关系的相互尊重，受援国有权尽可能自由地选择和探索自己的发展道路，权威被假定存在于双方自身；Z 理论建立在所有行为体都拥有了自我发展的能力，强调超个体的价值、存在超国家价值或宇宙价值的动机，假设行为体具有为比自我更大的目标而献身的需要和自我牺牲的精神。从建构主义视角来看，国际社会的无政府状态是可以接受的，但无政府状态无法脱离文化背景而存在，因而也就不能指导行为体的行为以及预测国际局势。亚历山大·温特（Alexander Wendt）认为，国际社会实际上存在三种不同的文化：霍布斯文化、洛克文化和康德文化。② 当其中一种文化占据主流时会对国家行为体具有主导性作用，并决定国际社会的和平或冲突程度。建构主义者认为，我们当今所处的世界已经脱离了霍布斯文化的控制，演化到了洛克文化，甚至部分已经进入康德文化。③ 在需求层次理论中，X 理论、Y 理论、Z 理论分别对应的就是霍布斯文化、洛克文化和康德文化。在非霍布斯文化情景下，国家之间不再是追求自身生存和安全需求的悲观零和游戏，而更多的是合作与竞争共存的非零和状态。当今世界总体而言是一种洛克文化，但这并不意味着国家间不再有冲突和斗争，而是说冲突和斗争都被控制在一定的范围和程度，能够往更高的需求层次进行演化。

综上所述，支配型援助和关系型援助都已经发展到了与受援国建立情感联系的阶段，但是传统援助国建立情感联系的纽带依赖于殖民统治的历史记忆，如英国的主要援助对象是英联邦国家，法国偏好援助亚非前殖民

---

① 〔美〕威廉·大内：《Z 理论》（珍藏版），朱雁斌译，北京：机械工业出版社 2013 年版。

② Alexander Wendt, *Social Theory of International Politics* (Cambridge: Cambridge University Press, 1999).

③ 陈定定：《合作、冲突与过程建构主义——以中美新型大国关系的建立为例》，《世界经济与政治》2016 年第 10 期，第 59~74 页。

地国家，而日本则将其前"大东亚共荣圈"国家作为援助重点。[①] 而中国对非援助依赖历史记忆建立的是援助关系双方平等的伙伴情感联系，不仅如此，关系型援助还将互相尊重作为援助的一个前提，上升到了受援国的尊重需求。

结　论

历史记忆可能是导致关系型援助和支配型援助差异化的一个原因。通过对受援国需求层次模型的分析，支配型援助和关系型援助都已经发展到了与受援国建立情感联系的阶段，但是传统援助国建立情感联系的纽带为殖民统治传统，而中国建立情感联系的纽带则是殖民主义的创伤和南南合作的历史记忆，关系型援助和支配型援助就此走向了分岔路口。

在全球化的世界，国际援助不会消亡，还会继续起重要作用。由于20世纪的历史已经证明了国际援助是塑造地区乃至世界地缘政治经济结构的强大力量，而中国是最大的发展中国家，非洲是发展中国家最集中的大陆，中国和非洲拥有世界三分之一以上的人口，中国对非洲的援助无疑会对国际新秩序产生影响，关系型援助也将拥有更广阔的发展空间。

（本文作者系云南大学国际关系研究院助理研究员）

Relational Aid：The Cases on China Aid to Africa

Jin Lei

Abstract：China is important emerging donor in the framework of South-

---

① 丁韶彬、阚道远：《对外援助的社会交换论阐释》，《国际政治研究》2007 年第 3 期，第 44~45 页。

South cooperation. China has shown a similar tendency of aid activities in Africa which is very different from traditional ones. How does this difference come about possible? The purpose of the article is to make a comparative analysis of two paradigms of aid, explain how hierarchy of needs work in them. This article argues that time utility, rational orientation, role orientation and freedom of choice are the four factors that lead to the difference of needs satisfaction. Historical memory may be one of the reasons for understanding relational aid. The finding of this article will contribute to a more effective understanding of the South-South cooperation from the perspectives of Oriental international relations.

Key Words: foreign aid; emerging donor; South-South cooperation; relation theory; historical memory

东亚封贡体系与中国周边安全：
学术辩论与现实意义

牛晓萍

内容提要：封贡体系主要反映中国注重礼教、防御的传统安全观，在建立过程中虽然具有通过稳定和平的周边环境促进王朝统治长久存续的目标，但本身的安全功能效果不尽如人意。与封贡体系相比，今天的周边外交不仅在"周边"的概念上而且在中国与周边国家互动的地缘政治形态上都发生了巨大的变化，因此将中国崛起等同于重回封贡体系的说法是完全站不住脚的。虽然如此，封贡体系依然对我们今天的周边外交具有重要意义。一方面它在和平亲善的理念传承、安全构建手段的丰富、区域公共产品的提供意愿与担当，以及实践与制度创新上都为我们提供了借鉴之处；另一方面它也警示我们需要在体系内外国家关系的处理以及安全机制构建等方面做出更多努力。

关键词：封贡体系　周边安全　中国传统安全观

一　封贡体系的发展

在传统东亚地区，中国建立了以中原为中心的封贡制度，并在日后逐渐将其发展成为一种重要的国际秩序体系。封贡关系最早源于周王朝的分封制度，在汉朝日趋制度化，唐朝时期进一步发展，明清时期得以完善。①关于封贡体系的名称，国内外学者根据各自的侧重特点而提出了众多不同

---

① 李云泉：《古代朝贡制度史论——中国古代对外关系体制研究》，北京：新华出版社2004年版，第16页。

的概念，并对该体系的结构进行了分类。

（一）封贡体系的概念

封贡体系常与"册封体系""朝贡体系""藩属体系"等概念并用。一方面，"册封体系"与"朝贡体系"两个概念从受贡国或朝贡国的角度出发，强调封贡体系内涵的单一侧面。因此"册封体系"的概念主要关注中国在该体系中的主导地位，而"朝贡体系"的概念则主要关注朝贡一方对中国的政治从属关系和外交弱势地位。[①]另一方面，"宗藩体系"更多强调宗主国与藩属国之间的从属关系，认为它是周王朝的分封制、宗法制和服事制在对外关系上的映射与发展。[②]

此外，费正清早在20世纪60年代末就提出"中华世界秩序"，他强调中国文化对东亚社会的塑造作用，认为中国的对外关系是中国内政的外延，是以中国为中心的等级制的外交关系，而朝贡与贸易则是促成该秩序稳定运行的重要模式。[③]在同一脉络下，张启雄认为中国古代的封贡体系将君臣兄弟的纲常伦理引入中国与周边国家及藩邦关系之中，从而形成了"中华世界帝国"，而当前的中国应该按照回归"中华世界秩序"原理的方向发展。[④]与之相似的是，日本学者滨下武志也认为朝贡是中国国内基本统治关系在对外关系上的延续和应用。在他看来，朝贡体制的根本在于伴随朝贡活动而进行各种商业贸易活动的支持。[⑤]此外，何芳川提出了"华夷秩序"，认为这是古代世界发展最为完整的一套以中国为核心的古代类型的国际关系体系，体系中的成员主要是来自中国东、西、南三个方向的外邦国家，而这一秩序在体制上最根本的保证就是中国与诸邦国之间的

---

① 陈志刚：《关于封贡体系研究的几个理论问题》，《清华大学学报（哲学社会科学版）》2010年第6期，第60页。

② 宋慧娟：《论中国古代外交关系——宗藩关系》，《东北亚研究论丛》2007年，第12页。

③ 〔美〕费正清编：《中国的世界秩序：传统中国的对外关系》，杜继东译，北京：中国社会科学出版社2010年版，前言，第10页。

④ 张启雄：《超越朝贡体制——回归中华世界秩序原理》，"北京论坛（2014）文明的和谐与共同繁荣——中国与世界：传统、现实与未来"论文集，第14~15页。

⑤ 〔日〕滨下武志：《近代中国的国际契机：朝贡贸易体系与近代亚洲经济圈》，朱荫贵、欧阳菲译，北京：中国社会科学出版社1999年版，第37~38页。

朝贡制度。①

另外，部分学者更加注重朝贡体系下礼仪体制的影响作用。黄枝连从礼义、礼治的角度出发，认为由小农经济发展而来的礼治主义体系构成了"汉族文明"及中华传统的重要内容，而由此在东亚地区构建的区域性秩序就是"天朝礼治体系"。② 同样强调礼仪秩序、中国文化要素影响力的还有高明士提出的"中国的天下秩序论"。在该秩序下，他还明确指出古代中国在内政外交上施行了不同的统治手段。③ 日本学者西嶋定生提出"东亚世界"理论，指出其基本制度就是册封制度。④ 而堀敏一与程尼娜则指出，在封贡体制下，中国的朝贡制度不仅包括册封，还包括羁縻政策等多种形式，这些制度的选用因对象的不同而有差异。即，册封制度主要用于对待中国与周边国家的外交关系，而羁縻政策则用于处理与王朝内部边疆民族相关的问题。⑤

鉴于封贡体系的形成虽由中国主导，但是其与周边少数民族及其他国家互动而建构出来的结果，即册封与朝贡是一个不可分割的整体，所以对该体系的认知有必要同时从双方角度进行考察，因而此处采用"封贡体系"的概念进行论述。

（二） 封贡体系的结构

围绕封贡体系的结构，大多数学者提出了同心圆的构成模型。例如，根据周边地区及国家的文化属性，费正清指出从属于中华世界秩序的民族

---

① 何芳川：《"华夷秩序"论》，《北京大学学报（哲学社会科学版）》1998年第6期，第31~38页。

② 黄枝连：《天朝礼治体系研究（上）》，北京：新华出版社1992年版，前言，第1~2页。

③ 高明士：《天下秩序与文化圈的探索：以东亚古代的政治和教育为中心》，上海：上海古籍出版社2008年版。

④ 西嶋定生『西嶋定生東アジア史論集』第三卷『東アジア世界と冊封體制』岩波書店、2002、52~55頁。

⑤ 程尼娜：《羁縻与外交：中国古代王朝内外两种朝贡体系——以古代东北亚地区为中心》，《史学集刊》2014年第4期，第20页；〔日〕堀敏一：《隋唐帝国与东亚》，韩昇、刘建英译，昆明：云南人民出版社2002年版，第12页。

及国家由近至远地形成了汉字圈、内亚圈和外圈的同心圆结构。① 滨下武志则指出在朝贡贸易体系下，东亚世界形成了以中国为中心的自中央到地方、少数民族（"土司土官"和"藩部"）、朝贡国家、贸易国家的六层同心圆统治结构。② 高明士则根据与中国的亲疏关系，将考察对象分为内臣（中国本土）、外臣（臣属诸四夷）及不臣（敌国）三个层次。作为朝贡体系的主要构成对象，他又将外臣分为同时进行朝贡与册封的国家以及进行朝贡而不册封的国家。③ 程妮娜则根据朝贡成员与中国地方政府及特设机构的管辖从属关系，将其分为内圈国家与外圈国家。④

　　而另一些学者则在同心圆的基础上，对封贡体系内的国家进行了更为细致的类别化区分。例如，韩国学者全海宗根据封贡双方在政治、经济、军事、文化诸领域的关系，将其分为"典型的朝贡关系国家"、"准朝贡关系国家"和"非朝贡关系国家"。⑤ 魏志江根据封贡双方是否存在实际意义上的政治臣属关系，进一步将其归纳为"礼仪性的朝贡关系国家"和"典型而实质的朝贡关系国家"。⑥ 在此基础上，李云泉对明朝的朝贡往来进行了深入研究，从而根据具体的朝贡次数、政治隶属关系，以及对中国文化认同程度等要素，将该体系的从属国家划分为"典型而实质的朝贡关系国家"、"一般的朝贡关系国家"和"名义上的朝贡关系国家"。⑦ 对此，陈志刚强调了封贡体系内周边国家以外藩部存在的重要意义，并且根据封贡双方的战略利益关系存在与否以及政治依存度将封贡体系的从属对象分

---

① 〔美〕费正清：《中国的世界秩序：传统中国的对外关系》，杜继东译，北京：中国社会科学出版社 2010 年版，前言，第 2 页。
② 〔日〕滨下武志：《近代中国的国际契机：朝贡贸易体系与近代亚洲经济圈》，第 37 页。
③ 高明士：《天下秩序与文化圈的探索：以东亚古代的政治和教育为中心》，第 22~23 页。
④ 程妮娜等：《汉唐东北亚封贡体制》，北京：中国社会科学出版社 2014 年版，第 321~322 页。
⑤ 〔韩〕全海宗：《韩中朝贡关系概观》，全海宗：《中韩关系史论集》，金善姬译，北京：中国社会科学出版社 1997 年版，第 133~136 页。
⑥ 魏志江：《全海宗教授的中韩关系史研究》，《中国史研究动态》1999 年第 1 期，转引自陈志刚《关于封贡体系研究的几个理论问题》，第 60 页。
⑦ 李云泉：《古代朝贡制度史论——中国古代对外关系体制研究》，北京：新华出版社 2004 年版，第 71~72 页。

为属国、藩部和一般交往者（国家、政权或部族）。①

值得注意的是，无论划分标准如何，各学者对于封贡体系结构的划分结果并非一成不变。随着历史时期的变化，周边番邦与国家和中国的关系处于一个动态变化的过程。例如，曾经的番邦逐渐变为属国，例如汉代在朝鲜半岛中北部设立的乐浪、玄菟、真番、临屯四郡日后逐渐分离，转化为高丽、朝鲜等属国。东南部的越南也属于同一种情况。此外，曾经的属国日后也可能摆脱封贡关系，成为徒具名分的朝贡国家或完全脱离封贡体系，日本就是典型。

（三）封贡体系的功能

一般来说封贡体系主要具有政治、文化、经济、安全等功能。

第一，政治方面。封贡体系以中国为中心，通过对周边藩属国家的册封来强化自身的优势地位，并赋予周边国家政治合法性，从而构建并维护以"王道政治"为核心的稳定秩序。

第二，文化方面。以汉字、儒家文化、"华夏礼治"为基础，中国文化与先进文明不断影响并吸引周边国家。一方面，中国有扩大文化影响"归化蛮夷"的意愿，而另一方面，周边国家也确实存在与中国进行文化交流的迫切需要。对周边国家来说，对中国进行朝贡的主要原因之一就在于摄取文化并成为中华文明礼仪秩序中的一部分。②

第三，经贸方面。封贡体系通过体系内朝贡国与中国之间的经贸往来，促进并维持了经济的繁荣。鉴于中国一直秉持的"薄来厚往"原则，封贡体系的经济价值对朝贡国来说更为重要。不仅如此，朝贡体系下伴随朝贡活动进行的朝贡贸易、使节贸易和边境贸易进一步补充了一般商业贸易的形式与内容，促进了体系内贸易网络的建构。③

第四，安全方面。中国对周边藩属国的册封与经济文化往来保障了其政治经济利益，在一定程度上也缓解了其对中国的安全威胁，可以说，封

---

① 陈志刚：《关于封贡体系研究的几个理论问题》，第60页。
② 高明士：《天下秩序与文化圈的探索：以东亚古代的政治和教育为中心》。
③ 〔日〕滨下武志：《近代中国的国际契机：朝贡贸易体系与近代亚洲经济圈》。

贡体系在维护地区稳定、巩固边防安全、减少体系内国家间冲突方面存在积极意义。但对于这种安全功能的实现与实际意义到底有多大，学界始终存在不同声音。

二 中国传统国家安全观与封贡体系的安全功能

（一） 中国传统国家安全观

总的来说，中国传统国家安全观可以归纳为以下几个方面。

第一，政治安全是核心。中央政权的安全始终是国家安全的核心。历代王朝对内对外采取的各种政治经济文化政策，其根本目的都在于维护中央政权的稳定。值得注意的是，在国家概念形成之前，社稷以及王朝的安全要优先于国家。用朱小略的话来说，这里所谓的"社稷安全"是对王朝统治下"王土"的"安内"，以边疆蛮夷及藩属国为对象的"和外"，以及中华"大一统"理想的实现。[①] 而且在内外关系的处理上，诚如"攘外必先安内"所指，国家内部安全往往处于更为重要的地位。[②]

第二，崇尚和平，重视道德礼仪等柔性政策的作用。中国向来崇尚和平共存之道，认为通过文化礼仪带来"万邦来朝"而建立起的华夷秩序才是王朝的追求，同时也是能够有效保障国家安全的理想模式。与中国历来更为重视国内的逻辑一脉相承，薛小荣指出，中国古代国家安全理念在于"划疆自守，不事远图"，在于"释远谋近"，因而比起劳民伤财的远途征伐，对于国内励精图治并以此为基础教化外邦则成了中国的最好选择。[③]不仅如此，诚如中国古语"先礼后兵""以德服人"所表现出的，中国历来重视文化礼仪的作用，在大多数情况下文官的数量与地位也高于武官。

---

①　朱小略：《中国传统社稷安全观略论》，《国际安全研究》2015 年第 5 期，第 70 页。

②　具体参照黄纯艳《朝贡体系与宋朝国家安全》，《暨南学报（哲学社会科学版）》2018年第 2 期，第 120~132 页；刘跃进：《当代国家安全理论视角下的中国古代国家安全思想》，《中国人民公安大学学报（社会科学版）》2013 年第 3 期，第 121~125 页。

③　薛小荣：《华夷秩序与中国古代国家安全的理念特征》，《探索与争鸣》2013 年第 12 期，第 98 页。

比起直接的讨伐战争，在更多情况下，无论是对内还是对外，都更为重视礼治、仁治、德治的作用。① 同时，重视文化认同、制度建构的作用。例如，在起初作为周天子"家天下"的"分封制"在向外族、藩属国家不断推广的过程中，不同文明之间的交流不断增加，以文化交流、制度认同为基础的统一共处成为可能，非暴力手段的应用成为优先选择。

第三，中国传统的国家安全秉持防御为本的原则。首先，从思想观念上来看，中国崇尚和平，重视礼仪教化以使"四夷自服"，因而重视防守胜于攻击。其次，从地缘环境来看，中国东南两面有海洋，西北两面有高山大漠，相对而言拥有得天独厚的自然屏障。这都有利于中华文明在一个相对稳定和平不受外界干扰的环境下生息发展。从文明类型来看，中国属于典型的农业文明，自然条件相对适宜，农业经济自给自足且能保持长期稳定发展。人民安土重迁，与追求扩张探险的海洋商业文明有本质区别。②

那么，中国古代安全观是否也在处理中原王朝与周边国家的重要制度框架——封贡体系之中有所反映呢？中国古代安全观是否丰富了封贡体系的安全功能呢？学界出现了以下两种声音。

（二）对封贡体系安全功能的肯定

一方面，部分学者高度肯定了封贡体系的安全功能。其中最具代表性的是，宋慧娟曾明确指出，"天子册封藩国最初的目的就是为了拱卫中央政权，……而宗藩关系从本质上来说就是以中国皇帝为盟主的松散联盟"。而且这种松散联盟一方面保证中国能够巩固边陲安全，另一方面也使得藩国获得中国保护，对于双方而言都具有重要的安全价值。③ 白朝阳也指出了宗藩体制下宗主国与藩属国在军事安全层面的这种依存关系，即宗主国为藩属国提供强大的军事力量保证以免其受到来自国内外的威胁挑战，与

---

① 刘跃进：《当代国家安全理论视角下的中国古代国家安全思想》，《中国人民公安大学学报（社会科学版）》2013年第3期，第124页。

② 具体请参照尹朝晖《中国古代国家安全战略思想的借鉴价值》，《理论探索》2013年第5期，第66页；底蕴：《中国国家安全观的历史演变》，《法制与社会》2014年第2期，第139~140页。

③ 宋慧娟：《论中国古代外交关系——宗藩关系》，第13页。

此同时藩属国也通过成为宗主国的军事屏障，而防止体系之外的力量对宗主国权威的挑战。① 与之相比，李途与谭树林主要从宗主国的角度进行分析，认为中原王朝积极推行封贡制度的原因除了获得威望需要之外，还在于安定边防的实际利益需要。② 方铁则进一步明确中原王朝通常会以臣服或藩属的夷狄作为安全屏障，命其在边陲之地谨防严守。③ 此外，斯塔夫里阿诺斯也曾对封贡体系在保障中国边疆和平方面的作用予以肯定。④

值得注意的是，宋念申从动态变动的角度对朝贡体系与安全之间的逻辑关系进行了分析。在他看来，中原王朝的国力兴衰是安全保障机制是否有效的前提，而安全保障机制的存在与否又决定了朝贡体系是否能够得以确立或维系。因此，封贡体系下的安全功能只有在国力强盛的前提条件下才能持续存在，也才能保证相对稳定与和平的周边环境。⑤

部分学者也强调了封贡体系中安全以防御为主的特性。章迪禹以羁縻政策为例，指出中国周边战略目标以防御为中心的特点。他认为羁縻政策的根本目的在于维系周边安全，保证中央集权统治，其背后的逻辑正是在于中央王朝对周边政权的笼络与吸引，而非武力驱动下的主动征伐。⑥ 封贡体系的安全功能在明清时期的作用无疑受到学者的格外关注。其中陈志刚以明朝为例，认为该时期中原王朝封贡体系的重心与本质全面转向军事防御。这可能与明朝外敌进犯增加的外部环境以及务实性的军事外交政策有关。特别是，明朝在对封贡体系内国家的基本监控与防范之余还强化了军事信息搜集活动，利用军事功能对封贡体系进行了反向塑造。⑦ 同样对

① 白朝阳：《宗藩制度背后的儒家文化因素》，外交学院硕士学位论文，2012 年 5 月，第 29 页。

② 李途、谭树林：《封贡体系：一个传统国际秩序的终结》，《太平洋学报》2014 年第 5 期，第 52～59 页。

③ 方铁：《论中国"守中治边"、"守在四夷"的传统治边思想》，载陈尚胜主编《中国传统对外关系的思想、制度与政策》，济南：山东大学出版社 2007 年版，第 35～48 页。

④ 〔美〕斯塔夫里阿诺斯：《全球通史——1500 年以后的世界》，吴象婴、梁赤民译，上海：上海社会科学院出版社 1999 年版，第 75 页。

⑤ 宋念申：《否思"朝贡体系"：多边多层视角》，《中国与世界》2012 年，第 101～102 页。

⑥ 章迪禹：《古代中国应对周边袭扰举隅》，《世界知识》2012 年第 11 期，第 56～58 页。

⑦ 陈志刚：《交邻有道，实为保土之方：论明代封贡体系的重心与本质》，《学术研究》2012 年第 1 期，第 105～117 页。

明朝案例进行分析的陈尚胜着重研究了明朝在打击倭寇活动方面与朝鲜、日本的合作，并在此基础上指出了封贡体系对于维护东亚海域秩序安全的重要作用。① 不仅如此，陈尚胜还以清朝前期的封贡体系为研究对象，指出清朝所构建封贡体系的首要特征在于以国防安全为中心的防御体系。这是因为清朝并非传统意义上的"中华文明"正源，所以自立朝之初就面临外部对其政治合法性及文明正统性的质疑。因此，其需要通过新的封贡体系建立、改善与周边国家的关系，创造良好的外部条件以保障自身的政治安全，推进域内统治。②

（三）对封贡体系安全功能的质疑

诚如上文所述，封贡体系并非一个处于静态的体系。事实上，在不同朝代，甚至在同一朝代的不同时期，封贡体系都会因执政者治国理念的变化、国力兴衰的起伏以及体系内其他国家实力的消长出现一定的动态变化。不仅如此，在核心功能定位上也会有所波动。因此，学者对封贡体系安全功能的评价也会出现不同的看法。

首先，此前强调封贡体系防御性特点的章迪禹虽然肯定了封贡体系安全功能的存在，但认为这种无实际驻军实地保障的外藩"统治"实际效果非常脆弱。③ 与之类似，陈志刚也认可封贡体系自身具有的军事安全意义及其重视防御的特点，但他从地缘政治角度与地缘军事角度出发，得出结论：中原王朝的封贡体系根本无法在体系内部建立起长期稳固的相互信任的安全机制。从地缘政治角度来看，伴随王朝更替而建立的新的封贡体系本身就是对既有地缘政治关系的一种调整，从而引发封贡体系内部军事集团力量对比的变化。不仅如此，中原王朝的封贡体系因为是一种松散的互动的关系，对体系内藩属国并不具有强制性的约束关系，这为体系内国家的政策调整提供了机会，也增加了军事安全秩序的不确定性。而且，在军

---

① 陈尚胜：《东亚海域前期倭寇与朝贡体系的防控功能》，《中国边疆史地研究》2017 年第 1 期，第 15~28 页。
② 陈尚胜：《试论清朝前期封贡体系的基本特征》，《清史研究》2010 年第 2 期，第 90 页。
③ 章迪禹：《古代中国应对周边袭扰举隅》，第 56~58 页。

事集团间势力均衡状态出现较大变化时，封贡体系内部国家之间的安全保障也很难得到真正维护，中原王朝很难对藩属国的安全屏障作用有所期待。从地缘军事角度来看，中原王朝没有强迫封贡体系内成员进行外援的传统，而且受到经济地理因素限制也很难结成长期有效的军事同盟。因而，封贡体系的军事防御性实际上很难发挥预期的效果。①

其次，杨恕与李亮分别从封贡体系下朝贡国家与中原王朝的角度对其安全保障的能力进行了分析。从朝贡国家的角度来看，它需要完成两项任务：第一，忠诚中央王朝且保证自己不会成为扰乱边陲安全的始作俑者；第二，对抗体系外强敌以拱卫中央王朝的安全。根据分析，两位作者认为，在少数情况下，朝贡国家基本完成了这两项任务，在臣服于中原王朝践行"誓不犯边"的基础上，帮助其抵御外部威胁。从中原王朝的角度来看，作为宗主国家，中原王朝一方面要对封贡体系的安全功能有清晰的认识，另一方面需要建立有效的管理机制以维护其稳定运行。但整体来看效果不尽如人意。因为中原王朝对于朝贡国家加入封贡体系的目的存在理想与现实之间的认知矛盾，对安全功能本身也置于政治影响之后，而且缺乏完善明细的管理机制。这些都造成封贡体系在国家周边安全制度功能设计与具体运行上的缺陷。李云泉甚至认为，封贡体系的安全功能不过是一种想象。②

再次，周方银以均衡博弈论为工具，对朝贡体制的均衡及其稳定性进行了分析，并指出朝贡体制是中国与周边邻国策略互动的结果。在中国的"怀柔""征伐"与周边邻国的"骚扰""臣服"所构成的 2×2 政策选择矩阵中，对于周边朝贡民族来说，无论何时能够获取最大收益的政策选项始终是骚扰，因而就安全角度来说，朝贡体系的存在本身并不具有太大的实质防御意义。③

最后，郭良品以同样具有追求安全与体系内大国存在共同点为基础，

---

① 陈志刚：《论中原王朝封贡体系的军事防御性——以地缘政治、军事关系为中心的探讨》，《东岳论丛》2011 年第 5 期，第 54~65 页。

② 杨恕、李亮：《反思朝贡体系的安全功能：内涵、制度与实践》，《南京大学学报（哲学·人文科学·社会科学）》2017 年第 2 期，第 61~75 页。

③ 周方银：《朝贡体制的均衡分析》，《国际政治科学》2011 年第 1 期，第 29~58 页。

将"华夷体系"与"集体安全"体系进行对比，并认为体系内成员的不平等地位、对体系内部和平稳定的关注、对王道理想手段的绝对重视以及体系内权力的高度集中等都成为"华夷体系"区别于集体安全体系的重要特点。也正因为如此，"华夷体系"缺乏固定的安全机制因而难以充分实现安全功能。①

综上所述，中国古代的传统国家安全观确实在封贡体系中有所反映，特别是其注重礼教、防御的特性。也许在封贡体系的建构过程中，作为中原王朝，确实存在通过周边民族与国家"誓不犯边""守在四夷"实现自身安全的初衷，也可能存在通过稳定和平的周边环境促进王朝统治长久存续的目标，但正如前文中诸多学者所指摘的那样，安全功能的实际效果可能并不令人满意。

三　中国周边安全建设下的封贡体系历史遗产

（一）新时期的中国周边关系及其与封贡体系的区别

一个国家的发展离不开稳定的周边环境，对于拥有复杂地缘结构及漫长边境线的中国来说更是如此。中国的繁荣与崛起离不开周边安全的持续稳定，也离不开与周边国家之间充分有效的交往与合作。可以说，周边地区在很大程度上影响着中国的政治稳定、国际影响力发挥，影响着中国经济的可持续发展以及共建"一带一路"等的推进，影响着中国的国家安全与外交战略成果。所以，中国无疑需要一个能与中国"同呼吸，共命运"的周边，并以此为基础迈向世界舞台中央。

对于周边环境的重视自古有之，封贡体系的缘起除了中国文化传播、确立权威之外，也有着构建稳定周边局势的现实需要。但值得注意的是，比起封贡体系下的周边，我们今天所说的周边具有更为丰富的内涵。冯绍雷与封帅指出当前的中国的"周边"至少需要从地理、政治、经济、文化

---

① 郭良品：《华夷体系与集体安全体系的比较》，《哈尔滨学院学报》2008 年第 1 期，第 41~44 页。

四个向度进行考察与研究。[①] "周边"这个概念已经跨越了有形的陆海空空间特质，融入了主权、人员贸易金融往来、文化认同等无形或柔性的特质。

事实上，除了"周边"概念的变化，中国与周边国家互动下的地缘政治形态也发生了巨大的变化。从历史与权力互动的角度来看，倪世雄与赵可金将其主要分为五个阶段，即封贡体系时期、封贡体系瓦解至二战结束、冷战期间的两极对峙结构、"中美苏战略大三角"时期、冷战终结后的新时期。[②] 具体到冷战结束以后来看，国际局势的大环境发生了重要变化，而这无疑也会对中国周边环境造成一定影响。首先，从中国角度来看，2008年的金融危机对美国经济造成重创，此后中国凭借稳定的经济增长上升为世界第二大经济体，不仅在地区而且在全球范围内影响力都有所增强。其次，随着东亚地区经济活力的不断凸显，2011年，美国将战略重心转向亚太地区，不断加大在该区域的外交、经济、军事和战略投入，希望借此巩固以自身为主导的地区安全秩序。不仅如此，美国也希望在加强美亚经贸关系的同时，对中国的实力拓展空间进行封锁，以确保在该地区的力量平衡。最后，随着中国实力的增强，在地区及全球范围内更多声音与主动作为的出现，包括西方世界"中国威胁论"的抬头，周边国家对中国的认知发生变化，并且出现了更多有所保留的两面下注行为。

这一系列周边环境的变化为中国提供了机遇，但同时也成为中国必须直面的挑战。特别是周边国家对中国崛起的负面认知不断出现，甚至有人担心这是中国在向"中央帝国"引领下的封贡体系的回归。但事实上，如果对这两种关系进行分析的话，我们很容易就能发现二者之间存在着本质的区别。首先，封贡体系是一种以中原王朝为中心的"圈层结构"，更多强调以中国为发出方、以朝贡国为接受方的单向度的赋予—接受式的双边关系。但中国与周边的关系明显是一种包含双向度双边关系与多边关系的

① 冯绍雷、封帅：《中国周边安全的新认知：特点、功能与趋势》，《国际安全研究》2013年第2期，第35～36页。

② 倪世雄、赵可金：《地缘政治与中国周边外交新思维》，《复旦国际关系评论》2006年，第206～207页。

网状结构。其次，封贡体系是一种以中原王朝为首的等级制序列结构，封贡国与朝贡国具有明显的从属和不平等关系。但目前中国与周边国家的关系则坚持各国之间主权平等、公平参与的原则。因此，将中国崛起等同于重回封贡体系的说法是完全站不住脚的。

那么，在中国历史中占据如此重要地位的封贡体系是否对于今天中国处理周边关系或构建中国周边安全毫无意义呢？答案是否定的。

（二）封贡体系对当前周边安全工作的历史遗产

封贡体系对于当前周边安全工作的历史遗产可以从借鉴价值与经验教训两个方面展开。首先，封贡体系的借鉴意义。第一，和平亲善的理念传承。中国古代安全观强调和平、"和外"、和谐共存、重义轻利。这些都为中国处理周边关系提供了宝贵的思想财富。习近平在 2013 年 10 月 24 日的周边外交工作座谈会上提出我国周边外交的基本方针就是坚持"与邻为善、以邻为伴"，坚持"睦邻、安邻、富邻"政策，突出体现"亲、诚、惠、容"理念。① 这些都与和平亲善理念一脉相承。第二，更为丰富的安全构建手段。如同上文提到的部分学者对于封贡体系的安全，特别是军事安全功能的质疑一样，通过军事手段直接获取的安全固然有效，但并非最为理想的手段。在封贡体系延续的漫长时间里，中国周边安全的维护除却军事手段以外，其实更为倚重的是非军事手段，例如文化礼仪、文化认同、经济利益等。因此，增强中国自身经济实力、政治治理能力、文化软实力等柔性政策对周边外交及安全同样具有重要的现实意义。第三，提供区域公共产品的意愿与担当。封贡体系之所以能够维系下来，很重要的一部分原因在于朝贡国能够通过与中原王朝的互动获取实际的利益，这种利益可以体现在政治合法性上，也可以体现在经济或安全方面。中国通过封贡体系为东亚地区国家提供了一种包含经济安全等在内的公共产品，有效地维护了地区的和平与稳定。今天的中国作为地区大国，同样有这份担当与魄力。近年来的"一带一路"倡议、亚投行等可以说都是中国勇于承担

---

① 《习近平在周边外交工作座谈会上发表重要讲话》，新华网，2013 年 10 月 25 日，http://www.xinhuanet.com/politics/2013-10/25/c_117878897.htm。

提供区域公共产品责任的体现。第四，勇于进行实践与制度创新。张勇进与巴里·布赞指出，朝贡体系是东亚各国为了进行冲突管控与共存合作而建立的一项制度创新。[①] 在当前中国周边关系，特别是安全关系方面，中国面临着朝鲜半岛问题、印巴问题、南海问题等诸多挑战，需要挖掘更多的外交智慧、制定适合的战略。中国在努力寻求制度创新，例如围绕朝鲜半岛问题的解决，中国先后推动了六方会谈与"双暂停"、"双轨并行"原则，这些都是对制度创新的探索。

其次，封贡体系的教训。第一，平等观念的再确认。封贡体系下不平等的关系造成了朝贡国对中原王朝的矛盾心理，更为其留下了复杂的历史记忆，令其对中国的国力发展具有潜在的担忧。这种心理在受到中华文明影响最深的朝鲜半岛及越南最为明显。所以，中国的对外宣传须避免对历史上从属关系的提及，以防唤起这些国家的沉重历史记忆和抵制情绪。第二，妥善处理体系内国家间关系。封贡体系可以说是一种松散的联盟关系，因而也可能出现现代国际关系中的"联盟困境"现象。这在中国与朝鲜的关系上反映尤为明显。明清两代，日本都曾派兵侵略中国极为重要的朝贡国朝鲜。万历年间，明朝派兵援朝但国力受损，为后来女真部落的崛起以及后金入主中原埋下了伏笔。清朝末期，中国再度派兵援朝，尽管帮助朝鲜镇压了国内起义，但也为日本出兵朝鲜并且发动甲午海战提供了借口。可以说朝贡体系下中国两度卷入战争都极大伤害了中国的实力与利益。因而，在未来的周边关系中，保持伙伴关系但不结盟的原则依然是中国需要遵循与坚持的。第三，谋求与体系外强国的合作共处。对于封贡体系的大部分历史时期而言，体系外部基本不存在强大的挑战者。但明清时期的日本以及近代的欧美列强，可以说都是存在于体系之外的强权，它们对中国以及以中国为核心的封贡体系带来了强烈冲击并最终导致该体系的瓦解。当前的中国周边关系中，一个无法避开的存在就是美国。中国周边国家多处在中国与美国分别提供经济与安全的二元结构中，因而为中国的外交战略造成了诸多问题。因此，尽量在和平共存的前提下寻求与美国的

---

① 张勇进、巴里·布赞：《作为国际社会的朝贡体系》，《国际政治科学》2012 年第 3 期，第 24~60 页。

合作是中国面临的长期问题。第四，安全机制的构建。如前文所述，封贡体系下军事安全功能无法得到真正实现的主要原因在于相应机制的缺乏，所以在新形势下扩大安全观念共识，寻求传统与非传统安全机制的构建、多元化安全机制的协调与融合，是当今中国推动周边安全工作的核心任务。

结　语

自周王朝分封制起，封贡体系历经汉唐、明清逐步发展完善，在中国古代历史上延续数千年。历史上，封贡体系又被称为"册封体系""朝贡体系""藩属体系"等，代表以中原王朝及中华文明为中心构建而成的"中华世界秩序""华夷秩序""天朝礼制体系"。封贡体系具有政治、经济、文化、安全等多种功能，而且反映了重视政治安全、崇尚和平，重视道德礼仪手段、注重防御的传统国家安全观。

封贡体系是一种以中原王朝为中心的"圈层结构"，更多强调以中国为发出方、朝贡国为接受方的单向度的赋予—接受式的不平等双边关系。这与当前中国周边关系的定位截然不同。但这并不意味着封贡体系对我们今天的周边安全建设工作毫无价值。事实上，封贡体系为我们提供了宝贵的历史遗产。一方面，封贡体系为我们提供了可资借鉴的传承理念与丰富的安全构建手段，鼓励我们勇于进行实践与制度创新，强化我们提供区域公共产品的意愿与担当意识。另一方面，封贡体系提醒我们注重平等观念的再确认，坚持周边伙伴关系的不断深化及不结盟原则，同时也令我们清醒地认识到与地区外强国在周边安全问题上进行合作，以及不断进行安全机制构建与协作的重要性。

（本文作者系上海政法学院东北亚研究中心助理研究员）

East Asian Tribute System and China's Peripheral Security: Academic Debates and Practical Significance

Niu Xiaoping

Abstract: This paper argues that the tribute system mainly reflects China's traditional security concept that emphasizes etiquette and defense. Although there was a goal of promoting the long-term survival of the dynasty through a stable and peaceful neighborhood during the process of establishment of tribute system, its security function is not satisfactory. On the contrary, today's neighboring diplomacy has undergone tremendous changes not only in the concept of "periphery" but also in the forms of China's interactions with neighboring countries. Therefore, the argument that the rise of China is equivalent to returning to the tribute system is totally untenable. Nevertheless, the tribute system is still of great significance to our neighboring diplomacy today. On the one hand, it can provides us with lessons in the inheritance of the concept of peace and goodwill, the variety of security construction methods, the willingness and responsibility to provide regional public products and innovation of practice and institutions; on the other hand, it also warns us that we need make more efforts in developing relations with countries inside and outside of the region and in building security mechanisms.

Key words: tribute system; peripheral security; Chinese traditional view of security

20世纪50年代印籍专家在北京大学东语系的教学与研究[*]

——基于学科史与学术史的考察

乐　恒

内容提要：20世纪50年代是北京大学东语系学科建设的关键时期，基本实现了师资水平、讲义教材、课程设置等全方位的提高与完善。外籍教师的聘用在其中发挥了重要作用。20世纪50年代正值中印友好时期，大量印度籍教师的到任不仅解决了北京大学东语系印地语等专业的教学困境，更为课程设置的完善、教材讲义的编写、青年教师的培养以及中印学术交流和中印友谊的巩固做出了贡献。

关键词：印度学　东方学　中印交流　学科建设

20世纪50年代对于新成立的北大东语系而言，是学科建设的关键期。用时任北大东语系系主任季羡林教授的话来说，就是"别人吃饭有现成的碗和筷子，你们吃饭要自己动手先做碗筷"①。这是季先生在面对刚刚并入民族大学的北京大学原藏语班的学生们所说的一句话，其实也是当时东语系各个语种所面临问题的真实反映。整个50年代，东语系的工作重点主要都放在了教学计划的制定、教学方法的摸索、教材与词典等教学工具的编写与修改等等这类"做吃饭碗筷"的准备工作上。

---

*　本文是国家社科基金重大项目"中国东方学学术史研究"（项目编号：14ZDB084）阶段性成果之一。

① 罗秉芬：《新中国成立后的第一个藏语班》，《中国西藏》2011年第6期，第55页。

对于国家提出的迅速培养"翻译干部"①的任务和要求，北大东语系通过直接聘请外籍教员等方式，迅速推进学科基础建设。当时的外籍教师们，不仅参与教学工作，以及教材和词典等的编写编纂，还发挥着培养青年教师骨干的作用。蒙古语、朝鲜语、越南语等教研室甚至直接以外籍专家挂帅，领导整个教研室教学科研等工作的展开，并取得了显著进展。

20世纪50年代正值中印友好时期，双方在政治、经济、文化等方面展开了全面交往与合作。②相应地，北大东语系印地语专业学生的培养需求也十分紧迫，其招生人数仅次于当时的日语、印尼语和阿语专业③，而中国教员在1950年却不过寥寥三人④，教材也需要现编现用，延揽合适的外籍教师协助学科建设成为当务之急。为了招聘到合适的印籍教员，季羡林先生通过外交部、印度驻华使馆、印中友协等渠道多方联系，确保了这一时期北大东语系印地语教学科研的顺利展开、乌尔都语专业的增设，甚至相关专业研究生的培养。

因此，考察20世纪50年代北大东语系这些印度籍专家的工作与生活情况，不仅有助于全面了解东语系印地语科的学科建设、外籍专家管理制度的沿革，也有助于我们从一个侧面考察当时中印两国之间的人文交流情况。目前，学界有关20世纪50年代印度籍专家在我国高校印地语、乌尔都语专业学科建设中所发挥的作用及影响的讨论并不多。⑤笔者希望通过对北京大学档案馆藏相关档案的整理，以及相关报道、回忆以及学术资料的印证比对，以这些印籍专家在北大东语系的执教与研究经历为线索，考察他们对我国印度学学科建设的贡献。

① "北京大学东方语文学系第二次工作会议纪要（1952年7月4日）"，北京大学档案馆藏，档号：035XY060。
② 薛克翘：《中国印度文化交流史》，北京：昆仑出版社2008年版，第507~509页。
③ 北京大学东语系编：《北京大学东方语言文学系建系四十周年纪念专刊（一九四六——一九八六）》，内部资料，1986年。
④ 1950年，能够教授印地语语言课程的只有金克木教授和彭正笃、殷洪元两位助教。参见北京大学图书馆藏《北京大学职员录》，1950年版，第45~48页。
⑤ 只有季羡林和殷洪元等零星回忆文章。参见季羡林《季羡林全集》第一卷，北京：外语教学与研究出版社2009年版，第136~140页；殷洪元：《普拉沙德：来自印度的印地语专家》，北京大学国际合作部编：《北大洋先生》，北京：北京大学出版社2012年版，第143~145页。

一　柏乐天

来自印度国际大学的柏乐天（Shri Prahlad Pradhan，[①] 1910～1982） 可以算是新中国成立后北大东语系第一位印度籍外教。[②]他 1949 年作为国立东方语专的印地文教授随其他师生一起，被并入北京大学东语系，在新中国成立前的档案[③]中他的名字被音译为"普拉丹"。[④]

来中国之前，柏乐天是印度国际大学中国学院的研究员，曾于 1945 年 1 月获得民国政府"教育部为奖励外国人士研究中国文化"而在印度国际大学设立的"中国文化奖学金"，为受聘印度国际大学中国学院的"丙级研究员"。[⑤]后来，柏乐天通过中印政府间的教授交换项目来到中国，并被中国教育部安排到国立东方语专任教。[⑥]

至于柏乐天具体是何时被派往中国的，暂时未能看到确切的相关档案或资料。不过我们可以从有关柏乐天申请回国的档案中有所推测。1952 年 5 月 5 日，印度驻华大使潘尼迦致信北大校长马寅初，表示柏乐天已经离开印度 3 年，且家庭有许多困难，希望于当年暑假离任返印，并希望返回印度的费用能由北大承担。[⑦]显然，柏乐天教授于三年前，也就是 1949 年来到中国。而从北大校方与印度奥里萨省（Orissa）教育司之间有关为

---

① 柏乐天教授的名字在谭云山的著作中一般写为 Shri Prahlad Pradhan，但也作 Sri Prahlad Pradhan。

② 在 1949 年之前，北大也曾聘请过印度籍教授师觉月（Prabodh Chandra Bagchi），不过并非任职于北大东语系，而是在北大哲学系教"印度哲学史"。参见"国立北京大学 1947 年文学院各系课程表"，北京大学档案馆藏，档号：BD1947504-002。

③ "北京大学文学院东方语文学系三十八年度工作计划书（1949 年 9 月 11 日改拟）"，北京大学档案馆藏，档号：2011949055。

④ "柏乐天"这一中文译名的使用应该始于北大任教时期。笔者在新中国成立前的报刊资料以及民国时期的档案中看到的译名均为"普拉丹"。柏乐天这一汉语名字，据殷洪元教授回忆，还是来北大以后殷洪元等北大东语系的老师帮他取的。

⑤ "加城小简"，《大公报（重庆版）》1945 年 3 月 22 日。

⑥ Yun-Shan Tan, *Sino-Indian Culture*, Visva-Bharati：Visva-Bharati University，1989，p. 120.

⑦ "印度驻华大使致马寅初校长的英文信（1952 年 5 月 5 日）"，北京大学档案馆藏，档号：035XY077。

柏乐天的家属申请教育司津贴以及向国际大学请假的往来函件①中可以看出，柏乐天在印度的家人从 1949 年 5 月 16 日开始享受当地省政府提供的津贴补助，而柏乐天在印度国际大学的请假期限则是从 4 月 10 日开始按年度计算的。因此，笔者推断柏乐天应该是 1949 年 4~5 月被派来中国，进入南京的国立东方语专执教的。对此，毕业于国立东方语专并成为该校首任教授印地语的中国讲师的殷洪元，在接受笔者采访时也证实了此事："柏乐天来东方语专以后，南京很快就解放了，他就随我们一起来了北大。"②

关于柏乐天教授的离职时间，从档案资料来看，柏乐天教授原定于 1952 年 5 月 23 日离职，不过可能因其所携带的大量书籍和返印路线商讨等问题，最后于 1952 年 6 月 27 日于天津乘"汉杰瑞生"轮返印。③

柏乐天从 1949 年秋季开始在北大执教，教授课程包括"第一年印地文（必修）""第二年印地文（必修）""第三年梵文（选修）"等，每学期 2~20 学时。④

除了教学活动，柏乐天也参与北大东语系全系大会，并对新中国最早的印地文教材编写提出建议——"多选印地语短文作为课文"⑤。柏乐天在北大期间的生活起居及日常联络事宜，由殷洪元负责沟通安排，虽然繁杂琐碎，但对于年轻教员而言却也是学习锻炼的好机会。⑥

柏乐天在梵文与奥里萨方言以及文学等多个方面有所建树，而他在梵

---

① "印度奥里萨省教育司长续送有关柏乐天教授文件（1951 年 1 月 31 日）及北京大学汤用彤副校长致印度奥里萨省教育司长的函（1951 年 12 月 15 日）"，值得注意的是，（1）柏乐天在北大一方面作为梵文与印地文访问教授，另一方面也是为了从事梵汉对勘研究；（2）1952 年 1 月 16 日印度奥里萨省政府致信北大时仍然沿用民国时期的称呼。北京大学档案馆藏，档号：035XY077。

② 殷洪元教授自述，访谈时间：2019 年 9 月 10 日。

③ "柏乐天写给北大校长的英文信（1952 年 6 月 17 日）及北大致函百利公司请代为托运行李等函件（1952 年 6 月 20 日）"，北京大学档案馆藏，档号：035XY077。

④ "1949~1951 学年度北京大学各院系课程一览"，北京大学档案馆藏，档号：3031949010，3031950010，3031951013，3031952015。

⑤ "北大东语系第一次全系临时大会会议纪要（1952 年 5 月 7 日）"，北京大学档案馆藏，档号：035XY056。

⑥ 殷洪元教授自述，访谈时间：2019 年 9 月 10 日。

文方面的学术声誉主要奠定于梵汉校勘本《阿毗达摩集论》（1950 年出版）和依据梵汉藏校勘的《俱舍论》（1967 年出版）这两部学术著作。[①]其中，《俱舍论》1975 年的修订版[②]，至今仍是学界最广为人知（well-known）的梵文版之一。[③]这两部著作，以及他在汉学方面的精深造诣，使他成为与师觉月齐名的第一代印度汉学家。[④]

柏乐天在《俱舍论》校勘方面所取得的成就，与他在中国的经历以及与中国学者的合作是密不可分的。柏乐天曾在《伟大的翻译家玄奘》一文中特别感谢两位中国人的帮助："一位是法尊法师，他尊尊（谆谆）不倦的（地）替我讲解汉译的'俱舍论'；一位是出版总署的张同志[⑤]，他在百忙之中帮助我对勘梵汉本'俱舍论'。没有他们的帮助，我的研究工作就无法进行"[⑥]。其实，柏乐天与张建木的合作研究始于 1950 年初。柏乐天来华时就将 1936 年印度僧人罗睺罗（Rahula Sankrtyayana）再次入藏时所发现的更加完整的梵本《俱舍论》抄本带在身上，希望在中国找人共同进行梵汉藏的校勘事宜，不过他刚到南京不久就随国立东方语专师生北上，直到 1950 年冬天经吴晓铃推荐联系上了张建木共同研读，又于 1950 年 12 月启请法尊法师在北海永安寺开示奘本大意，截至 1951 年年初大致校勘全本十分之一左右。[⑦]此外，柏乐天还曾建议新中国的佛学界刊布经典最好兼备汉藏梵三种文字，并尽快着手展开甘珠及丹珠二藏的校

---

① Shyam Sunder Mohapatra, *Prahlad Pradhan*, New Delhi：Sahitya Akademi, 2014, p. 36.

② Prahlad Pradhan & ArunaHaldar, *Abhidharmakośabhāṣyam of Vasubandhu*, Patna：K. P. Jayaswal Research Institute, 1975.

③ Jonathan C. Gold, "Vasubandhu on the Conditioning Factors and the Buddha's Use of Language", in Jonardon Ganeri ed., *The Oxford Handbook of Indian Philosophy*, New York：Oxford University Press, 2017, p. 168.

④ H. P. Ray, "Pioneers of Chinese Studies in India," *China Report*, Vol. 40, No. 3, 2004, pp. 305–310. 转引自佟加蒙、李亚兰《20 世纪中国古代文化经典域外传播研究书系：中国文化在南亚》，郑州：大象出版社 2017 年版，第 199 页。

⑤ 即张克强（字建木，1917~1989），毕业于辅仁大学国文系，后入北京大学、辅仁大学文史研究所研修，精通梵文、藏文、英文。参见张建木《张建木文选》，北京：宗教文化出版社 1996 年版，序言，第 1~3 页。

⑥ 柏乐天：《伟大的翻译家玄奘》，《翻译通报》1951 年第 2 卷第 5 期，第 63 页。

⑦ 柏乐天、张建木：《〈俱舍论〉识小》，《现代佛学》第 1 卷第 7 期，北京：现代佛学社 1951 年 3 月版，第 24 页。

订工作。①也许是出于他和北海菩提协会的良好关系，他还曾应邀参加1951 年 5 月十世班禅在北海菩提学会举行的传法结缘活动，并深受触动，以至于 30 多年后，在 1983 年举行的第二届 IABS 国际佛学研究大会上，他还无限感慨地提起当年的震撼以及由此产生的对人类学方面的兴趣。②

二 贾恩及其女儿贾珂莉

贾恩 （Jagdish Chandra Jain，1909~1994）③在受聘北大东语系教授之后，携女儿贾珂莉 （Chakresh，亦受聘为东语系讲师） 于 1952 年 3 月 20 日由印度孟买乘 Canton 轮启程来华，4 月 7 日抵达香港，4 月 8 日抵达广州后稍作停留。④

北大东语系对贾恩教授一行十分重视。系主任季羡林先生亲赴广州迎接，并一路陪同至北京。在 20 世纪 50 年代东语系聘请的各个国家外籍专

---

① 柏乐天：《一点建议》，《现代佛学》第 1 卷第 4 期，北京：现代佛学社 1950 年 12 月版，第 29 页。

② 柏乐天通过回忆在北海礼敬班禅的这段经历，引出了一段有关"哈达"一词在人类学和考古学背景下的中印之间的跨文化考察。只是柏乐天似乎记错了时间，将 1951 年记成了 1950 年。参见 Prahlad Pradhan, "Presidential Address at the 2nd IABS Conference at Nalanda," *Journal of the International Association of Buddhist Studies*, Vol. 4, No. 1, 1981, p. 129。不论是新闻报道抑或是传记资料，对于十世班禅第一次在北京传法的记载均为 1951 年。参见《班禅大师在京传法纪要》，《现代佛学》第 1 卷第 11 期，北京：现代佛学社 1951 年 7 月版，第 36 页；降边加措：《班禅大师》，北京：东方出版社 1989 年版，第 21~27 页。

③ 贾恩，以其在耆那教研究与俗语 （Prakrit） 语言文学方面的成就而闻名于世界印度学学界。1932 年取得哲学硕士学位后，于 1932~1934 年在泰戈尔创办的印度国际大学任研究员。1936~1937 年开始发表耆那教文献研究文章并因此获得了在孟买兰玛纳恩学院 （Ramnaraian Ruia College） 担任梵语、俗语和印地语终身教授的机会，直至 1968 年退休。在此期间，他在孟买大学获得了社会学博士学位。他于 1952 年成为北京大学印地语教授，并将这段在华经历成书出版。1968 年退休后，贾恩赴德国继续他有关古印度耆那教文献中叙事文学起源和发展的研究，并于 1977 年出版了奠定自己学术声誉的重要著作 *The Vasudevahiṇḍī. An authentic Jain version of the Bṛhatkathā* （Ahmedabad; L. D. Institute of Indology, 1977）。他 1974 年回到孟买，并继续从事研究工作直至去世。参见 W. Menski, "Jagdish Chandra Jain (1909-1994)," *Zeitschrift der Deutschen Morgenländischen Gesellschaft*, Vol. 146, No. 2, 1996, pp. 269-277。

④ 马寅初校长致函教育部，说明贾恩教授及其女儿的行程，转请新华社通知驻香港同志及外交部通知驻广州办事处予以招待。"马寅初校长致教育部函件 （1952 年 3 月 21 日） 底稿"，北京大学档案馆藏，档号：035XY077。

家中，只有贾恩教授有此殊荣。根据档案中季先生的回忆，[①] 抵达广州后，他当面转交并翻译了马寅初校长与汤用彤副校长的欢迎函。贾恩教授十分感动并表示要将欢迎函译成英文发回孟买，"这是中国人民对印度人民的友爱表示，这是印度人民的光荣"[②]。

季羡林先生陪同贾恩父女于 1952 年 4 月 14 日 7 时 40 分抵达北京，北京大学副教务长杨晦水、东语系金克木教授和柏乐天教授、两位助教和全印地语科同学 40 余人，以及印度驻华大使馆的白春晖都提前守候在车站，欢迎贾恩教授一行抵达北京。[③] 这给贾恩父女留下了深刻而美好的印象："伴随着《东方红》激昂的曲调，火车缓缓驶入北京车站。热情的人们高声呼喊着'Hindi-Chini bhai-bhai'欢迎我们。"[④]

贾恩父女被安排住在沙滩北街的中老胡同，之前已由印地语科的助教和学生打扫布置一新，还专门雇了一位中国老太太替他们做饭，平时也每天都有同仁或同学陪同贾恩教授处理日常事务。[⑤]贾恩教授在书中也提到尤其一位印地语四年级学生 Wang Che-shan，无论印地文还是英文都很好，在日常生活的沟通方面为贾恩教授父女提供了很大的帮助。[⑥]

来北大后，贾恩教授和金克木教授共同执教高年级印地文课程，每周 14 课时；贾珂莉女士则与殷洪元、彭笃正、巫白慧等中国教师一起负责一、二年级的印地文教学，每周 20 学时。[⑦]其间，贾珂莉在印地语二年级会话教材的编写上曾经给予建议和意见。[⑧]

---

① 季羡林："关于赴广州迎接印籍教授贾恩先生的报告（1952 年 4 月 21 日）"，北京大学档案馆藏，档号：035XY074。

② 这段对话以及北大校长的欢迎函英文版都被收入了贾恩教授回国后出版的访华见闻录——*Amidst the Chinese People*（《在中国人民之中》）。参见 Jagdish Chandra Jain, *Amidst the Chinese People*, Delhi: Atma Ram & Sons, 1955, p. xiii。

③ 季羡林："关于赴广州迎接印籍教授贾恩先生的报告（1952 年 4 月 21 日）"，北京大学档案馆藏，档号：035XY074。

④ Jagdish Chandra Jain, *Amidst the Chinese People*, p. 7.

⑤ 有关贾恩先生相关接待安排的档案，参见季羡林"关于赴广州迎接印籍教授贾恩先生的报告（1952 年 4 月 21 日）"，以及"印度驻华大使致马寅初校长的英文信（1952 年 5 月 5 日）"，北京大学档案馆藏，档号：035XY074, 035XY077。

⑥ Jagdish Chandra Jain, *Amidst the Chinese People*, p. 26.

⑦ 参见"北京大学各系课程一览"，北京大学档案馆藏，档号：3031951013-4, 3031952015。

⑧ "印地语科工作周报（1952 年 12 月 22 日）"，北京大学档案馆藏，档号：035XY058。

对于当时中国教师与学生之间的关系，贾恩教授给予了很高的评价。他认为在老师和学生之间并没有明显的隔阂，老师们会花大量时间解答同学们在学习中遇到的问题。学生们有自己的学习互助小组，彼此互助共同进步的精神完全超过了彼此之间的竞争意识，而老师也会参与其中，提供帮助。北大东语系印地语科的学生们对印度充满了好奇与热情，他们渴望了解包括印度的学生运动、大国政治、印巴问题，以及印度社会经济等在内的各种问题。学生们不仅学习刻苦努力，互相帮助，而且在思想意识和行为规范方面也会互相提醒。贾恩教授认为这些中国学生理性、勤奋且宽容，从不在内斗或玩乐上浪费时间。他尤其认为，这些学生对求知的渴望与爱国的热情，将是新中国快速发展的重要推动力，他对新中国的未来充满信心。①

对于当时北大印地语科的教学大纲，贾恩教授显然认为文学和世界历史所占比重稍显不足；他认为随着时间的推移，这一现象将会有所改善。②而从相关档案来看，贾恩教授在教学理念和方法上比较倾向于打牢基础、步步为营，而受到北大所办专家俄文阅读速成实验成功经验的影响，中国学生普遍希望能够首先大量突击生字，以求速成。③值得注意的是，1952年院系调整之后，北大东语系的"印度语文组"更名为"印地语"专业，课程设置中的连续三年的梵文课程被取消，只保留了印地文课程。④鉴于这一变动发生于1952年贾恩教授入职北大之后，而且考虑到贾恩教授1934年曾经在孟买学院有过教授欧洲学生印地语并编写教材的经验⑤，笔者猜测，印地语课程设置的这一变更或许与他有关。

贾恩先生对中国的观感很好，遍访名流，搜集材料，以短篇见闻录的形式发回印度报纸发表。⑥ 贾恩先生父女于1952年8月下旬曾前往上海、杭州、

---

① Jagdish Chandra Jain, *Amidst the Chinese People*, pp. 27-28.

② Ibid., p. 28.

③ 北京大学呈教育部函"关于印度籍教授贾恩在校情况并同意其回国的要求（1952年12月8日）"，北京大学档案馆藏，档号：035XY077。

④ 参见"北京大学各系课程一览"，北京大学档案馆藏，档号：3031949010，3031950010，3031951013-4，3031952015。

⑤ W. Menski, "Jagdish Chandra Jain (1909-1994)," pp. 269-277.

⑥ 北京大学呈教育部函"为印度籍教授贾恩先生请求于明年返国事（1952年10月15日）"，北京大学档案馆藏，档号：035XY077。

南京等地旅行，了解中国情况，感受中国文化。最后贾恩父女于1953年4月返印。回国后，贾恩先生将他在中国的这段经历，先后以印地文（1954年）和英文（1955年）在印度成书出版，北大图书馆保留有他的英文版赠书（见图1）。

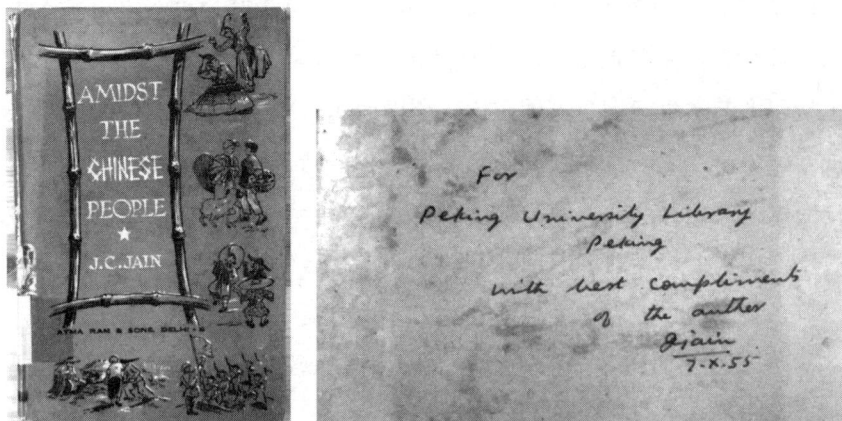

图1　贾恩（1955）赠书封面及扉页书影，现藏北京大学图书馆

资料来源：笔者拍摄。

三　苏德

苏德女士（Gargi Sud）曾经参加过世界青年节活动，通过印度驻华大使馆受聘北大东语系印地文教员。印度驻华大使馆于1953年12月25日就此事致函北京大学，聘期最初定为两年。[①]

苏德女士于1954年1月抵京任教，在北大东语系印地语科担任三年级印地语会话和四年级印地语课文和会话课的授课教师，每周共授课16课时。[②] 由于教学量过于繁重，苏德女士决定辞职回国。尽管东语系教授金克木先生和其他印籍教员极力挽留，苏德女士仍于1954年7月返印。[③]

苏德女士在执教期间，与北大东语系的年轻老师们合作融洽，关系友好。殷洪元先生与苏德女士还偶有联系，得知她回国后在尼赫鲁大学任

---

① "关于印度籍教师苏德小姐任教离职材料"，北京大学档案馆藏，档号：034XY143。
② 参见"北京大学各系课程一览"，北京大学档案馆藏，档号：3031953020-1。
③ "关于印度籍教师苏德小姐任教离职材料"，北京大学档案馆藏，档号：034XY143。

教，嫁给了 1956 年来北大历史系留学的杜德（Vidya Prakash Dutt）。①这对伉俪后来为推动印度的中国学研究做出了重要贡献。苏德在尼赫鲁大学任中国学助理教授，杜德则在德里大学任中国学教授并创立了该校的中文系。

四　普拉沙德、梵尔玛、普拉德、沙兰、阿满德等印度籍专家

1. 普拉沙德等印度籍专家聘用情况概述

普拉沙德、梵尔玛、普拉德、沙兰、阿满德等②印度籍先生都是通过印中友好协会的森德拉尔（Sundar Lal）主席推荐而来。③

普拉沙德先生早在 1951 年国庆前，就作为印度访华代表团团长森德拉尔主席的秘书来访中国，并与当时负责接待和翻译的北大东语系印地语科的殷洪元相识。④只是，殷洪元教授在上文中将普拉沙德来华时间记成了 1954 年。而在考察相关档案后，笔者发现 1954 年其实是普拉沙德先生第二次受聘于北京大学，早在 1952 年年底，普拉沙德和梵尔玛两位先生就已经受聘并执教于北京大学东语系印度语科⑤，聘期约为三年⑥。

---

① 访谈时间：2019 年 9 月 10 日。杜德是印度德里大学中国学的创始人，一直关注中印外交关系及政策研究，主张对中国的研究不应盲从西方。参见 Rupnarayan Das，"Prof. V. P. Dutt：Doyen of Chinese Studies，" *Mainstream Weekly*，Vol. L，No. 27，June 23，2012。

② 具体聘用时间及专家们的英文姓名，详见附录"20 世纪 50 年代北大东语系的印度籍专家任教情况一览"。

③ 参见"东语系专家工作类、专家归国事宜"，北京大学档案馆藏，档号：034XY143；《北大洋先生》，第 144 页。

④ 《北大洋先生》，第 144 页。

⑤ 1952 年 12 月 4 日，北京大学发中南军委的函件称："我系巫白慧负责迎接我系新聘印地文教员 Prasad 及 Verma 二人，由广州过武汉来京。请予协助招待，留意他们的膳食问题。"这里说的 Prasad 及 Verma 就是普拉沙德和梵尔玛。1952 年 12 月 15 日，巫白慧先生从汉口发来电报，表示将于 1952 年 12 月 16 日晚 11 时到北京。该档案底部有深蓝色钢笔备注："可能是 1952 年接普拉沙德等到汉"。两份档案互相印证，可知 1952 年 12 月 16 日，新聘印籍教员普拉沙德和梵尔玛两位先生由巫白慧老师负责迎接到北京。"北京大学致中南军委函（1952 年 12 月 4 日）底稿"，北京大学档案馆藏，档号：035XY077。

⑥ 1952 年 11 月 29 日教育部发北京大学函，称印度文教员 Prasad 及 Verma 即将乘机抵港，请北大方面准备接待，并称"他们同意在你校教三年，以后是否继续教书或兼在你校学习中国文学历史经济，当再与你校面洽。你校如需购置书籍及教学用品，请速电告，以便他们带来。"北京大学档案馆藏，档号：035XY077。

只是普拉沙德先生因病于 1953 年 6 月返印①，梵尔玛先生则一直留在北大执教，1953 年下半年一人负责 3 个班级的每周 20 个学时的教学任务。直到 1954 年年初苏德女士受聘北大之后，梵尔玛先生的教学负担才有所减轻。1954 年 4 月，普拉沙德先生携夫人普拉巴女士，以及沙兰、阿满德等四位印度籍教师再次受聘于北京大学东语系。而北京大学东语系印地语科的外教阵容就此便一直稳定地保持 5 人规模，直到 20 世纪 50 年代末。

从课表上来看，从 1960 年下半年开始，所有的印地语课程都改由中国教师授课。② 对于印度专家们的撤离，殷洪元教授回忆道："1960 年中印间爆发了边境战争。印度政府强令撤回在华专家。普拉沙德先生等几位专家都被迫携眷返印。"③

不过，由于笔者在 1959 年下半年的课表中就没有看到梵尔玛的任课④，再加上 1957 年的文件中曾提到梵尔玛的任期还有两年⑤，因此笔者推测梵尔玛先生可能在 1959 年上半年离职⑥。而普拉沙德等四位专家及家属则一直坚持到 1960 年上半年，印度政府将其撤回为止。正如季先生所说："大约是在 1959 年，中印友谊的天空里突然升起了一团乌云……但是，普拉沙德一家人并没有动摇。他们不相信那一些造谣诬蔑，流言蜚语。他们一直坚持到自己的护照有被吊销的危险的时候，才忍痛离开了中国。"⑦殷洪元教授高度评价了普拉沙德先生及其带领下的几位印度专家在北大任教期间教授印地语和乌尔都语时的贡献，指出他们帮助我国在新中

① "北大东语系印度语科教学会议纪要（1954 年 6 月 4 日）"，及"东语系外教情况一览（1957 年）"，北京大学档案馆藏，档号：035XY060，035XY243。
② "1960~61 学年第一学期各系开课情况统计表"，北京大学档案馆藏，档号：3031960031。
③ 《北大洋先生》，第 145 页。
④ "北京大学东语系上课时间表（1959~60 学年第一学期）"，北京大学档案馆藏，档号：3031959028。
⑤ "北京大学就邀请我校印度专家梵尔玛夫人阿霞加入印地语播音组一事回复广播事业局干部处的函件（1957 年 10 月 5 日）"，北京大学档案馆藏，档号：035XY243。
⑥ 1959~60 年确实只有 4 位印度籍专家在北大任教。参见北京大学致教育部"1959~60 年外国专家工作情况汇报"（1960 年 7 月 28 日），北京大学档案馆藏，档号：Z11. 106。梵尔玛 1959 年 1 月返回印度。见"北京大学聘请外国专家情况一览表（1951 年—1959 年）"，1959 年 9 月，北京大学档案馆藏，档号：留办 83-2。
⑦ 季羡林：《季羡林全集》第一卷，第 135 页。

国成立初期最早培养了一批教学和涉外等单位的印地语人才。①

2. 普拉沙德及其夫人普拉巴

关于普拉沙德先生，档案里出现的次数并不多。这恰恰正好印证了季先生对他的评价："他为人正直，坦荡，老老实实，本本分分，从来不弄什么小动作，不耍什么花样。借用德国老百姓的一句口头语：他忠实得像金子一样。"②

对于普拉沙德等印度籍专家的教学方式，殷洪元教授认为特别值得称赞的是，首先，他们与中国师生联系密切，师生经常去他们的宿舍和他们用印地语交谈，从而使学生们的印度语听说能力大为提高。其次，普拉沙德先生执教期间，所编写的教材极具思想进步精神，高年级教材收录了普列姆昌德（Premchand）等大量印度著名进步作家的作品，情节感人，语言生动有趣，不仅调动了学生的学习积极性，而且令人印象深刻。有些老校友在毕业 40 多年之后仍然能清楚地记得他所选的课文——普列姆昌德的《大哥先生》（*Bade Bhai Saheb*）中的名句。此外，普拉沙德也带领其他印度籍专家参与中国教师们的政治学习，要求共同进步，系里专门从哲学系请了一位老师来辅导他们学习辩证唯物主义。③

他的夫人普拉巴的教学也深受北大东语系师生的欢迎。1958 年适逢北大东语系教学大纲和培养方向从单纯的"翻译干部"转向更加多元的"语言、文学与历史"方向的研究型人才。东语系十分重视普拉巴女士准备的"文学史课程"，并暗示希望延长聘期。④在印地语 1959 年第一学期的课表上，有普拉巴的"印地文分析"课（每周四小时），也许内容上就是这里说的"印地文学史"。

3. 梵尔玛

1953 年下半年，是北大东语系印地语外籍教师团队青黄不接之际，贾恩教授父女上半年已经返国，而与梵尔玛一起来北大的普拉沙德先生又

---

① 《北大洋先生》，第 145 页。

② 季羡林：《季羡林全集》第一卷，第 136~137 页。

③ 《北大洋先生》，第 145 页。

④ "关于印籍教员的教研室意见（1957 年）"，北京大学档案馆藏，档号：035XY243。

因病返回印度，通过印度大使馆新聘的苏德女士还未到任，这半年只有梵尔玛先生一位印籍教师。他在 1953 年第一学期每周课时安排达到了 20 学时之多。① 与此同时，1952 年下半年至 1953 年正好是北大印地语专业自编教材编写的关键时期，梵尔玛先生不仅参与了教材的编写，还参与了 1953 年下半年开始的印地语科四年教学计划的制定。② 梵尔玛先生曾一度回国结婚，随后携夫人阿霞女士（Asha Verma）③ 一起回中国继续在东语系任教。在 1957 年的学生会除夕晚会上，为了纪念第一个五年计划的胜利实施，梵尔玛亲自导演并指导东语系印地语科的同学们演出印度现代独幕讽刺喜剧"权力的维护者"，梵尔玛先生的夫人阿霞女士则编了一段印度舞蹈加入这个喜剧并悉心指导女学生们练习。④

梵尔玛先生从 1952 年 12 月入职北京大学东语系之后，一直工作勤恳，相当热情负责，受到师生的好评。他曾一度希望回国，却为东语系多次挽留，金克木先生特地与他谈过两次，希望他能留下来。⑤ 从 1955 年他与其他东语系外籍专家一起参加 1955 年 8 月 3~23 日上海、杭州、天津三地的考察⑥来看，应该是接受了北大东语系的挽留。梵尔玛先生也许当时正在搜集材料，计划写成书或者通讯，以便向印度人民介绍新中国的情况，在参观过程中提问最为积极，一共九名东语系外籍专家⑦出席了这次活动，提出了 20 多个问题，而其中几乎一半的问题是梵尔玛先生提出的。因此，笔者猜测梵尔玛先生也许是希望效法贾恩先生，也许是为了满足印

① 包括三年级甲乙两班的印地语课文和练习课，以及春三班的课文练习和文法课。参见"1953 年度课程表"，北京大学档案馆藏，档号：3031953020。
② "印地语科教学小组会议纪要（1953 年 6 月–8 月）"，北京大学档案馆藏，档号：035XY060。
③ 外经贸大学曾计划于 1958 年成立印度语专业，并于 1956 年 12 月致函北大希望邀请梵尔玛的夫人去任教。但 1957 年年初又再次来函说明 1958 年因故不能组建印度语专业从而放弃聘请计划。"东语系专家聘请事宜"，北京大学档案馆藏，档号：035XY243。
④ 静山：《庆祝三好丰收，展望快乐新年》，《人民日报》1957 年 12 月 29 日，第 7 版。
⑤ 北京大学东方语言系致校长室函，"有关印籍教员梵尔玛提出回国要求事宜（1955 年 6 月 3 日）"，北京大学档案馆藏，档号：035XY180。
⑥ "关于暑期旅行的汇报"，北京大学档案馆藏，档号：035XY174。
⑦ 包括朝鲜籍专家金光益及其夫人玄男筲，印度籍专家普拉沙德、梵尔玛、普拉巴、阿满德、沙兰，泰国籍专家秦德才和日籍专家冈崎兼吉九人。"关于暑期旅行的汇报"，北京大学档案馆藏，档号：035XY174。

度国内对新中国了解的渴望，很可能是想将新中国的方方面面介绍给印度国内，但后来可能因为中印交恶而未能实现。

4. 沙兰

沙兰的到来正值北大东语系印地语专业增设"会话"课程。从1953～1954学年第二学期开始，他便担负起了高年级每周四课时的会话课程。会话课程的增设，与1952年所提出的"翻译干部"这一培养目标有关。

北大东语系主任季羡林先生在1952年7月4日的东语系第二次工作会议上特别对这一目标做了解读——所谓培养翻译人才，即要求"口译与笔译，特别是口译。过去的缺点是能借字典看报看书，但不能说话。听说读写四方面全面发展，要加强加紧训练"①。虽然如此，但东语系各个语种专业的课程设置里增设"口语"课，却是从1953～1954学年第一学期开始的。遗憾的是，当时印地语专业教员正是师资最少的时期，开设新课显然有心无力。1954年年初随着苏德、普拉沙德夫妇和沙兰以及阿满德的加入，教员不足问题迎刃而解。

当然，除了会话课之外，沙兰后来还负责过高年级翻译课（1954年第二学期）、二年级印地语分析课和练习课，以及研究生印地语课程（1959年第一学期）等课程。

1957年，沙兰夫妇曾为了参加在莫斯科举行的世界青年联欢节而向北大提出请假六周。②这么长的私人假期，原本是不符合1954年7月高教部颁布的《关于北大东语系外籍教师待遇暂行办法（草案）》的相关规定的③，不过，想必是出于对沙兰多年来教学工作的肯定，以及对印度国际友人的尊重与关怀，东语系同意了沙兰先生夫妇的请求，并协助联系团中央等部门，帮助他们办理了相关手续。

---

① "北京大学东方语文学系第二次工作会议纪要（1952年7月4日）"，北京大学档案馆藏，档号：035XY060。

② "东语系致校办对外联络科情况说明手稿（1957年6月7日）"，北京大学档案馆藏，档号：035XY240。

③ 北京大学致高教部函"送去我校东语系外籍教师（通过外交关系聘请者）今年暑假回国或在我国各地旅行的计划及有关材料请审核处理（1955年5月23日）"，北京大学档案馆藏，档号：035XY180。

5. 阿满德

开设乌尔都语课程一直是北大东语系的夙愿之一。早在 1951 年系主任季羡林教授随中国文化代表团出访印度之前，东语系张礼千教授就已经拜托了杨瑞琳先生帮忙先行在当地物色"各种印地文教员"。① 1952 年上半年，北大仍然在不断与高教部、外交部沟通，希望代为聘请可充印地文、乌尔都文、孟加拉文的教员。② 不过，一直到阿满德于 1954 年 4 月随普拉沙德等人受聘北京大学，才解决了乌尔都语教员缺乏问题。

阿满德首先是面向北大东语系印地语科研究生开设乌尔都文教育课程，每周 4 学时，1953～1954 学年第二学期和 1954～1955 学年第一学期都有开设③，不过由于笔者尚未全面掌握当时北大东语系研究生教育的相关资料，而 1955～1959 年的课程表档案又并不完整，因此很难判断面向印地语科研究生所开展的乌尔都文课程教育持续了多久。

1954 年下半年，北京大学东语系终于成功开设了乌尔都语科，第一批学生由金克木先生和阿满德先生共同教授，每周 16 学时。④ 当时北大招收的第一批乌尔都语科本科生共 10 人，其中山蕴和刘士崇都在毕业后留校，在乌尔都语科执教，而张殿英则在 1957 年转入新成立的波斯语科继续学习，毕业后也留校任教。刘士崇毕业后，从 1959 年下半年就开始与阿满德共同教授北京大学东语系所招收的第二批乌尔都语科本科生 13 人。⑤ 1959～1960 学年第一学期每周 10 学时的一年级乌尔都文课，由阿满德与刘士崇合上。⑥ 到了下学期则学习量大为增加，一年级乌尔都文增加到每周 20 学时，由阿满德和刘士崇合上；同时还有每周 10 学时的一年级乌

---

① "张礼千致杨瑞琳函（1951 年 9 月 13 日）"，北京大学档案馆藏，档号：035XY052。

② "中央人民政府教育部函北京大学（1952 年 6 月 16 日），就代为洽聘 Kantishastri 去北京大学，以充印地、乌尔都、孟加拉语教员事"，北京大学档案馆藏，档号：035XY077。此处提及的 Kantishastri 只在北大东语系的档案材料中出现过一次，不知何故并未到校任教，具体姓名还有待进一步考证。

③ "北京大学各系课程一览"，北京大学档案馆藏，档号：3031953020-1，3031954030。

④ "北京大学各系课程一览"，北京大学档案馆藏，档号：3031954030。

⑤ 北京大学东语系编：《北京大学东方语言文学系建系四十周年纪念专刊（一九四六——一九八六）》，第 107～108、160 页。

⑥ "北京大学东语系上课时间表（1959-1960 学年第一学期）"，北京大学档案馆藏，档号：3031959028。

尔都文练习课，由阿满德负责。①

在教学合作之外，阿满德也曾在金克木教授翻译巴基斯坦诗人穆罕默德·伊克巴尔的诗《控诉》时，就宗教典故和古波斯语给予过帮助。②此外，为了"献礼国庆九周年"，北京大学东方语言系乌尔都语专业的学生们于1958年集体翻译出版了乌尔都语现代诗集《牢狱的破灭》，这一过程也得到了金克木教授和阿满德先生及其夫人的指导与帮助。③该诗集中收录了不少歌唱新中国、歌颂民族解放斗争的诗篇，为中国人民了解印度和巴基斯坦人民对世界局势以及对新中国的态度打开了一扇窗户。

五　小结

梳理 20 世纪 50 年代印籍专家在北京大学东语系的教学与研究情况，本文希望从学科史与学术史的角度考察印籍专家们所发挥的作用与贡献。

从学科建设和人才培养来看，早期的印度籍外教专家们不仅担负着大部分学时的基础课教学任务，同时还要参与初、中、高各种教材的编写和教学计划的制定，研究生的指导工作。④更重要的是，他们还肩负着帮助培养年轻教员的重要任务，比如 1951 年春季入学的徐晓阳和刘安武，1951 年秋季入学的金鼎汉、马孟刚和刘国楠，53 级的廖起豫、54 级的山蕴和刘士

---

① "北京大学东语系上课时间表（1959–1960学年第一学期）"，北京大学档案馆藏，档号：3031959028。

② 金克木先生1997年5月所作《自序》中提到"译时曾得到当时在北京大学教乌尔都语的阿赫默德先生（M. Ahmed）的帮助"，即为档案中这位"阿满德"先生。金克木：《梵竺庐集甲·梵语文学史》，南昌：江西教育出版社1999年版，第4页。

③ 北京大学东方语言系乌尔都语专业全体同学：《牢狱的破灭》，北京：人民文学出版社1958年版，第88页。

④ 北大东语系印地语科从1953年开始培养研究生，到1960年印度籍专家们离开之前，他们参与培养的研究生包括：张广学（1953级）、马孟刚（1955级）、任凯生（1958级）、王文敏（1958级）。其中，张广学在印度籍专家们的指导下，与文仲叔一起翻译出版了印中友协主任孙德拉尔所著《1857年印度民族起义简史》多卷本著作中的部分章节。据该书译后记，该书的翻译得到了当时在北大东语系任教的普拉沙德先生的大力支持。普拉沙德先生作为孙德拉尔先生的私人秘书，将其私人藏书借给北大东语系的文仲叔和张广学两位同学翻译，并在翻译过程中协助解决了很多疑难问题。而当时在东语系任教的印度专家普拉巴、梵尔玛、沙兰、阿满德诸先生都给予了热忱协助。参见〔印〕孙德拉尔：《1857年印度民族起义简史》，文仲叔、张广学译，北京：三联书店1957年版，第209页。

崇（乌尔都语）、56级的张德福、58级的马维光等毕业后都留在印地语或乌尔都语专业任教，他们都上过印度籍专家的课程，大部分人留校后还与印度专家合作教学。殷洪元先生也坦陈自己的印度语水平和教学经验，也是在接待照顾印度外教的过程中逐渐成熟起来的。[①]在外籍专家与我国教员的共同努力下，到20世纪60年代，大部分年轻教员已经可以独当一面了。

从学术与人文交流层面来看，20世纪50年代的印度人民对新中国充满了好奇与热爱，从贾恩教授回国后出版的著作后来多次再版[②]，以及梵尔玛也有针对新中国的情况出书的打算来看，当时印度社会十分渴望了解新中国的方方面面。而印度专家在北京大学任教期间与中国教师和学生之间的深入交流，为新中国各行各业培养出的这一批印度语文人才，也从更深的层面实现和促进了中印两国人民之间的理解与友谊。这些专家回国之后，不少人继续从事中国学教学与研究工作，为推动印度的中国学发展也发挥了重要作用。

附录：20 世纪 50 年代北大东语系的印度籍专家任教情况一览

序号	中文常用姓名	英文名	任教北大时间与级别	聘请渠道
1.	柏乐天（又名普拉丹）	Shri Prahlad Pradhan	1949 年 4 月 5 日至 1952 年 6 月 副教授*、教授	印度国际大学公派，随国立东方语专并入北大
2.	贾恩	Jagdish Chandra Jain	1952 年 4 月至 1953 年 4 月 教授	驻印中国大使馆
3.	贾珂莉	Chakresh	1952 年 4 月至 1953 年 4 月 讲师	驻印中国大使馆
4.	苏德（女）	Gargi Sud	1954 年 1 月至 7 月 讲师	印度驻华大使馆
5.	普拉沙德	Purushottam Prasad	1952 年 12 月至 1953 年 6 月 1954 年 4 月至 1960 年上半年 讲师	印中友协

---

① 访谈时间：2019 年 9 月 10 日。

② 1954 年的印地文版，1955 年的英文版，1956 年又出了修订本的印地文版。参见 W. Menski, "Jagdish Chandra Jain (1909-1994)," pp. 269-277。

续表

序号	中文常用姓名	英文名	任教北大时间与级别	聘请渠道
6.	梵尔玛	Bhan Chandra Verma	1952 年 12 月至 1959 年 1 月（1955 年年底合约结束返回印度，1957 年携妻子阿霞回北大东语系继续执教） 讲师	印中友协
7.	普拉巴（普拉沙德夫人）	Prabha Prasad	1954 年 4 月至 1960 年上半年 讲师	印中友协
8.	沙兰（也作沙伦或拉查斯·沙伦）	Rajesh Saran	1954 年 4 月至 1960 年上半年 讲师	印中友协
9.	阿满德	Syed Mukhtar Ahmad	1954 年 4 月至 1960 年上半年 讲师	印中友协

注：截至 1950 年 12 月，柏乐天仍为副教授；其晋升为教授当为 1951 年后。参见北京大学图书馆藏《北京大学职员录》，1950 年 12 月版，第 45 页。

（本文作者系国防科技大学外国语学院讲师）

Indian Experts and the Development of the Oriental Languages and Culture Department at Peking University in 1950s：From a Historical Perspective of Pedagogy and Academic Studies

Yue Heng

Abstract：The 1950s witnessed a critical period for the disciplinary construction of the Department of Oriental Languages and Culture at Peking University. The employment of foreign experts was an effective way to accelerating the cultivation of students as well as young fellows. During the heyday of Sino-Indian relations in the 1950s, Indian experts engaged in teaching and research at Peking University not only contributed to the disciplinary construction of Hindi and Urdu majors but also played an important role in strengthening Sino-Indian cultural and educational exchanges.

Key words: Indology; Oriental studies; Sino-Indian exchanges; disciplinary construction

北京大学亚太研究院 2019~2020 年活动简报

　　北京大学亚太研究院成立于 2002 年 3 月 8 日，为北京大学跨院系（所、中心）、跨学科的综合性研究机构。其宗旨是加强和促进北京大学的亚太研究，推进中国亚太研究的发展以及与各国学者及研究机构的交流；增进相互间的理解与友谊，促进人类社会的繁荣与进步。本研究院目前挂靠北京大学国际关系学院，并得到韩国崔钟贤学术院（韩国高等教育财团）的资助。

一、北京大学亚太研究院机构调整及理事会第十八次会议

　　1. 2019 年 11 月，北京大学亚太研究院进行了机构和人员调整，建立了新的理事会、运营委员会、学术委员会及《亚太研究论丛》编委会。

　　（1）理事会

　　理事长：郝平　朴仁国

　　理事：郑如青　唐士其　李寒梅　张小明　吴杰伟

　　（2）运营委员会

　　院长：李寒梅

　　副院长：张小明　吴杰伟

　　秘书长：梁云祥

　　副秘书长：史阳　李婷婷

　　（3）学术委员会

　　主任：张小明

　　委员：初晓波　董经胜　李寒梅　梁云祥　唐利国　王丹　王栋　王浩　吴杰伟　吴小安　臧运祜

　　（4）《亚太研究论丛》编委会

　　主编：张小明

　　编委：初晓波　董经胜　李寒梅　李婷婷　梁云祥　唐利国　王丹

219

王栋　王浩　韦民　吴杰伟　吴小安　史阳　于婉莹　臧运祜　张岩

2. 北京大学亚太研究院理事会第十八次会议

2019 年 12 月 12 日在北京大学临湖轩东厅举行。北京大学校长郝平、国际关系学院院长唐士其，国际合作部部长夏红卫、副部长郑如青，教育基金会秘书长李宇宁，亚太研究院院长李寒梅、副院长吴杰伟等出席并会见了崔钟贤学术院院长兼韩国高等教育财团事务总长朴仁国一行。郝平、朴仁国分别代表北京大学和崔钟贤学术院签署了崔钟贤学术院和亚太研究院关于双方共同运营北京大学亚太研究院的协议和捐赠协议。亚太研究院院长李寒梅主持了理事会会议；副院长吴杰伟就亚太研究院 2018～2019 年开展的国内外学术交流、学术会议、编辑和出版学术著作和名家讲座等学术活动以及 2020 年开展学术活动的计划做了报告。朴仁国事务总长表示，北京大学亚太研究院引领了亚太研究的发展，其学术成就获得国际上高度认可，希望去年成立的崔钟贤学术院和北京大学亚太研究院今后进一步深化合作，借助人工智能、大数据等新的技术和平台，将已有的学术成果系统化，在相关研究领域取得更加长足的发展。

二、学术会议

1. "记忆、传承和发展"：庆祝北京大学中外妇女问题研究中心成立 30 周年暨纪念北京世妇会 25 周年学术研讨会

2020 年 11 月 14 日在北京大学法学院凯原楼报告厅举行。会议由北京大学中外妇女问题研究中心与亚太研究院合办。来自校内外的 50 余名专家学者出席会议。与会者围绕"北京大学中外妇女问题研究中心历程回顾及展望""经验研究和理论研究共助性别平等主流化""女性研究的传承和发展"等议题展开了研讨。

2. "后疫情时代的东北亚局势"——北京大学—吉林大学"东北亚论坛（2020）"

2020 年 11 月 21 日以视频连线的方式，分别在北京大学和吉林大学举行。本届论坛由北京大学亚太研究院主办，来自北京大学和吉林大学的 20 余位专家学者出席了会议。与会专家学者就后疫情时代的韩日关系、中日关系、朝鲜半岛局势和东北亚区域合作的机遇与挑战四个议题分享了各自

的研究成果，并进行了深入研讨。

3. "美国大选后的朝鲜半岛局势"学术研讨会

2020年11月24日以视频连线的方式，分别在北京大学和韩国成均馆大学举行。会议由韩国成均馆大学成均中国研究所主办。来自韩国成均中国研究所、首尔大学、崇实大学、国家安保战略研究院、统一研究院和北京大学国际关系学院、外国语学院的专家学者，围绕"美国大选与中美关系变化""美朝关系与朝鲜半岛"两个议题进行了交流研讨，分享了各自的观点和研究成果。

4. "多样化的亚太研究"——北京大学—复旦大学"亚洲研究青年学者论坛（2020）"

2020年12月19日论坛以在线方式召开。本届论坛为北京大学亚太研究院和复旦大学亚洲研究中心共同举办的亚洲研究青年学者系列论坛的第二届，论坛主题为"多样化的亚太研究"。来自北京大学、复旦大学、清华大学、南开大学、中国社会科学院等高校和科研机构的青年专家学者，围绕"亚洲的历史与文化""亚洲的知识与思想""亚洲的合作与交流"三个议题分别做了11个学术发言，报告了各自的研究成果。与会学者的报告涉及印度、朝鲜、韩国、菲律宾、日本等国家，以及东北亚、中亚、东南亚、南亚等区域；专业方向广泛涵盖历史学、政治学、人类学、社会学、哲学、国际关系学等学科，很好地体现了本次论坛"多样化"的主题，展现了国内学界的亚洲研究呈现多方位、多领域、蓬勃而丰富的特点。

三、名家讲座

1. 第二十七讲：后安倍时代的中日关系

时间：2020年10月23日

地点：北京大学国际关系学院C105会议室

主讲人：北京大学国际关系学院梁云祥教授

主办：北京大学亚太研究院、北京大学日本研究中心

2. 第二十八讲：金正恩时代朝鲜政治经济形势

时间：2020年11月20日

地点：北京大学民主楼 208 会议室（同时视频连线）

主讲人：吉林大学东北亚研究院张慧智教授

主办：北京大学朝鲜半岛研究中心

　　　北京大学亚太研究院

　　　北京大学外国语学院朝（韩）语言文化系

四、课题研究："一带一路"与亚太命运共同体

子课题：亚太命运共同体的历史与现状

　　　　亚太各国的历史、宗教、语言、文化

　　　　亚太区域各国的交流、交往

　　　　"一带一路"倡议与亚太研究

指导教师：史阳、吴杰伟

课题承担者：北京大学相关院系及各相关高校亚洲研究机构的青年教师及博士研究生。

五、学术著作出版

《未名亚太论丛》（第 16 辑），北京大学亚太研究院编，执行主编史阳，由香港的中国社科文献出版社于 2020 年 1 月出版。

注释体例

（一）关于注释

1. 《亚太研究论丛》采用页下注（脚注），每页依序重新编号。

2. 一般情况下，引用外文文献的注释仍从原文，无须另行译出。

（二）中文注释

1. 专著

张蕴岭：《寻求中国与世界的良性互动》，北京：中国社会科学出版社 2013 年版。

2. 编著

陆建人主编：《亚太经合组织与中国》，北京：经济管理出版社 1997 年版。

3. 译著

〔美〕彼得·卡赞斯坦：《地区构成的世界：美国帝权中的亚洲与欧洲》，秦亚青、魏玲译，北京：北京大学出版社 2007 年版。

4. 文集

张世鹏：《历史比较中的欧洲"第三条道路"》，载陈林、林德山主编《第三条道路：世纪之交的西方政治变革》，北京：当代世界出版社 2000 年版，第 278 页。

5. 期刊

洪农：《南海争端解决：南海仲裁案的法律解读及政治意义》，《外交评论》2016 年第 3 期，第 25~44 页。

6. 报纸

吴心伯：《坚持战略定位推动中美合作》，《人民日报》2015 年 9 月 15 日，第 3 版。

（三）外文注释

原则上参照各种外文文献的注释规范，其中英文注释体例如下。

1. 专著

Taylor M. Fravel，*Strong Borders，Secure Nation：Cooperation and Conflict in China's Territorial Disputes*（Princeton：Princeton University Press，2008），pp. 10−16.

2. 编著

Charles E. Morrison，ed. ，*Asia Pacific Security Outlook 1998*（Tokyo：Japan Center for International Exchange，1999），p. 5.

Sean M. Lynn-Jones and Steven E. Miller，eds. ，*Global Dangers：Changing Dimensions of International Security*（Cambridge，MA：The MIT Press，1995），pp. 5，10−16.

3. 文集

Philip Norton，"The Conservative Party：'In Office but not in Power'，" in Anthony King et al. ，*New Labour Triumphs：Britain at the Polls*（London：Chatham House Publishers，1998），pp. 10−16.

4. 期刊

Ole Wæver，"International Society：Theoretical Promises Unfulfilled?" *Cooperation and Conflict*，Vol. 27，No. 1，1992，p. 98.

5. 报纸

David E. Sanger，"U. S. and Seoul Try to Ease Rift on Talks with the North，" *New York Times*，June 11，2005，p. A1.

（四）网络文献

原则上需要注明作者、文献名称、完整网址、网络查询时间。

Peter Wilson，"The English School and the Sociology of International Law：Strengths and Limitations，" paper presented to the annual British International Studies Association conference，University of Birmingham，December 15−17，2003，http：//www. leeds. ac. uk/polis/englishschool/wilson03. doc，2005−03−27.

图书在版编目（CIP）数据

亚太研究论丛 . 第十六辑／北京大学亚洲－太平洋研究院编 . --北京：社会科学文献出版社，2024.11

ISBN 978-7-5228-1696-8

Ⅰ.①亚⋯ Ⅱ.①北⋯ Ⅲ.①亚太地区-研究-文集

Ⅳ.①D730.0-53

中国国家版本馆 CIP 数据核字（2023）第 059030 号

亚太研究论丛（第十六辑）

编　　者／北京大学亚洲-太平洋研究院

出 版 人／冀祥德
组稿编辑／张晓莉
责任编辑／许玉燕
责任印制／王京美

出　　版／社会科学文献出版社·区域国别学分社（010）59367078
　　　　　地址：北京市北三环中路甲 29 号院华龙大厦　邮编：100029
　　　　　网址：www.ssap.com.cn
发　　行／社会科学文献出版社（010）59367028
印　　装／三河市龙林印务有限公司

规　　格／开　本：787mm×1092mm　1/16
　　　　　印　张：14.5　字　数：220 千字
版　　次／2024 年 11 月第 1 版　2024 年 11 月第 1 次印刷
书　　号／ISBN 978-7-5228-1696-8
定　　价／98.00 元

读者服务电话：4008918866